总第69集

行政执法与行政审判

中华人民共和国最高人民法院
行政审判庭 编

中国法制出版社
CHINA LEGAL PUBLISHING HOUSE

目　录

【司法答复】

1 最高人民法院行政审判庭关于行政公益诉讼中刑事处罚与行政处理衔接有关问题的电话答复

2 最高人民法院关于海关执法机关对刑事裁判未予处理的不属于罪犯本人的用于走私的运输工具能否作出行政处理的答复

【专题研究（行政协议）】

3 公私合作协议的公法属性及其法律救济　梁凤云

19 谦抑或扩张：行政协议的民事规范适用边界　肖帮华　郭芮男　朱艳楠

27 李传开诉金安区政府、清水河街道办事处不履行房屋征收补偿协议案

——应从行政行为的角度审查行政协议案件　刘莹洁

【调查与研究】

33 独立公正的审判与合法合理的沟通

——建立跨行政区划管辖行政公益诉讼司法联络机制的思考　秦卫民

43 人民法院应对滥用行政诉权行为的调研报告

——从 164 份裁判文书实证分析看法院对滥诉的踯躅与担当　邢秀杰

77 行政机关负责人出庭应诉制度的实证分析及完善建议

——以《行诉解释》相关规定为基础的构建　周孟伟

106 不符合起诉条件行政案件骤增的成因、审理工作的困境与对策

——以湖北省武汉市中级人民法院相关行政审判工作为视角　侯士宇

【行政诉讼理论】

119 解构无效行政行为的判定标准　马媛婧

130 可请求审查的“规范性文件”的条件界定 管　征

【学术争鸣】

140 论《政府信息公开条例》第十三条的法律解释及适用 李瑰华

151 未说明“三需要”并非行政机关拒绝信息公开的正当理由 谷昔伟　鲍　蕊

【实务探索】

158 “冒用他人身份结婚”案件的裁判思路解析
——以统一类案裁判尺度为视角 胡丽群

168 行政机关不得以其他规范性文件为依据限制已经提起民事诉讼的公民、法人或其他组织寻求行政救济 夏文浩

171 涉上海市女性灵活就业人员养老保险待遇相关规定的正确理解与适用
——杜某诉市社保中心劳动和社会保障案 黄自耀

179 不可移动文物认定决定合法性的审查
——刘某某诉天津市文物局、天津市津南区文化体育局撤销行政决定、行政复议案 刘　琳

【类案研究】

187 行政裁量合法性的审查
——谭英诉涪陵区公安局行政处罚案 陈立洋

195 违反必要法定程序的税务行政处罚应予以撤销
——漳州市聚善堂药业有限公司诉福建省漳州市国家税务局稽查局税务行政处罚案 盖华丽　陈梅华

205 行政强制措施与行政处罚先后作出情况下仅起诉行政处罚案件的审理
——山西汽运集团侯马运业股份有限公司侯马经济开发区保税物流分公司诉襄汾县交通运输局行政处罚案 张俊青

【个案分析】

216 房屋登记机构与第三人承担连带赔偿责任的认定
——敦化市雁鸣湖镇人民政府与李爱民、敦化市利民房地产开发有限公司、李日旭等确认房屋抵押行政登记违法及行政赔偿案 李红广 李丽英

224 高校自治行为和司法审查的边界划定
——肖某诉中国科学院大学教育录取纠纷案 罗 佳

233 公益性举报的原告主体资格
——黄中平诉重庆市规划局北碚区分局履行法定职责案 向 品

247 冯梅香诉上饶县人民政府房屋强制拆迁案
——两个以上主体实施的以拆“危”代拆迁行为的司法审查 江怀玉 丁 雪

256 再就业导致职业病加重的属于工伤范畴 孟 强

262 国有土地出让合同中“净地交付”的认定 王 宁

266 对不履行行政给付义务案件的审查路径
——盛木庆诉绍兴市柯桥区社会保险事业管理局社会保障行政给付案 戴文波 朱秀华

274 王俊森诉连平县人民政府收回闲置土地决定案
——司法机关依法查封期间，政府不能收回国有土地使用权 邓丽华

279 影响当事人实体权益的行政证明行为为可诉行政行为 张倩倩

【域外撷英】

284 俄罗斯、芬兰行政诉讼制度论述及对我国群体性救济制度的启示 尹婷婷

司法答复

最高人民法院行政审判庭关于行政公益诉讼中刑事处罚与行政处理衔接有关问题的电话答复

（2017）行他字第215号

吉林省高级人民法院：

你院向我庭呈报的（2017）吉行他3号《关于行政公益诉讼中刑事处罚与行政处理衔接有关问题的请示》收悉。你院请示的数个案件所涉法律问题为，对非法毁坏林木涉嫌犯罪的行为，在刑事处理尚未终结的情况下，行政机关能否作出责令补种树苗的处理决定？人民检察院此事针对行政机关未予处理的情形提起行政公益诉讼的，人民法院应否受理。经研究，具体意见答复如下：

责令补种树苗的行政处理决定与针对非法毁坏林木的犯罪所处刑罚之间不具有吸收关系，在此情况下，行政机关应当依法履行职责。行政机关不履行或者不及时履行法定职责，人民检察院就此提起行政公益诉讼且符合其他起诉条件的，人民法院应当依法立案。至于刑事案件是否立案以及是否审结，并不影响上述结论。

特此告知。

2017年8月8日

最高人民法院关于海关执法机关对刑事裁判未予处理的不属于罪犯本人的用于走私的运输工具能否作出行政处理的答复

（2015）行他字第10号

福建省高级人民法院：

你院《关于对海关总署署侦［2001］9号和署辑发［2013］140号文件部分条款的理解和适用问题的请示》收悉。经研究，答复如下：

人民法院生效刑事裁判对不属于罪犯本人所有但被用于走私的运输工具没有作出处理的，海关执法机关可以依照《中华人民共和国海关法》和《中华人民共和国海关行政处罚实施条例》的有关规定进行处理。

此复。

二〇一八年三月七日

专题研究（行政协议）

公私合作协议的公法属性及其法律救济

梁凤云

在公用事业领域实行公私合作是各国在新公共管理理论或者新行政法理论指导下在公共管理领域的一场变革，也是各国政府在提供公共服务方面进行的一场变革。这场变革的具体模式因各国制度不同而呈现较大差异，但在充分发挥公私方各自的优势、促进提高公共服务质量方面却是共通的。[①] 公私合作（Public－Private Partnerships）协议目前在经济学界、公共管理学界和法学界产生了激烈的争论。经济学界的分歧主要集中于公私合作的收益分析、风险防控等方面；公共管理学界的分歧主要集中于公共部门的新型管理和服务方式方面；在法学界，分歧则主要集中于公私合作协议的法律属性和法律救济等方面。不同学科之间的交流互通是必要的，特别是对同一研究对象的不同视角，在全面审视公私合作制度和公私合作协议的研究这方面极有裨益。法学界对于公私合作协议的研究，主要是在民法学界和行政法学界进行研究。目前，有关公私合作协议的研究，在术语上、研究范式上通常受到经济学的影响较大，一定程度上模糊了公私合作协议的法学色彩。本文拟从行政法的

① 境外研究公私合作比较多的是行政法学界和行政学界。公私合作属于行政学的范畴还是行政法的范畴，在域外也有讨论。例如，在德国，公私合作的问题是新行政法的重要议题。尽管行政法学者对公私合作的定义并不令人满意。如沃尔夫认为公私合作是指公私经济主体之间的合作，两方当事人约定将货币或者其他可交易的资本作为投资纳人共同的服务过程。这实际上仍然没有将新公共管理和新行政法区别开来。公私合作是国家、其他行政主体、私人之间的法律关系；新公共管理则是将私人企业的经营管理方法应用于公共行政的经济化。［德］汉斯·J. 沃尔夫、奥托巴·霍夫、罗尔夫·施托贝尔：《行政法（第三卷）》，高家伟译，商务印书馆2007年版，第453－454页。

角度，结合新行政诉讼法的相关规定，对公私合作协议作出探讨。

一、公私合作协议的法律属性及其制度选择

新行政诉讼法规定的行政协议是公私合意和合作的产物。依靠行政机关强制力推行的协议，不是真正的协议，而是行政行为。从世界范围来看，特别是从两大法系的实践来看，公私合作协议有不同的模式、不同的形式，有一个基本认识是，这类协议既有注重双方合意的“合同”特征，也有基于行政监管的“公法”“行政法”的特征。对于公私合作协议的研究，首要的问题是，该类协议属于合同法规制的民事合同还是属于行政诉讼法规定的行政协议。厘清这一问题，有利于设定协议双方的权利义务关系，也有利于发生协议争议之后获得有效救济。

（一）公私合作协议的法律属性

对于公私合作协议法律属性的研究难度主要在于，不同研究领域的学者从不同的视角进行观察。民法学者通常认为，既然是协议就应当受到合同法的规制，行政法学者通常认为公私合作协议只是行政机关为了实现行政目标而采取的协议行为。此外，不同法系的国家，公私合作协议制度也有较大差别。在大陆法系国家，公私合作协议一般作为行政协议对待，而在英美法系国家，由于不区分公法私法，公私合作协议与其他政府合同一样，受到普通法的规制。目前对于公私合作协议的法律属性主要有四种观点：

一是民事合同。有的意见认为，公私合作协议的法律属性为民事合同。理由主要是：第一，定位于民事合同有利于突出平等合作，防止政府滥用行政权力。第二，合同标的是民事权利义务。公私合作协议中的特许经营权属于民法上的财产权利。第三，合同内容涉及公方和私方的合作权利义务，公方也是权利义务的承受方。

二是经济合同。有的意见认为，公私合作协议的法律属性为经济合同。理由主要是：第一，行政协议和民事合同的法律属性不能解释公法因素和私法因素共存的现象。对于公私融合，融当事人意思自治、财产因素等于公共

性、国家意志性、政策性等因素为一体的协议应当界定为经济合同。[①] 第二，民法保护的是个体的利益，所有规则反映的是市场交易的要求，经济法保护的社会整体利益，反映的是政府管理即平衡和协调各方利益的要求。第三，政府及公共部门与社会资本方的私主体部门之间的公共服务合作关系，既反映了平等主体部门之间的经济关系，又反映了私人部门作为公共服务的生产者和经营者与公共部门作为公共服务市场的监管者之间的管理与被管理关系，实属兼具公法和私法性质的混合关系，双方当事人应当同时受到公法和私法原则的约束，正好符合经济法的公法和私法相包容的特性。[②]

三是混合合同。有观点认为，公私合作协议反映了公共部门和私人部门将公共服务视为买卖合同关系，还反映了私人部门作为公共服务的生产者和经营者与公共部门作为公共服务市场的监管者之间的管理与被管理的关系，应当属于兼具公法和私法性质的混合合同，双方当事人应当同时受到公法和私法原则的约束。[③]

四是行政协议。这也是笔者的观点。即公私合作协议是比较典型的行政协议。理由主要有：

第一，公私合作协议符合法律和司法解释对行政协议的定位。《行政诉讼法》第十二条规定，认为行政机关不依法履行、未按照约定履行或者违法变更、解除政府特许经营协议、土地房屋征收补偿协议的，属于人民法院行政诉讼受案范围。这一规定明确了行政协议案件属于人民法院行政诉讼受案范围。原《最高人民法院关于适用〈中华人民共和国行政诉讼法〉若干问题的解释》第十一条第一款规定，行政机关为实现公共利益或者行政管理目标，在法定职责范围内，与公民、法人或者其他组织协商订立的具有行政法上权利义务内容的协议，属于行政诉讼法第十二条第十一项规定的行政协议。这一规定包括行政协议的五个要素：一是主体要素。合同双方须为行政机关和私方当事人。二是目的要素。行政协议签订的目的须是为了实现公共利益或者行政管理目标。三是意思要素。行政协议须是双方意思表示一致，不能采取强迫签约等方式。四是内容要素。行政协议须有行政法上权利义务内容。

---

① 史际春、肖竹：《公用事业民营化及其相关法律问题研究》，载《北京大学学报：哲学社会科学版》2004 年第 4 期。

② 徐孟洲：《论政府和社会资本合作关系的经济法调整》，载《中国法律评论》2017 年第 1 期。

③ 湛中乐、刘书燃：《PPP 协议中的法律问题辨析》，载《法学》2007 年第 3 期。

五是职责要素。行政机关签订行政协议需要有法定的行政职责。五个要素中，核心的是目的要素和内容要素。在公私合作协议中，虽然有私主体的社会资本引入，但是这仅仅是合作手段，并非合作目的。公私合作的目的并不在于实现私主体的盈利，而是通过私主体的盈利行为实现对公民公共服务的提供。因此，有的观点认为公私合作协议具有双重目的，即实现公共服务和私人营利，这种观点只是注意到了私方合作者或者利益的一面，忽视了私方合作者的营利仅仅是合作的手段，以及公私合作协议的本质和目的。

第二，公私合作协议中的政府特许经营协议属于法定的行政协议。特许经营是公私合作的雏形，也是各国公私合作中运用最广泛的形式。欧盟2014年制定的《特许经营合同授予程序指令》备忘录中明确了公私合作和特许经营的关系，即特许经营协议只是公私合作协议中一种特殊形式，近60%的公私合作协议是特许经营协议。从目前的公私合作协议具体形式而言，特许类的公私合作协议占了很大比例。例如，TOT（转让运营移交）、BOT（建设运营移交）、BOOT（建设拥有运用移交）等。特许经营是一种制度安排，包括特许权授予、合资、建设、保险、融资、维护、收费、回购、监管、担保等一系列协议。在这些协议中，特许经营协议是最核心的协议。根据立法机关的阐述，所谓政府特许经营是政府通过招标等公平竞争方式，许可特定经营者经营某项公共产品或者提供某项公共服务。政府特许经营广泛存在于城市供水、供气、供热、污水处理、垃圾处理、城市公共交通等公用事业领域。政府特许经营一般采取协议的方式约定双方的权利义务。[①] 公私合作协议是一个协议群，除了行政机关和私方合作者的协议之外，还可能包括私方合作者为了提供公共服务而签订的其他合同。政府特许经营协议的核心地位决定了公私合作协议的目的和属性，即公私合作协议的目的是实现提供公共服务，该协议具有鲜明的公法性质。

第三，公私合作协议的理论基础是行政公产理论。公私合作协议的目的是保障政府有效提供公共服务，以便满足公众需求。在经济学上，支撑公私合作的重要理论基础是公共物品理论；在行政法学上，支撑公私合作的重要理论基础是行政公产（公物）理论。在行政法学上，关于行政手段包括人的手段（包括行政主体、相对人、相关人等）、行为的手段（包括行政行为、

① 信春鹰主编：《中华人民共和国行政诉讼法释义》，法律出版社2014年版，第42－43页。

行政事实行为等）和物的手段。行政公产是物的手段。行政公产一般是指以维持和增进社会公共福利为目的而供一般公众共同使用的公产。公产按照使用目的划分，可以分为：文教性公有公共设施，如学校、图书馆、博物馆等；民俗性公营造物，如故宫博物院、毛主席纪念堂等；保育性公有公共设施，如医院、幼儿园、养老院；供应性公有公共设施，如铁路、邮局、自来水厂、民用机场、港口等；清理性公有公共设施，如垃圾处理厂、屠宰场、公共基地等。根据财政部《关于推广运用政府和社会资本合作模式有关问题的通知》和国家发改委《关于开展政府和社会资本合作的指导意见》的规定，公私合作项目主要适用于政府负有责任又适宜市场化运作的公共服务、基础设施类项目。燃气、供电、供水、供热、污水及垃圾处理等市政设施，公路、铁路、机场、城市轨道交通等交通设施，医疗、旅游、教育培训、健康养老等公共服务项目，以及水利、资源环境和生态保护等项目均可推行公私合作模式。这些项目均属于行政公产范畴。

第四，境外对于公私合作协议强调其公法性或者特殊性。从域外的经验来看，对协议，特别是行政协议属性的判断，关键在于协议的目的。法国行政法对行政协议的判断标准基于三个因素：一是协议一方是行政机关；二是协议的目的在于实施公用事业任务；三是协议内容存在超出普通法的条款。通常而言，只要具备前两项就属于行政协议，第三项只是作为辅助性条款存在。① 关于行政协议的判断标准，我国台湾地区台北市政府 2007 年发布了“行政契约判断基准”，提出了行政协议的两个认定标准：执行公法性质之法规和为了达成行政目的，同时提出了五个判断步骤：协议一方的行政机关；协议内容有行政机关作出行政处分或其他高权行为义务；以协议取代行政处分；涉及人民公法上权利义务；协议事项明显偏袒行政机关。以上 5 个内容，除了第一项外，其他项只要具备其中之一即可认定为行政协议。行政协议具有公法上的目的。在具体的表述上，一般为“为了实现公共利益”“为了实现公共管理目标”“为了提供公共服务”等。在可能存在公法协议和私法协议双重属性的情况下，为了监督行政机关依法行政和保障私方合作者的利益，司法机关一般判断协议中是否蕴含了超越私法规则的内容。只要该协议不是纯粹运用私法规则，不是纯粹的民事协议，一般将其认定为行政协议。

---

① ［法］让·里韦罗、让·瓦利纳：《法国行政法》，鲁仁译，商务印书馆 2008 年版，第 550 页。

（二）关于协议属性的制度选择

公私合作协议的属性可能因各国的法律制度和救济体制不同而有所不同，但各国对于公私合作协议中的公法属性是有共识的。例如，联合国贸易法委员会编的《私人融资基础设施项目法律指南》已经认识到公私合作协议的特殊性："在属于民法传统或者受民法传统影响的许多法律制度中，公共服务的提供受到行政法的规制和管辖，这种法律管辖广泛的政府职能，这种制度按这样的原则运作，即政府可以通过行政行为或者行政协议行使其权力和职能。人们还普遍认识到，政府可以根据管辖私人商业合同的法律签订私人合同，这两种合同之间的差别可能是很大的。"公私合作协议在我国已经存在一段时间，但是对于其法律属性以及相应的制度安排、法律救济机制等，还存在不同意见。协议的属性可能具有复杂性，但是，必须对其属性予以明确，才能实现制度落地和实效救济。笔者认为，相比较而言，从我国实际出发，制度上肯定公私合作协议的公法性质，有利于实现该种协议的目的。主要基于以下几点考虑：

第一，法律规定优先。行政诉讼法已经明确将政府特许经营协议等公私合作协议纳入行政诉讼受案范围。行政诉讼法的规定具有排除民事诉讼管辖的含义。不能认为政府特许经营协议可以通过行政诉讼救济，也可以通过民事诉讼或者仲裁途径救济。这一内容和政府采购法的规定不同。政府采购法中规定的政府采购合同具有公法性质，但是法律已经明确将政府采购合同纠纷纳入民事诉讼途径解决，就排除了行政诉讼的管辖。在政府采购纠纷中，只有主管部门作出的"具体行政行为"才属于行政诉讼受案范围（例如该法第五十八条规定，只有投诉人对政府采购监督管理部门的投诉处理决定不服的，可以提起行政诉讼）。《基础设施和公共服务领域政府和社会资本合作条例》（征求意见稿）也采取了这种理解，并在第四十一条规定，对政府有关部门作出的与合作项目的实施和监督管理有关的具体行政行为，社会资本方认为侵犯其合法权益的，有陈述、申辩的权利，并可以依法提起行政复议或者行政诉讼。这一内容实际上沿用了政府采购法的做法，但是政府采购合同是按照民事诉讼予以救济，行政诉讼可以作为例外。以政府特许经营协议等公私合作协议已经明确排除了民事诉讼的管辖，这一内容显然与法律规定相悖。

第二，公共利益优先。公私合作协议的目的在于实现公共利益，实现政府对公众的服务职责。前已述及，公私合作协议中，代表公共利益的行政机关和私方合作者并非处于并列的关系。公私合作协议中，公共利益是首要的，是目的性质的；私方合作者的利益是次要的，是手段性质的。公共利益的受益者不是政府，而是政府提供公共服务的对象——公民、法人或者其他组织。大陆法系国家的行政法学，特别是法国的行政法学，早在一百四十多年前就从“公共权力学说”转向了“公务学说”。行政机关提供公共服务，成为行政法学的重要内容。公私合作协议中的公共利益，体现为行政机关需要提供公共服务，体现为公民、法人或者其他组织享有政府提供的公共服务的权利。我国台湾地区台北高等行政法院在ETC案判决中对于民间参与公共建设投资契约的公法属性阐述非常清晰：“投资契约在政府管理监督及调整契约内容机制上，具公权力行使之性质，此一见解，应不能退让，否则攸关全民利益之公共建设，只要依促参法决标后，其后之建置营运阶段，即依民事法契约自由原则，其得为标之营运建置又如脱缰不受政府管控，殊非全民之福，亦有损政府施政威望，自非法解释所应为。”可见，这类协议的公法属性决定了其优先于私方合作者的私人利益。

第三，监督行政优先。长期以来，我国的公共服务事业采取的是国家垄断式经营，普遍存在经济亏损、财政负担重、生产效率低、服务质量差等弊端。公私合作协议之所以为发改委、财政部所力推，与当前经济形势下行和财政减收、公共服务供给不足、地方债务沉重等有着直接的关系。但是，公私合作的根本目的是采取公私合作的方式，提升公共服务水平，保障国家和社会公共利益。公私合作协议的公共性是第一位的，在强调公共性的同时也要注意尊重社会资本方的权利保障。基于其公法性质，必须强化对行政机关的法律监督。公私合作协议的行政协议性质，不是为了体现和强化行政机关在协议中的某种特权地位或者优益地位，而是为了强化对行政机关的监督。如果将公私合作协议中的行政机关视为民事合同一方当事人，则意味着行政机关具有对公权力的处分权，具有对公共服务的处分权，这是不符合行政协议的目的的。行政机关在行政协议中的权利与职责相统一，与义务相统一。公私合作协议中，如果将公私合作协议视为民事合同，就意味着允许行政机关随意处分权力，随意放弃职责。例如，在政府特许经营协议中，政府有必要对私方合作者提供的公共服务进行监管，这种监管是为了公共利益，属于其法定职责。将公私合作协议视为民事合同，就会导致重视私方合作者利益的保护，忽视对公共利益和公共服务的维护。司法实践中，一些收费大桥在特许经营协议规定的内容以外还要收取过路费，其根本原因就在于行政机关将公私合作协议视为民法上的交易行为，忽视对私方合作者的监督，漠视私方合作者对公众的侵权行为。

第四，完全管辖优先。公私合作协议应当从民事诉讼途径予以救济还是通过行政诉讼途径予以救济，实际上还涉及法院的职权配置的问题。从域外的经验来看，法国对公私合作协议具有完全管辖权。即法国行政法院的法官具有广泛的权利，可以撤销、变更、重新决定行政机关的行为，可以判决行政机关赔偿损失。我国《行政诉讼法》第十二条规定，对于行政机关“不依法履行”“未按照约定履行”“违法变更、解除”行政协议的，属于人民法院行政诉讼受案范围。第七十八条规定，人民法院针对行政协议案件可以判决被告承担继续履行、采取补救措施或者赔偿损失、补偿等。从行政诉讼法的规定来看，我国的行政诉讼对于行政协议纠纷属于完全管辖。法院针对的行政协议纠纷并非仅是行政协议案件中的“行政行为”，而是所有的行政协议纠纷。公私合作协议通过民事诉讼途径解决尚缺乏法律上的管辖依据。

第五，救济实效优先。选择通过私法诉讼还是公法诉讼解决纠纷，还要看哪一种诉讼途径更有实效。在国际上，对于私方合作者的司法保护较民事诉讼更为充分。为了保障私方合作者的利益，有的国家赋予私方合作者较民事合同当事人更为优越的法律地位。例如，法国行政法院1916年作出的波尔多煤气公司案的判决，确立了所谓不可预见理论。在民事合同中，当出现经济危机、战争时，这些不可预见的事件带来的后果不会对合同义务产生影响。但是，在行政协议下，由于涉及公共服务的持续性，可以对行政协议进行调整。在波尔多煤气公司案件中，由于“一战”引起的煤价上涨，煤气特许经营商如果不想破产，就必须调整特许经营协议的价格。法国行政法院最终判决行政机关给予特许经营商适当补贴，使其继续履行协议，这在民事合同中是不可想象的。从我国行政诉讼法和民事诉讼法的规定来看，民事诉讼审理对象针对的是原告的诉讼请求，行政诉讼审理对象针对的是被诉行政行为的合法性以及原告的诉讼请求；民事审判法官不能依据行政诉讼法的规定审理行政案件，行政审判法官既可以依据行政诉讼法的规定审理行政案件，还可以根据民事诉讼法、合同法等法律规定一并审理相关民事争议。这就是说，在诉讼管辖权上，行政法官既可以审理公私合作协议中的行政行为纠纷，也可以审理公私合作协议中履约纠纷。而民事法官对公私合作协议中的行政行为等行政纠纷没有相应的审理权力。在救济实效上，通过行政诉讼能够更全面地维护公共利益，确保公共服务的质量，保障私方合作者的协议利益。

二、作为行政协议的公私合作协议的基本内容

从公私合作协议的主体来看，“公”是指行政机关、法律法规规章授权组织以及行政机关委托的享有公共服务职能的组织；“私”是指公民、法人或者其他组织（例如私人企业或者民间企业等）。明确公私合作协议的内容，公私合作双方的权利义务关系，有利于深入探讨协议的内部结构和法律问题。

（一）行政机关的法定义务

如前所述，行政机关与私方合作者之间的法律关系属于行政法关系。除了双方关系之外，还存在与第三方的关系。第三方主要包括两个方面：一是在协议签订阶段的竞争权人。公私合作协议一般要通过招标、竞争性谈判等方式选择特许经营者。这就存在公私合作协议签订时的竞争权人的问题。行政机关在此阶段需要遵循公开公平公正的行政程序原则。二是协议履行阶段的消费者。无论是行政机关，还是私方合作者，其最终的服务对象是以消费者形式表现出来的公民、法人或者其他组织。因此，由于存在程序制约，存在公共利益的考量，存在第三方利益的保护，行政机关与私方合作者在行政协议中的权利义务，并不具有完全的处分权，并不能实行完全的自愿等价原则，而是要受到行政法的制约。公私合作协议双方必须履行约定义务之外的法定义务。

对于行政机关而言，首先要履行公私合作协议项下的约定义务。除了约定的义务之外，其具有的法定义务主要是监管义务。一般来说，行政机关需要通过制定不同的行业技术标准、公共服务技术规范、加强对公共服务质量和价格的监管。我国相关政策规定只是泛泛提到了行政机关的监管权力，没有具体明确的、具有可操作性的条款。行政机关逃避监管职责，可能导致公共利益受损，也可能导致法院无法审查其所具有的监管职责。境外（例如德国）非常强调公私合作协议中行政机关的监管权力，明确规定该类协议中缺乏监管条款，协议无效。一般包括：质量监管义务（确保公共服务符合质量

要求）、价格监管义务（确保公共服务价格合理）、补偿义务（确保私方合作者为了公共利益遭受损失时予以补偿）、补充责任义务（确保私方合作者无法提供公共服务时承担相应的接管义务或者补充赔偿义务）。

行政机关对公私合作项目的监管义务主要分为三个阶段：

一是项目的立项和特许经营者选择时期的准入监管。目的在于选择实现物有所值的公司合作项目方案和私方合作者。行政机关在这一阶段，一方面要对投资回报率进行合理确定，可以参考特定经济背景下的平均收益率，但是考虑到公共服务的性质，应当略低于市场。同时考虑私方合作者的资金来源，如果其资金来源是融资，则其报价必然高。另一方面行政机关也应当对市场需求作出适当保证。如果私方合作者承担的风险越多，其主张的预期收益也就相应增加。因此，行政机关必须对市场需求做出保证，保证合作项目的唯一性或者其他确定性。这就是行政机关必须承担的最小需求量担保。

二是项目建设时期的绩效监管（包括质量、价格、服务水平和财务监管）。目的在于保护公众利益。质量监管是由于私方合作者的趋利性和公产市场的垄断性导致的。私方合作者倾向于降低质量减少成本以获取利润。为了保证公产的质量，行政机关有必要确定公产的质量标准来实施监管。此外，公私合作协议期限往往长达十余年甚至数十年，要求协议当事人准确预测所有履约风险，是不可能的。特别是协议履行的价格受到通货膨胀、劳动力价格增长、汇率、使用需求、原材料价格、银行利息等因素的影响，因此确定行政机关的动态价格调整机制，是比较公平的做法。

三是项目退出的监管。在公司合作协议期限届满后，一般情况下，私方合作者要无偿移交公产并退出经营。在其他情况下，可能需要行政机关购买或者提供补偿以及可能的合同延期。在协议期限届满之前，私方合作者不得退出合作项目。例如，美国联邦法院1972年的一个判决中明确“成为国家交通的一部分之后，铁路则不能随意退出。而且，通过国家权威迫使铁路继续运营并履行对公众的全部责任，是毫无疑问的”。1885年的一个判例中提到，“从平实的原则出发，铁路财产一旦投入公共用途且系公共用途所必需，则必须践行公共使用的承诺，从而全面实现其创设时的目的，与此同时，基于公共危机而存在且为公共危机时刻所必需的公共权力，优先于企业、股东和债权人的财产权”。1918年美国联邦法院再次重申：“如果一家铁路公司负有维护和运营某条铁路的法定义务或者契约义务，它将被禁令或者训令强迫这样做，即便继续运营会亏损。”行政机关的这些义务无论是否约定在协议当中，都不影响该义务的存在。

（二）私方合作者的法定义务

公私合作协议不是公私融合协议。仅仅考虑私方合作者的权利是以民法的思维来看待问题。尊重私方合作者，加强对行政机关和私法合作者监督，防止形成公私“共谋”损害公共利益是行政法的课题。特别是对于政府授予的专有经营权，企业不能滥用；对于公共设施使用者，企业不能随意提高收费，不得拒绝服务，必须接受监督和随时提供信息；对于项目中的公产，企业必须合理利用，法律对土地等公产上为企业设立的权利进行规范等。[①] 对于私方合作者而言，基于保障公共利益的需要，一些义务是法定的，是不能约定的。其中的法定义务包括：信息披露（保障公众的知情权）、平等提供服务（保障公众平等权利）、持续提供服务（公共服务的不间断要求）、接受行政机关监管（确保公共服务质量）。

三、公私合作协议的法律救济途径

作为典型的行政协议类型，公私合作协议诉讼还存在许多值得研究的问题。这些问题既涉及行政协议的基本理论问题，也涉及公私合作协议诉讼的实效。由于我国目前缺乏相应法律规定或者虽有法律规定但不明确，笔者拟就相关该类诉讼中若干特殊问题作一初步探讨。

（一）诉讼当事人

行政协议诉讼的当事人首先是行政机关和私方合作者。根据行政诉讼法的规定，在行政协议诉讼中，对于行政机关一方不履行协议的，相对人可以提起行政诉讼。相对人不履行行政协议的，行政机关没有规定如何救济。其中主要原因是，这类争议主要是由行政机关一方不履行或者未按照约定履行协议引起的。[②] 由于立法机关的权威解释，对于行政机关的救济，目前只能通过非诉行政执行的方式进行。当然这种方式确实存在效率迟缓的实际问题。对此问题，下一步可以研究不同于传统的“民告官”模式的诉讼格局，赋予

① 于安：《我国 PPP 合同的几个主要问题》，载《中国法律评论》2017 年第 1 期。

② 信春鹰主编：《中华人民共和国行政诉讼法释义》，法律出版社 2014 年版，第 44 页。

行政机关起诉权利，以保障行政效率和维护国家、社会公共利益。

行政协议诉讼与民事合同诉讼的重大不同在于，民事合同诉讼基于合同的相对性，对于合同外第三人保障不足；行政协议基于公众参与和竞争权人理论，强调公共利益的维护，同时注重协议外第三人权益的保护。协议外第三人主要包括竞争权人和消费者。对于竞争权人的保护是行政协议诉讼的重要特点。行政诉讼法司法解释规定，公平竞争权人，特别是政府特许经营协议中的竞争权人具有原告资格。参与招标、拍卖等竞争性方式订立行政协议，认为损害其公平竞争权的，可以作为行政诉讼原告提起诉讼。这一做法和域外一致。例如，法国最高行政法院通过 2007 年的“托皮克工程信号设备公司”判例确认参与了行政合同之竞争性签订程序但落选的竞争者以及其他与涉案合同之签订存在利害关系的潜在竞争者可以针对行政合同提起效力之诉。2014 年的另一判例则允许所有的合同第三人，可以直接争议行政合同的效力问题。需要明确的是，尽管允许所有的合同第三人提起行政合同的效力之诉，但是为了合同关系之安定性免受不必要的挑战，又作了如下安排：若是普通的合同第三人提起行政合同的效力之诉，必须以其合法权益受到侵害为前提；若是具有特殊身份的合同第三人，比如地方省长、地方议员或者国家派驻的地方专员等公职人员，因为其争议合同效力是为了维护地区的公共利益，故主张的违法事由不受以上限制。

对于公私合作协议中消费者权益的保护，各国的制度不一致。法国最高行政法院在 1906 年通过另一个判例肯定了公共服务之用户有权要求行政机关对于合同相对人的不当履行行为采取措施，对于拒绝采取措施的决定，用户有权对此提起行政诉讼。该种救济途径背后的关键点在于“合同中关于公共服务的条款带有抽象行政行为的性质，违反这些条款就会对公共服务造成伤害，因此所有相关人都有权要求制裁此种违反行为”。我国行政协议诉讼中，对于消费者基于自身合法权益向行政机关进行投诉，要求行政机关对私方合作者予以监督和管理的，赋予其原告资格。这种诉讼具有客观诉讼的属性，有利于实现对行政机关和私方合作者公共服务质量的监督。而在民事诉讼中，消费者不能向行政机关主张权利，只能向公共服务的直接提供者，也就是私法合作者提起民事诉讼。这种诉讼保护是个别性的、主观性的保护，在保护力度和实际效果上逊于行政诉讼的保护。

（二）审理范围

公私合作协议诉讼既有客观诉讼的性质，也有主观诉讼的性质。从客观诉讼的角度而言，首先，法院审理公私合作协议的目的是审查公私合作协议中有无不符合公共利益、不符合公共服务要求、侵害社会公众的条款，以及公私方有无恶意串通、“共谋”等情形。也就是说，法院要对协议进行条款审查和目的审查。其次，行政机关在履行公私合作协议期间，如果采取单方变更、解除或者其他单方的行政行为，侵害私方合作者的权益引发诉讼的，法院要对被诉的行政行为的合法性进行审查。最后，对于涉及潜在的竞争权人的合法权益，以及对公私合作项目的消费者基于自身权益进行投诉后行政机关作出的行政处理，均属于法院审理范围。目的在于维护公私合作协议的公益性和公平性。

从主观诉讼的角度，为了保障私方合作者的权益，法院审理的对象是公私合作协议本身的纠纷。依照行政诉讼法的规定，私方合作者对于行政机关在履约过程中不依法履行、未按照约定履行的行为可以提起行政诉讼。

（三）举证责任

公私合作协议的举证责任根据举证事项的不同而有所不同。行政诉讼法在受案范围中对于行政协议的列举式规定，实际上包含了两种类型的行政纠纷。即单方变更解除的行政行为纠纷和不依法履行未按照约定履行的履约纠纷。行政诉讼法司法解释对这两种纠纷采取了“两分法”，适用不同的法律规则。例如，对于前者适用起诉期限制度和行政诉讼费用制度，对于后者适用诉讼时效制度和民事诉讼费用制度。但是在实践中，两种纠纷确实存在竞合现象。例如，单方变更解除行为属于行政行为还是违约行为？不依法履行是不作为还是违约行为？这些问题确实值得深入探讨。

在公私合作协议中，基于协议的公法性质，适用行政法规则。行政机关对其行政行为的合法性、协议的目的性、监管行为的合法性等承担举证责任。具体而言，行政机关对其具有行政职权、是否履行法定程序、是否履行监管义务以及单方变更、解除协议等行为的合法性承担举证责任。其他合同纠纷事项，当事人应当对各自的主张承担证明举证责任。

（四）赔偿责任

公私合作协议诉讼中的赔偿问题，目前争议比较大。同时由于其行政协议的性质，私方合作者对于是否能够获得足额赔偿存有较大疑虑。

根据约定必守和诚实信用的原则，公私合作协议中对赔偿有约定的，按照约定的赔偿方式和赔偿数额予以赔偿。从理论上讲，公私合作协议因其公法性质，在合同条款中约定赔偿方式或者数额时，应当不同于民事合同。民事合同的目的是实现经济利益，公私合作协议的目的是行政机关利用私方合作者的资金技术等优势提供公共服务。私方合作者在公私合作协议中的获益利润应当低于同时期市场的利润。如果等同于或者高于市场利润，就不符合设立公私合作协议制度的初衷。因此，约定的赔偿数额，也应当相应地低于民事合同的数额。当然，目前有关约定赔偿的制度并不完善。公私合作协议中约定赔偿条款的，法院一般应当认可其效力。

根据国家赔偿法的规定，国家赔偿按照实际损失予以赔偿。但是，公私合作协议往往涉及重大项目的建造、运营等，私方合作者除了付出成本损失外，更大的利益损失是预期可得的利益。因此，如果按照国家赔偿法的规定，私方合作者可能损失巨大。因此，笔者认为，公私合作协议中对赔偿数额如果没有约定的，法院应当根据私方合作者的实际损失、预期可得利益予以赔偿，但应当适度低于民事赔偿的标准。

行政机关在公私合作协议履行过程中，基于法律法规授权的行政管理权限，对私方合作者作出行政处罚、行政强制等行为的，私方合作者可以就该行政行为提起诉讼。该行政行为如果被法院审理认定为违法，但并未对项目的实施造成影响的，对于该行政行为的赔偿，适用国家赔偿法关于直接损失的相关规定。

（五）国家担保问题

公私合作协议是以担保国家理论为基础的。担保国家理论是指国家自己不直接向公民提供公共服务，而是担保私方合作者履行公共服务职能。私方合作者履行公共服务职能并不意味着国家责任的消灭，为了避免出现私方合作者为了片面追求利益最大化而损害公共利益，国家需要承担最终的担保责任。也就是说，"实际上政府才是公共服务的最终负责人，其实质上无法与私人部门实现平等的风险负担，而是出于抵御风险的劣势，即在担保国家理论下，政府对风险有着无法回避的最终责任"。

国家的担保责任主要体现在规制和监督两个方面。主要内容是担保公共服务的提供、创造并促进公平竞争以及对各种可能出现的危险予以必要防范。与民法上的瑕疵担保责任相比，行政法上的国家担保责任目的不仅仅在于排除瑕疵状态以及承担相应的瑕疵责任，还包括对于可能出现的瑕疵予以预防。许宗力教授认为，民营化后的担保责任主要包括：给付不中断的担保义务，尤其是涉及水、电、煤气等独占性的基础生存照顾的公用事业时，国家必须确保给付不中断；维持与促进竞争的担保义务；持续性的合理价格与一定给付质量的担保义务；既有员工的安置担保义务；人权保障义务与国家赔偿责任之承担。[①] 由于行政机关在公私合作协议中的监管者地位，其亦是剩余风险的承担者。一般情况下，项目设计、建造、运营维护等商业风险由私方合作者承担，法律、政策和最低需求等风险由政府承担，体现了财政的兜底责任。这也是由于财政具有的公共风险的特点决定。

但是，根据《担保法》第八条的规定，国家机关不得为保证人，但经国务院批准为使用外国政府或者国际经济组织贷款进行转贷的除外。第八条规定，学校、幼儿园、医院等以公益为目的的事业单位、社会团体不得为保证人。《最高人民法院关于适用〈中华人民共和国担保法〉若干问题的解释》作了扩展解释，即国家机关和以公益为目的的事业单位、社会团体违反法律规定提供担保的，担保合同无效。行政机关不得作为保证人的规定，直接影响了私方合作者参与公私合作项目的积极性。从境外制度来看，对于行政机关的担保是合法有效的。例如，南非《公共财政管理法》第六十六条规定，各部门以及其他机构不得提供借款、担保、补偿或者抵押，以及参与可能使机构承担未来财务承诺的交易。但本法授权的借款、担保、补偿或者抵押或者其他交易除外。

目前，我国公私合作项目尚无关于国家担保的有关法律规定。公私合作项目主要是靠政策推动。例如，财政部在公私合作协议中推行的现金流抵押担保、财政补贴、税收优惠等是否具有上位法的授权，值得研究。例如，财政部推行的以奖代补政策，可能与预算法、国务院有关禁止政府通过地方融资平台公司借债的规定相抵触。[②] 关于国家担保的问题主要是法律制度完善

① 许宗力：《行政任务民营化》，载《当代公法新论（中）——翁岳生教授七秩诞辰祝寿论文集》，元照出版有限公司2002年版，第607－609页。

② 喻文光：《PPP规制中的立法问题研究——基于法政策学的视角》，载《当代法学》2016年第2期。

的问题。下一步，在国家担保责任法律制度健全的基础上，法院可以要求国家承担相应的担保责任。

（六）仲裁问题

仲裁是针对的民事主体之间的纠纷，因此，一般不允许通过仲裁机构这种社会组织居中裁决行政机关与私方合作者的行政纠纷。在法国，行政协议中不能包含仲裁条款，因为仲裁可能有损于公共利益。① 以2016年的一起跨国行政合同案件为例：法国行政法原则上不允许行政合同中约定仲裁条款，但是该案法官认为，行政机关在签订合同时已经知道并且同意加入国际仲裁条款，视为愿意未来诉诸国际仲裁解决争议，故行政机关为了规避仲裁向法院提出仲裁条款无效的这个事由，法院不予支持。也就是说，行政协议一般不允许仲裁，但是涉及约定的国际仲裁除外。

我国的仲裁制度也不能适用于公私合作协议。《仲裁法》第二条规定，平等主体的公民、法人和其他组织之间发生的合同纠纷和其他财产权益纠纷，可以仲裁。该法第三条规定，依法应当由行政机关处理的行政争议不能仲裁。因此，在公私合作协议中，行政机关和私方合作者约定以仲裁方式解决协议纠纷的，人民法院应当认定该仲裁条款无效，但2017年新行政诉讼法施行前，根据当时的法律认为有效的除外。我国缔结或者参加的国际条约对行政协议的仲裁条款另有规定的，从其规定。

从行政法学角度研究公私合作协议是新时代行政法学者的重要学术使命。运用行政法的最新理论，分析公私合作协议中内部机构和实际运行状况，把握其中的行政法律关系，针对中国实践中的公私合作协议进行规范的、切入式的法学研究，才能有效解决当前公私合作协议实践中的诸多法律难题。

（作者单位：最高人民法院）

---

① ［法］让·里韦罗、让·瓦利纳：《法国行政法》，鲁仁译，商务印书馆2008年版，第550页。

谦抑或扩张：行政协议的民事规范适用边界

肖帮华　郭芮男　朱艳楠

一、审判困境：行政协议纠纷的审理难点

自修正后的《中华人民共和国行政诉讼法》将行政协议纳入行政诉讼受案范围以来，我院受理了多起行政协议案件。审理中，发现以下问题：第一，行政协议的定性模糊，欠缺行政协议与民事合同的法定划分标准。虽然理论界有主体标准、目的标准、行政优益标准来区分行政协议与民事合同，但是在实践中，由于没有法定的区分标准，使得二者难以区分，进而导致法律适用不明确。第二，行政协议案件适用依据的条件及情形不明确。由于缺乏行政协议特有的法律适用规范，因此，在审理行政协议案件时，只能参照民事规范。然而，哪些情形可以参照民事规范？满足什么条件才可以参照民事规范？这些都是不明确的。第三，行政协议效力、履行等情形在裁判时与民事合同的异同没有明确的界分。民事规范规定了民事合同无效、可撤销、可变更情形以及无权代理、表见代理等，但行政协议对效力的认定、可撤销、可变更情形等均缺乏法律规定，行政协议有其自身的特点，仅参照民事规范不能全面、有效地解决行政协议纠纷。第四，行政协议的违约责任方式与行政赔偿之间没有明确的界分标准。无论是行政赔偿还是承担违约责任，都会给行政相对人造成损害，如何区分二者，没有明确的法律规定等。上述问题可以归结为：行政协议的法律适用，民事规范在审理行政协议案件的适用，是谦抑还是扩张？亟须在司法实践中予以解决。解决这些问题，首先要对行政协议进行定性，研究行政协议与民事合同的区别，最终厘清行政协议适用民事规范的边界。

二、观点争鸣：行政协议适用民事规范的现有观点

对于行政协议适用民事规范的边界问题，目前主要有借用说、融合说、

通用说、区别说四种观点。

第一，借用说。“行政法与私法相比历史很短，而且没有总则的规定，其结果是可能发生在具体的情况下缺少可适用法规的现象。在这种情况下，存有这样的问题，即是否可以通过适用私法规定来补充缺少状态。”① 有一种主张积极适用的观点认为，行政法是私法的特别法，当行政法存在漏洞的情况下，当然应当适用私法。② “行政法是私法的特别法”也许并不被所有人认可，但“私法领域有充分之法律条文足以应用”③ 却是一个不争的事实。当然，持借用说的学者也指出：在适用行政法过程中适用私法规范，只是用以“补充或者填补漏洞”。“在这种情况下，行政法没有走进私法领域，而仍然停留在公法领域，将以私法形式表现出来的法律规范或者在私法领域形成的法律概念作为公法适用。借用的前提是法律关系具有相同特征，私法已有相应规定，而公法仍存在明显漏洞。”④

第二，区别说。美浓部达吉在论述契约自由之公法上的限制时指出：“当契约自由的限制只为公法的限制时，则违反限制只为公法上的违反义务，构成受公法上的制裁之原因；违反限制的契约之私法上的效力，并不因违反之故而稍损；契约之是否有效，应另从民法的见地判断。”⑤ 这一规则确立的是“公法的归公法，私法的归私法”这样一个原则。对行政协议案件来说也是如此。当法律法规对行政协议有特别规定的，应当优先适用特别规定。没有特别规定的或者与特别规定无抵触的一般场合，当然可以从民法的见地予以判断。根据德国法例，行政协议的履行问题应当参照民法典的相应规定。“其中特别是给付不能，即民法典规定的不可能履行、拖延履行或者有关的积极违约（不切实履行主义务或者违反从义务）等情况，以及缔约过错”，一般可以完全拿来适用。⑥ 不过有学说见解提出：“一旦采用私法（或公法）方式之作为，则全面适用私法（或公法），不能仅用私法中有利之部分，其余又援引公法。若以遁入私法方式逃避依法行政原则羁束，使行政机关原本不得

---

① 金东熙《行政法》，赵峰译，中国人民大学出版社 2006 年版，第 80 页。
② 金东熙《行政法》，赵峰译，中国人民大学出版社 2006 年版，第 80 页。
③ 吴庚：《行政法之理论与实用》，台湾三民书局股份有限公司 2014 年版，第 33 页。
④ ［德］哈特穆特·毛雷尔：《行政法学总论》，高家伟译，法律出版社 2002 年版，第 50 页。
⑤ ［日］美浓部达吉：《公法与私法》，黄冯明译，中国政法大学出版社 2003 年版，第 250 页。
⑥ ［德］哈特穆特·毛雷尔：《行政法学总论》，高家伟译，法律出版社 2002 年版，第 380 页。

作为者，变相产生，则更非法治国家应由之现象。”[①]

第三，融合说。在现代社会，一方面，出现了所谓的“私法公法化”；另一方面，出现了所谓的“公法私法化”。以契约为例，“对于契约自由之公法上的限制，在现行国法上已成为私法公法化最显著的现象”。[②] 与此同时，“政府越来越倾向于通过契约机制来完成其各项职能”，“现代行政国家或许可被冠以契约国家称号”。“在一个公私不可避免地要相互依赖的时代”[③]“现代行政和行政法则完全是另一番图景：公私不分，公中有私，私中有公”。[④]“公私法的领域趋于融合，公私法的界限并不明确。总体而言，公私法二元论已不能适应实践的需要。”[⑤]“公私领域之间的栅栏已经倒塌”。[⑥]

第四，通用说。英美法系国家并无公法和私法之分，私法具有“不论是国家还是私人皆共通适用的一般法地位”。[⑦]“行政法作为独立部门法地位长期得不到承认，它被认为仅是普通法中的一个组成部分，与普通法中的所谓的私法并不对立。”[⑧] 在大陆法系，也有观点认为，某些一般法律原则虽然在民法典中得以规定和具体化，但并不专属于民法，而是像法律规范总则部分，其是为所有的法律部门规定的，因此在公法领域直接有效。参考民法典只是为了明确一般法律原则——本来就适用于公法领域的内容而已。[⑨]

三、适用边界：行政协议适用民事规范应谦抑不宜扩张

笔者认为，行政协议是行政机关与行政相对人价值平衡点的最佳载体，是创新社会管理的新方式，是体现公权力与私权利协商管理社会发展趋势的表现形式。行政协议本质上是行政行为，其区别于民事合同的主要特点是：

---

① 吴庚：《行政法之理论与实用》，台湾三民书局股份有限公司2014年版，第33页。

② ［日］美浓部达吉：《公法与私法》，黄冯明译，中国政法大学出版社2003年版，第244页。

③ ［美］朱迪·弗里曼：《合作治理与新行政法》，毕洪海、陈标冲译，商务印书馆2010年版，第493、573页。

④ 姜明安：《新行政法：公中有私，私中有公》，载［美］朱迪·弗里曼：《合作治理与新行政法》，毕洪海、陈标冲译，商务印书馆2010年版，第5页。

⑤ 江利红：《日本行政诉讼法》，知识产权出版社2008年版，第109页。

⑥ 参见［新西兰］迈克尔·塔格特编：《行政法的范围》，金自宁译，中国人民大学出版社2006年版，第185页。

⑦ ［日］南博方：《行政法》，杨建顺译，中国人民大学出版社2009年版，第2页。

⑧ 钱弘道：《英美法讲座》，清华大学出版社2004年版，第330页。

⑨ ［德］哈特穆特·毛雷尔：《行政法学总论》，高家伟译，法律出版社2002年版，第50页。

1. 行政协议的主体是行政机关和公民、法人或者其他组织，行政机关具有协议当事人和主管行政机关的双重身份。主体的不平等性，是行政协议最重要的特征。2. 行政协议的性质是行政性、公益性、合法性、合意性。行政性是其最根本的特性。行政合同之所以成为行政合同而不是民事合同，其中最根本的特征在于，行政合同本身是执行公务或履行行政职责的手段。因此，行政合同必须要服从它在整个执行公务或履行行政职责的过程或系统中的地位、作用和目标，要按照行政法的规定和行政法律规则签订、履行。[①] 3. 行政协议的内容是以行政法律关系为基础建立的，行政规范是行政协议签订的依据，行政职权是行政协议的权源，行政协议的签订也只能在行政机关的主管职责权限范围内进行。4. 行政机关虽受到行政协议的制约，但享有一定的特权，如单方选择权、监督检查权、单方变更解除权、制裁权等。5. 行政协议的目的是实施国家行政管理。综上，行政协议应定性为行政行为，行政性是其首要特征，协议性是其次要特征。

基于行政协议的行政性，民事规范在行政协议司法实践中，应谦抑，不宜扩张：对于民事法律原则可直接适用；不能全面补充适用民事规范；适用民事规范，应区别其属性，不宜类推。分述如下：

（一）行政协议的法律适用规则机制的核心是“法律优位”原则的重要性应当大于“契约自由”原则。法律优位原则是行政立法中重要的原则，是依法行政的最主要的原则之一，是指其他国家机关制定的一切规范，都必须与全国人大制定的法律保持一致，不得抵触。[②] 契约自由原则是近代民法的一项基本原则，是指契约关系应根据契约当事人的自由意志决定，不得受国家干涉。[③] 行政协议作为一种新型的行政管理手段，是行政机关为了减少以单方命令方式进行行政管理活动引发行政争议，增加社会对立等问题，在行政管理领域引进了契约理念，在充分尊重行政相对人意思表示的基础上，以协商一致的方式达成协议，通过履行权利义务，实现行政管理的目的。行政协议是一种行政行为，其“法律优位”原则的重要性要大于“契约自由”原则，在适用民事规范时，不能一味强调意思自治，更要注重其行政性。故行

---

① 杨小君：《论行政合同的特征、法律性质》，载《行政法学研究》1998 年第 2 期。

② 参见 360 百科 http：//baike. so. com/doc/1187981 －1256639. html.

③ 参见 360 百科 http：//baike. so. com/doc/7915447 －8189542. html.

政协议应谦抑适用民事规范。

（二）不能一味地强调行政协议的行政性而排除民事法律原则的适用。法律原则是在一定法律体系中法律规则的指导思想、基础或本源的、综合的、稳定的法律原理和准则。法律原则是确定行使自由裁量权合理范围的依据，可以防止由于适用不合理的规则而带来的不良后果。[①] 一般的民事法律原则仅是被规范化、具体化的一般法律原则，民事法律原则，如平等原则[②]、意思自治原则[③]、公平原则[④]、诚实信用原则[⑤]、公序良俗原则[⑥]、履行义务原则[⑦]、情势变更原则[⑧]等，虽然在民法领域得以规定并具体化，但其并不专属于民法，而是贯穿于一定的法律体系中。故行政协议可以直接适用民事法律原则。行政协议直接适用民事法律原则，并非民法的规律适用于行政法律关系，而是行政法律关系遵守与民法共同的规律。

（三）行政协议不能全面补充适用民事规范。2015 年《最高人民法院关于适用〈中华人民共和国行政诉讼法〉若干问题的解释》第十四条规定："人民法院审查行政机关是否依法履行、按照约定履行协议或者单方变更、解除协议是否合法，在适用行政法律规范的同时，可以适用不违反行政法和行政诉讼法强制性规定的民事法律规范。"该条规定了在审查行政机关是否履行、按照约定履行协议或者单方变更、解除协议是否合法方面可以补充适用民事规范，但不能全面补充适用。对于行政协议的履行，因行政机关作为行政协议的特殊主体一方，其行为具有一定的公信力，故民事规范中关于先履行抗辩权、同时履行抗辩权、不安抗辩权等不能补充适用，因行政协议具有实现行政管理的目的，故民事规范中关于代位权、撤销权的规定也不能补充

---

① 参见 360 百科 http：//baike. so. com/doc/6019806 –6232802. html.

② 《中华人民共和国合同法》第三条："合同当事人的法律地位平等，一方不得将自己的意志强加给另一方。"

③ 《中华人民共和国合同法》第四条："当事人依法享有自愿订立合同的权利，任何单位和个人不得非法干预。"

④ 《中华人民共和国合同法》第五条："当事人应当遵循公平原则确定各方的权利和义务。"

⑤ 《中华人民共和国合同法》第六条："当事人行使权利、履行义务应当遵循诚实信用原则。"

⑥ 《中华人民共和国合同法》第七条："当事人订立、履行合同，应当遵守法律、行政法规，遵守社会公德，不得扰乱社会经济秩序，损害社会公共利益。"

⑦ 《中华人民共和国合同法》第八条："依法成立的合同，对当事人具有法律约束力。当事人应当按照约定履行自己的义务，不得擅自变更或者解除合同。依法成立的合同，受法律保护。"

⑧ 情势变更原则是指合同有效成立后，因不可归责于双方当事人的原因发生情势变更，导致合同的基础动摇或丧失，若继续维持合同原有效力将显失公平，从而允许变更合同内容或者解除合同。

适用。对于单方变更、解除协议是否合法的审查，既要审查是否有相关行政法律法规规章的依据，又要审查是否符合《合同法》第五十四条规定的法定变更、撤销情形。综上，行政协议补充适用民事规范的边界不能扩张，且因其协议性处于被支配地位，不能全面补充适用。

（四）行政协议在适用民事规范时，应区别其属性，即只有属于协议性范畴的部分，才能适用民事规范。第一，当行政协议的限制仅为行政法律关系时，违反的仅是行政规范，应承担的是行政法律关系的责任。其民事法律关系的效力并不因此而消灭，应依据民事规范予以判断。第二，行政协议的效力可全面补充适用民事规范。行政协议的效力，既要审查其是否有行政法律法规规章的依据，是否违反行政法律法规规章的强制性规定，又要审查是否符合民事规范中关于合同的效力的规定。第三，行政协议的违约责任的承担应限制适用民事规范。行政协议的违约责任有其特殊性，主要原因是行政协议的行政性是其根本特性。行政机关主体的特殊性决定了行政机关及行政相对人违约责任的承担有别于民事合同。行政协议的违约责任，应以行政协议约定的违约责任为主，可附带通知、协助、保密等附随义务，且双方约定的违约责任应当在行政机关的职责范围内，不违反行政法律法规规章的强制性规定，对于违约给行政相对人造成的损失，应予赔偿。第四，对于行政协议的订立，因考虑其订立的目的及行政协议的行政性，不能适用民事规范中协议性较强的关于要约与承诺的规定，行政协议的订立，应以行政机关与公民、法人或者其他组织达成意思表示一致后，签订的书面协议为准，口头协议不宜适用。

（五）行政协议适用民事规范不宜类推。类推适用是我国民法解释学中填补法律漏洞的方法之一，是在民法适用中运用较多的一种方法。我国台湾学者王泽鉴先生认为："类推适用，即将法律于某案例类型 A 所明文规定的法律效果，转移适用于法律未规定的案例类型 B 之上。"① 我国学者梁慧星先生认为："类推适用，是指法官受理的案件在法律上未有规定，采用类似案件的法律规则进行裁判。"② 限制类推是法律原则的内在要求，民法解释学中的类推应严格遵循以下限制：对于法律保留事项绝对禁止类推，类推适用的过

---

① 参见百度知道 http://zhidao.baidu.com/question/49554662.html? fr = iks&word = % C3% F1% B7% A8% C0% E0% CD% C6% CA% CA% D3% C3% D4% AD% D4% F2&ie = gbk.

② 参见百度知道 http://zhidao.baidu.com/question/49554662.html? fr = iks&word = % C3% F1% B7% A8% C0% E0% CD% C6% CA% CA% D3% C3% D4% AD% D4% F2&ie = gbk.

程和结果应当合法合理，类推适用应当遵守民法的基本原则。行政协议是以行政法律关系为基础，其虽具有一定的协议性，但本质上是一种应由公法规则调整的行政关系，法无明文规定不行使、法无明文授权不可为。行政协议的产生都是基于法律的明文规定，不宜类推适用民事规范。

四、解决路径：构建行政协议特有的法律适用机制

2015 年《最高人民法院关于适用〈中华人民共和国行政诉讼法〉若干问题的解释》虽然规定了行政协议可以补充适用民事规范，但行政法律关系中，所有的法律适用解决的根本问题均是保障行政相对人利益的最大化，行政协议一味地适用民事规范，就是立法的懒惰。要根本解决行政协议的法律适用问题，必须构建行政协议特有的法律适用机制。基于行政协议的相关性质特征，笔者认为，构建行政协议的法律适用机制，应先构建适用民事法律原则机制、适用民事法律规则机制，最终制定行政协议特有的法律适用规范。

（一）构建适用民事法律原则机制

所谓构建适用民事法律原则机制，就是要规范民事法律基本原则在行政协议中的适用。民事法律原则，作为一般的法律规律是所有部门法都应该遵守适用的，只是在民法上被具体化和规范化，但并非是指其在民法上具有专属性，对比民法和行政法的基本原则不难发现，其在一定程度上具有相通性。依前所述，笔者认为行政协议可以直接适用民事法律原则。当然，行政协议作为行政行为，其本身就应该严格遵守行政法的基本原则，即合法行政，合理行政，程序正当，高效便民，诚实信用以及权责统一原则。因此，行政协议在直接适用民事法律原则的同时，不能突破行政法的基本原则。行政协议适用民事法律规范，应构建适用民事法律原则机制，即确定在不突破行政法的基本原则的前提下，直接适用民事法律原则。

（二）构建行政协议的法律规则适用机制

行政法基本原则要求，行政机关必须遵守现行有效的法律，且应当依照法律授权活动，即“法律优先”和“法律保留”。因此，“法律优先”原则的价值高于“契约自由”原则，是行政协议的法律适用规则机制的核心，也是行政协议性质的基本要求。行政协议的法律适用，缺少行政协议法律规则适用机制。行政协议的法律适用，根据特别法优于一般法原则，当法律法规有

特别规定时应优先适用。区分程序性规定及实体性规定，并分别明确其适用边界及准则，以便行政协议更好的适用民事规范。如前诉述，笔者建议对于行政法律法规规章没有规定的可补充适用民事规范，以填补行政法在相关规定的漏洞，但是不能全面补充适用；基于行政协议的行政性和协议性，应该分类处理，属于协议性范畴的部分适用民事规范，属于行政性范畴的部分适用行政规范，对于行政协议的效力及违约责任等应区别于民事合同。

（三）制定行政协议特有的法律适用规范

由于行政协议其独有的行政性和协议性，与一般的民事协议有很多区别。笔者认为，民法作为私法，行政协议中属于协议范畴内容可以适用民事规范，但是就行政协议中具有公法性质的行政行为而言，要强行适用民事规范没有法律依据，在法理上也存在公、私法混同的尴尬。因此制定行政协议特有的法律适用规范是行政协议立法的理想模式。行政协议在一定程度上具有合同性质，其法律适用规范的大体框架可以参照合同法的相关规定，然后在具体内容上进行特殊化处理，因此行政协议特有的法律适用规范的大体框架应当包含以下内容：行政协议的含义、类型、原则、成立要件、无效情形，行政主体在行政协议中的特权，行政相对人的救济权，行政协议的变更、撤销、解除与补偿，违约责任、争议纠纷的解决办法以及相关的程序性规范。制定行政协议的法律适用规范是解决目前法院在审理行政协议案件中所遇困境的根本解决路径。

五、结语

随着城市建设的不断推进，法院受理的行政案件呈大幅上升趋势。行政协议在社会管理中体现越来越重要的地位，行政协议纠纷已占行政案件的一席之地。行政协议的法律适用问题已成为审判实践的困境之一。本文主要是针对行政协议的民事规范适用边界问题，提出行政协议适用民事规范应谦抑，不宜扩张，未对行政协议的具体内容进行研究分析。笔者认为，对行政协议法律适用问题，应进一步对行政协议的成立要件、无效情形、可撤销情形以及变更、撤销、解除与补偿等与民事合同作比较分析，找出其异同，为制定行政协议特有的法律适用规范提供理论研究基础。

（作者单位：贵州省安顺市中级人民法院）

李传开诉金安区政府、清水河街道办事处不履行房屋征收补偿协议案

——应从行政行为的角度审查行政协议案件

刘莹洁

【裁判要旨】

在诉不履行行政协议案件的司法审查中，应优先适用行政法律规范，从行政协议首先是一种行政行为的角度去认识、审查，不能简单地认为行政协议是合同而机械地理解合同相对性原则进而简单地判断行政协议的合法性，而应结合协议的签订及履行过程中的相关主体的法定职责和意思表示，确定协议的履行主体。

【案号】

安徽省六安市中级人民法院（2015）六行初字第00134号。

【案情】

李传开诉称，原告系清水河街道刘大园村沙埂村民组村民。1991年老淠河洪涝时，原告的三间房屋及猪圈约160平方米被政府征收建设了灾民安置小区。原告此后一直未再建房，与儿子居住。2012年原告儿子的房屋被拆迁，拆迁时，针对原告夫妇无房屋居住情况，经与各被告协商，达成给予原告解放北路7#楼202室安置房的协议，并约定由被告为原告办理相应的房产权属登记手续。现原告搬进上述房屋居住长达三年之久，被告一直未按协议办理房产证。故诉至法院，请求判决被告履行与原告签订的房屋拆迁补偿安置协议，由被告承担诉讼费用。

清水河街道办事处辩称，1. 原告诉称其房屋系政府于1991年因老淠河洪涝灾后重建家园而被拆迁，该拆迁人是六安市人民政府，而不是清水河街道办事处，且1991年至今已有20多年，其现提起安置补偿没有法律和政策依据。原告儿子的房屋位于清水河街道刘园路南北土地收储项目，该项目征地主体是六安市人民政府，并由金安区政府负责实施，均与清水河街道办事处无关，且原告儿子已获得安置补偿。2. 清水河街道办事处出具的《证明》并不是房屋征收补偿协议书，不能反映原告有房屋被拆迁的事实，且该证明中所载“解放北路7#楼202室安置房”的产权主体是六安市人民政府，在未取得六安市人民政府委托授权或事后追认的情况下，街道出具的《证明》显然属于超越职权，属于无效行为。3. 原告诉请要求取得解放北路7#楼202室安置房所有权并办理房屋产权证，因该房屋产权人为六安市人民政府，故被告无法将房屋交付给原告，也无法办理产权登记手续，原告的诉请无法实施。请求驳回原告诉请。

金安区政府辩称，1. 金安区政府不是本案适格被告。原告称其房屋被拆发生于1991年，已经超过诉讼时效，现提出安置补偿没有法律和政策依据。其儿子的房屋于2012年拆迁并已获得安置补偿，原告在本次拆迁范围内并没有房屋被拆迁，不可能获得安置补偿。2. 清水河街道办事处出具的《证明》并不是房屋征收补偿协议书，答辩人并没有授权清水河街道给予原告一套住房，且该证明中所载明的“解放北路7#楼202室安置房”的产权主体是六安市人民政府，在未取得六安市人民政府委托授权或事后追认的情况下，该证明“给予李传开安置房一套”的行为，显然属于超越职权，属于无效行为。3. 原告没有合法的安置补偿协议，无法到房地产登记部门办理登记手续。请求驳回原告诉请。

金安区重点局辩称，金安区重点局没有接受其他行政机关的委托或者依据法律、法规的授权征收原告的房屋，也没有与原告签订征迁安置协议，对原告没有安置补偿的义务，故不是本案适格被告。请求驳回原告诉请。

法院经审理查明，1991年老淠河洪涝灾害后，李传开原在清水河街道刘大园村沙埂村民组有三间土墙瓦顶住房和猪圈因被政府规划为灾后重建新村所在地，被无偿拆迁。此后李传开一直没有建房，临时居住在儿子处。1996年，李传开向相关部门反映此情况。同年，中共六安市委办公室、六安市九里沟乡人民政府以及该乡刘大园村委会均在该申请上加盖公章，确认上述情况属实。2010 年，李传开听闻其儿子的房屋将被纳入征迁范围，向相关部门反映要求对上述房屋进行补偿安置。2012 年，李传开儿子李永春、李永斌、李永松的房屋因政府收储项目被拆除。同年 8 月，清水河街道办事处作出涉案《证明》，载明以下内容：关于刘大园村李传开户拆迁安置协商达成如下协议：1. 街道给予李传开安置房一套，地点是解放北路一期 7#楼 202 室，面积 81 平方米；2. 8 月 9 号由街道工作组带领李传开户本人到现场看房子，待李永春、李永斌、李永松三户缴纳拆迁房屋钥匙，街道负责给予安置房钥匙；3. 街道给予李传开（妻程本琴）搬家费 500 元；4. 李传开（妻程本琴）在解放北路的安置房由街道负责办理房产证，本户提供相关证件，不承担相关费用。清水河街道办事处在该《证明》上加盖公章，时任该办事处主任、副主任及工会主席签字确认。随后，清水河街道办事处向李传开交付了解放北路一期 7#楼 202 室的钥匙，李传开在该房屋居住至今。因房屋未能办理产权证，李传开多次向多部门信访要求办理房屋产权证。

2013 年 9 月 18 日，清水河街道办事处向金安区重点局报送《关于要求购买安置房的报告》。该报告称，针对李传开户无住房的实际情况，经报金安区重点局同意，给予李传开夫妇在解放北路小区 7#楼一单元 202 室安置房一套，现其在该安置房内已居住一年，无法办理合法手续，故请求金安区重点局报请金安区政府同意，以成本价购买安置房一套给予该户安置，并办理相关房屋产权手续。2015 年 5 月 13 日，清水河街道办事处作出《关于李传开反映其拆迁安置及办理房屋产权证等信访事项答复意见书》，该答复意见书确认了李传开房屋于 1991 年被无偿拆迁的情况，并再次确认给予李传开户涉案房屋前经过了金安区重点局同意。2015 年 8 月 10 日，金安区政府作出金政信复（2015）21 号《不予受理复查告知书》，告知李传开：涉案《证明》内容实质上是一份拆迁安置协议，一方当事人不履行协议，另一方当事人可通过调解、诉讼维护权益。李传开遂提起本案诉讼。

【审判】

法院审理认为，为了公共利益的需要，国家可以征收单位或个人的房屋，并依法给予拆迁补偿，维护被征收人的合法权益；征收个人住宅的，还应当保障被征收人的居住条件。本案中，李传开的房屋因 1991 年被政府规划为灾后重建新村所在地而被无偿拆迁的事实清楚。清水河街道办事处经上级部门同意后，出具涉案《证明》，给予李传开安置房屋一套，并约定由清水河街道办事处负责办理房屋产权证，既符合基层实际现状，又维护了李传开的合法权益。此后，清水河街道办事处向李传开交付了该房屋的钥匙，李传开也实际居住该房屋至今。该《证明》内容中，除房屋产权证件尚未办理外，其余内容均已实际履行。

关于该《证明》的履行主体，根据《中华人民共和国土地管理法》及《国有土地上房屋征收与补偿条例》的相关规定，对于被征收人房屋的安置补偿属于县级政府的法定职责。故，虽然从形式上看，该《证明》系清水河街道办事处经上级部门同意后向李传开出具，但因六安市金安区人民政府亦属于安置补偿的法定主体，其应与清水河街道办事处共同履行该《证明》。三被告辩称因涉案房屋的产权主体系六安市人民政府而不具有处置权，但仅提交了六安市金安区安置房建设办公室的一份情况说明，未能提交有权认定房屋产权的部门的认定，且清水河街道已经实际取得房屋钥匙并将其交付给李传开，故该辩解理由不能成立，不予支持。

六安市中级人民法院于2016年2月26日作出（2015）六行初字第00134号行政裁判：一、责令被告六安市金安区人民政府、六安市清水河街道办事处履行《证明》所载相关义务；二、驳回原告李传开对被告六安市金安区重点工程管理局的起诉。

【评析】

根据原《最高人民法院关于适用〈中华人民共和国行政诉讼法〉若干问题的解释》（以下简称原《适用解释》）第十一条的规定，行政协议是指行政机关为实现公共利益或者行政管理目标，在法定职责范围内，与公民、法人或者其他组织协商订立的具有行政法上权利义务内容的协议。本案中，从《证明》内容上分析，是行政机关为实现征收补偿安置的目的，就房屋的安置补偿事宜，与李传开签订一份房屋征收补偿安置协议，属于行政协议。

有种观点认为，行政协议是合同的一种，对于行政协议的审理，首先要遵循合同相对性的基本原则。合同的相对性主要包含三方面内容，一是主体的相对性，即合同关系只能发生在特定的主体之间，只有合同当事人一方能够向合同的另一方当事人基于合同提出请求或诉讼，而不能向与其无合同关系的第三人提起合同上的请求诉讼。二是内容的相对性，即除法律、合同另有规定以外，只有合同当事人才能享有某个合同所规定的权利义务，并承担该合同规定的义务，除合同当事人以外的任何第三人不能主张合同上的权利。三是责任的相对性，即违约责任只能在特定的当事人之间即合同关系的当事人之间发生，合同关系以外的人不负违约责任，合同当事人也不对其承担违约责任①。从这个原则出发，只有合同的相对方为适格的诉讼主体。在确定适格的诉讼主体后，再根据行政法律规范审查行政协议的合法性问题。具体到本案，适格被告只有清水河街道办事处，金安区重点局和金安区政府并没有在协议上签字，不是适格的诉讼主体，也不是适格的履行主体和责任主体。而对于该协议的合法性，因清水河街道办事处并不是签订征收补偿安置协议的法定主体或受委托主体，其签订协议的行为属于超越职权的行为，协议无效，李传开诉请继续履行没有合法性基础。

笔者不同意此种观点。如果仅仅把行政协议视为合同的一种，就会陷入以民事法律规范为基础、行政法律规范为辅助的审理思路，实质上是在行政诉讼程序中采用民事审判方式来审理行政协议案件，这就背离了行政诉讼法将行政协议纳入行政诉讼受案范围，保障行政法律规范的落实、实现依法行政的立法本意。原《适用解释》第十四条规定，人民法院审查行政机关是否依法履行、按照约定履行协议或者单方变更、解除协议是否合法，在适用行政法律规范的同时，可以适用不违反行政法和行政诉讼法强制性规定的民事法律规范。该条明确了在审查被诉行政行为是否合法时，应当优先适用行政法律规范，在行政法律规范没有明确规定时，可以适用不违反行政法律规范强制性规定的民事法律规范。即对于行政协议案件的审理，应依照行政法律规范，从行政行为的角度去进行认识、审查和裁判。

本案中，李传开的诉请是要求被告继续履行安置补偿协议，诉讼标的是被告的不履行协议的不作为行为。因此应首先从该协议的补偿安置这一行政管理职能入手分析这一行政行为的性质和相关的行政职能部门。根据《国有土地上房屋征收与补偿条例》和《土地管理法》的相关规定，房屋的征收补偿法定主体是县级以上人民政府，安置补偿协议的签订主体应是被征收人和县级以上人民政府或其委托的相关行政机关。李传开的房屋于20世纪90年

① 王利明：《论合同的相对性》，载《中国法学》1996年第4期。

代被拆除而未获得补偿的事实清楚，金安区政府作为该房屋所在地的县级政府，在确定对李传开被拆除房屋进行补偿安置时，本应是其或其委托的征迁部门与李传开签订安置补偿协议。而从涉案协议形式上看，协议的签订主体是清水河街道办事处和李传开，形式上并不符合《国有土地上房屋征收与补偿条例》和《土地管理法》的规定。但从协议签订后的履行情况来看，清水河街道办事处在协议签订后即将解放北路小区 7#楼一单元 202 室安置房的钥匙交付给李传开，李传开居住达三年之久。从征迁工作的行政惯例来看，安置房的处分权在县级及县级以上政府而非其下级的街道办事处，据此可以认定清水河街道办事处是在得到金安区政府的授权后才将房屋钥匙交付给李传开之事实。即涉案协议是清水河街道办事处在得到金安区政府的授意下而签订的补偿安置协议，符合上述行政法律、法规，是合法的征收补偿安置协议，金安区政府和清水河街道办事处作为协议的履行主体，应按照协议的约定履行相关义务。

需要说明的是，因该案的发生恰在新法实施不久，属于新类型案件，合议庭为稳妥起见，仅在论理部分明确被告应履行协助办理房产证的义务，而在裁判主文表述上较为含糊。如果法院在查明被告需要履行哪些具体的手续，直接判决金安区政府、清水河街道办事处限期履行协助办理房屋产权证义务可能效果会更好些。事实上，该案因被告在一定期限内没有履行协助义务，李传开向法院申请强制执行，在强制执行过程中，金安区政府向房产登记部门出具了相关手续，最终李传开取得了房屋产权权属证书，行政争议得以解决。

（作者单位：安徽省六安市中级人民法院）

调查与研究

独立公正的审判与合法合理的沟通

——建立跨行政区划管辖行政公益诉讼司法联络机制的思考

秦卫民

2015年7月1日，全国人民代表大会常务委员会授权最高人民检察院在部分地区开展公益诉讼试点工作。最高人民检察院、最高人民法院也相继就推行公益诉讼试点工作中有关事项出台了实施办法。北京、内蒙古、甘肃等13个地区被确定为公益诉讼试点改革省份。兰州铁路运输法院作为跨行政区划集中行政案件改革试点法院，依法受理兰州、定西、白银三市21个县区检察院提起的行政公益诉讼案件。通过一段时间的试点，与检察机关存在认识分歧，与当地政府、人大等有关机关联络协调不畅的问题逐渐显现出来。针对存在的问题，本文结合目前跨行政区划管辖行政公益诉讼案件的审理现状进行探讨，从跨行政区划管辖行政公益诉讼的价值判断进行分析，提出在确保法院中立审判的前提下，建立跨行政区划法院与相关检察机关、当地政府、人大建立联络机制的设想，从而有效维护社会公共利益不受损害，确保行政公益诉讼目的的实现。

一、现状审视：跨行政区划管辖行政公益诉讼案件审理现状及存在的问题

截至2017年4月，甘肃省检察机关共摸排发现公益诉讼案件线索308件，其中行政公益诉讼案件线索288件，履行诉前程序案件247件。行政机

关整改 137 件，整改率达 64.3%。提起公益诉讼的案件 53 件，宣判 11 件，检察机关均胜诉，诉讼请求得到了支持。自 2016 年 1 月至 2017 年 3 月底，兰州铁路运输法院共受理跨行政区划管辖范围内检察机关提起的行政公益诉讼 14 案件，已经判决 1 件，移送 1 件，检察机关撤诉 1 件。

从受理的行政公益诉讼来看，检察机关均做了大量的前期工作，通过检察机关的诉前程序，多数行政机关及时纠正了违法行为，试点工作取得了一定的效果。检法两院就行政公益诉讼案件的审理和裁判也达成了一定的共识，但因跨行政区划集中管辖法院与当地检察院、当地政府、当地人大之间在联络协调方面存在一定障碍，致使行政公益诉讼案件的审理中存在许多问题，主要表现在以下几个方面：

1. 与检察机关法律认识存在分歧，导致试点工作各地法院做法各异

公益诉讼尚处于试点阶段，无可参考的现成经验，各地均在尝试摸索阶段，且最高人民检察院和最高人民法院在各自的实施办法中对相关程序并未明确统一，因此，各地试点检察院和法院在具体司法实践中也存在一定的分歧。比较突出的问题有：检察官出庭提起公益诉讼是否需要检察机关出具授权委托书？法院可否向提起行政公益诉讼的检察院发送传票？行政公益诉讼的举证责任如何分配？是否适用现行《行政诉讼法》关于举证责任分配的规则和规定？检察机关认为人民法院对行政公益诉讼一审判决有错误的，以什么方式启动二审？是用上诉方式还是抗诉方式？二审时，是由原检察机关派员出庭，还是由二审法院对应的人民检察院即原检察机关的上一级检察机关派员出庭？这些程序性问题，归根结底，来源于对检察机关在行政公益诉讼中诉讼地位的不同认知。不同的角色定位，将决定检察机关在诉讼中具有的不同称谓，享有不同的诉讼权利义务，适用不同的程序规则。① 由于在法律认识方面存在的分歧，导致行政公益诉讼试点工作开展中，各地法院的做法也不一致。

2. 与行政机关联络机制缺失，导致行政机关对法院的公正性心存疑虑

实质化解行政争议是行政诉讼的目的之一。在行政诉讼中法院与行政机关的协调沟通是实质化解行政争议的必经程序。跨行政区划集中管辖目的是排除地方政府干预，确保行政案件独立公正地审理。跨行政区划集中管辖行

---

① 胡卫列、田凯：《检察机关提起行政公益诉讼试点情况研究》，载《行政法学研究》2017 年第 2 期。

政案件使司法机关和行政机关不再有地域上的重合，虽然跨行政区划集中管辖摆脱了当地行政机关的干预，防止了因协调不成造成的久拖不决。但由于集中管辖法院对当地风土人情、社区民意、村规民约知之甚少，息诉维稳难度相对较大。同时，集中管辖法院与被告行政机关相对陌生，双方对案件持谨慎态度，心存顾虑，缺乏协调沟通的基础。法院在办理案件过程中，基于对当地行政机关的熟悉程度和交通不便等因素，与行政机关的沟通协调必然会减少，从而不利于实质化解行政争议。同时，在行政公益诉讼案件中，因作为司法机关的检察院作为公益诉讼人的特殊身份，导致行政机关在行政公益诉讼中面临许多压力。有的行政机关可能会产生检法两院联合对付行政机关的错误认识，从而对人民法院能否公正审理产生怀疑。

3. 与当地人大沟通协调不畅，导致权力机关对行政执法行为的监督缺位

跨行政区划集中管辖行政案件后，集中管辖法院与所管辖地区人大不存在隶属关系，没有向当地人大及其常委会汇报工作的法律义务，导致当地人大无法及时、全面掌握行政案件审判工作的具体情况，不能有效监督行政机关的行政行为。同级人大作为当地的权力机关，对本行政区域内的行政执法和行政审判工作享有监督权。由于跨行政区划集中管辖试点工作的开展，致使当地人大无权对当地行政审判工作进行监督，进而不能及时掌握行政执法是否存在违法和不当等情形，从而不能对当地的行政执法活动进行有效监督。行政公益诉讼案件涉及社会公众的切身利益，社会关注度极高，牵涉的利益面广，权力机关的法律监督更不能缺位。跨行政区划集中管辖行政案件虽然解决了案件管辖主客场的问题，但是由于跨行政区划集中管辖法院与管辖地人大之间的这种特殊关系，势必造成当地人大对于行政公益诉讼的监督职能无法发挥。同时，当地人大对于当地政府在行政公益诉讼中的行为也无法及时掌握并进行法律监督，造成法律监督的缺位。

二、制度考量：跨行政区划管辖行政公益诉讼案件司法联络制度的必要性

（一）跨行政区划法院管辖行政公益诉讼案件的价值判断

1. 跨行政区划管辖行政公益诉讼是排除“地方保护”的客观需要

检察机关提起行政公益诉讼相对传统诉讼制度而言，属于“官告官”，

目的是通过公权力来约束公权力的实施，规范行政权的运行。从检察院提起行政公益诉讼的制度设计来看，人民检察院发现公益诉讼案件线索后，需要对相关事实进行审查，审查终结后区分不同情况作出三种决定，分别是终结审查、提出检察建议、提起行政公益诉讼。因此，提起行政公益诉讼是检察院经过调查和提出检察建议等诉前程序后，行政机关仍拒不纠正违法行为或者不履行法定职责时所采取的措施。从现实情况来看，行政公益诉讼往往与当地政府的某些地方政策息息相关。有的地方党政部门为了追求短期的利益和政绩，作出以牺牲当地生态环境和其他社会公共利益为代价的行政决策，并要求当地各部门必须全力配合。有的当地党委、政府也会以维护当地经济发展为由，要求当地司法机关突破法律底线，对不当的行政决策予以支持。因此，当当地党委政府的决策损害到国家和社会公共利益时，即便当地检察机关通过提出检察建议的方式要求行政机关予以纠正，行政机关未必能够采纳检察机关的建议。在检察机关的检察建议未被行政机关采纳的情况下，即便检察机关以公益诉讼人的身份向当地法院提起公益诉讼，当地法院同样也会受到来自当地党委政府的各种压力，无法超脱、公正地审理此类案件。跨行政区划集中管辖行政案件改革试点工作的初衷就是要改变行政案件“主客场”的问题，通过管辖制度的改革，让司法机关摆脱当地党委和行政机关的各种压力和干预。因此，让跨行政区划法院管辖行政公益诉讼案件是司法机关摆脱“地方保护”的客观需要。

2. 跨行政区划管辖行政公益诉讼案件是发挥集中管辖法院“特种兵”作用的客观需要

行政公益诉讼具有不同于普通行政诉讼案件的特殊之处，就是检察机关作为公益诉讼人提起公益诉讼代表的是国家和社会的公共利益，且因利益涉及面广，社会影响较大，属于特殊类型的案件。十八届四中全会提出，要探索设立跨行政区划的人民法院和人民检察院。建立与行政区划适当分离的管辖制度，目的就是排除地方保护和行政干预。习近平总书记在四中全会《中共中央关于全面推进依法治国若干重大问题的决定》的说明中指出，要构建普通案件在行政区划法院审理、特殊案件在跨行政区划法院审理的诉讼格局。最高人民法院于2015年6月16日授权兰州铁路运输法院作为首批在省自治区层面开展跨行政区划集中管辖行政案件的改革试点法院之一。铁路法院作为省法院的直属法院，具有区别于地方法院的特殊管理体系，在人财物方面与地方党委政府没有隶属关系，属于法院系统的“特种兵”。由跨行政区划集中管辖法院集中管理行政公益诉讼这类特殊案件，有利于铁路法院充分发挥其“特种兵”的优势，更加独立公正地作出司法裁判。

3. 跨行政区划集中管辖行政公益诉讼案件是维护司法公正树立司法权威的客观需要

与传统诉讼制度相比，行政公益诉讼通过诉讼的方式对行政权力进行更加有效的监督，从而预防危害国家和社会公共利益的行政违法行为发生，这种预防效果是其他诉讼制度所不具有的[①]。对于此类案件的审理，社会关注度比较高，人民群众极其关切，人民法院要综合考虑各种社会因素，客观公正的作出裁判。近年来，有的法院因对个案把握不严格，引起社会舆论的负面炒作，不仅让人民群众对司法公正产生怀疑，也对司法权威造成冲击。跨行政区划法院经过一年多的改革试点，在摆脱地方干预、公正司法方面取得了明显的成效，人民群众和社会各界对跨行政区划集中管辖行政案件改革试点工作给予了高度评价。跨行政区划法院的公正性也赢得了社会各界的一致认同。因此，行政公益诉讼统一由跨行政区划法院集中管辖，有利于排除社会公众对法院能否公正审判的怀疑，通过跨行政区划法院的公正审理，树立司法权威。

（二）建立跨行政区划管辖行政公益诉讼司法联络机制的必要性

1. 建立司法联络机制是助推法治政府建设的需要

党中央、国务院印发的《法治政府建设实施纲要（2015—2020年）》中明确提出，到2020年要基本建成职能科学、权责法定、执法严明、公开公正、廉洁高效、守法诚信的法治政府。在法治政府建设目标的实现过程中，人民法院的司法监督和协调交流对提高行政机关执法水平发挥着不可或缺的作用。只有建立司法与行政相互协调沟通的长效联络机制，才能实现行政审判与行政执法的良性互动。一方面通过行政诉讼中对行政机关行政行为的合法性审查，发挥司法的引导、示范、评价和规制功能，将司法监督转换为促进行政机关依法行政的压力和动力。另一方面通过搭建行政机关与司法机关的交流平台，以发布司法白皮书、定期通报行政审判情况、及时发出司法建

① 马志颖：《行政公益诉讼合理化路径分析》，载《天津政法报》2016年12月16日第4版。

议等方式，督促行政机关提高依法行政水平。因此，建立司法联络机制既是法院发挥司法监督职能的需要，也是助推法治政府建设的客观需求。

2. 建立司法联络机制是实质化解行政纠纷的需要

司法的有限性决定了法院如果机械地按照法律作出判决往往不能最终解决纠纷争议。实质解决行政争议是新修订的行政诉讼法规定的立法目的之一，近年来，最高人民法院从保障公平正义、维护社会稳定的角度特别强调要着眼于实质性解决行政争议。[①] 人民法院如果不强调行政争议的实质性解决，简单地按法律条文一判了之，就会在司法供给与社会需求间形成尖锐的冲突和矛盾。在普通行政争议中，行政机关处于强势地位，相对人希望通过法院介入来有效保护自己的权利。但在检察机关提起的行政公益诉讼中，人民法院面对的一方当事人是代表国家和社会公共利益的“公益诉讼人”，另一方当事人是作出代表公权力作出行政行为的行政机关。如何调处这种“官告官”的行政纠纷，考验的是人民法院的司法智慧。因此，建立司法联络制度，在司法审查过程中，通过集中管辖法院与公益诉讼人和当地行政机关的有效沟通协调，充分发挥司法和行政两个方面的积极性，促进行政机关切实整改违法行为，既能取得良好的社会效果，又可以确保国家和社会公共利益得到有效维护。

3. 建立司法联络机制是实现公益诉讼目的的需要

公益诉讼的目的是监督行政机关依法行政，维护国家和社会公共利益不受侵害。人民法院在审理检察机关提起的行政公益诉讼案件时，不仅要加强与诉讼双方的协调沟通，更重要的是加强与当地党委、人大的联络协调，确保行政公益诉讼目的的实现。当地人大作为当地辖区内的权力机关，有权对行政机关的执法行为进行监督，当地党委作为当地重要政策的决策部门和领导部门，在行政行为的作出以及行政判决的履行方面发挥着举足轻重的作用。如果人民法院简单的作出撤销、确认违法或者责令履行的判决，但不注重与当地党委、人大的协调沟通，势必无法达到行政判决的实际效果。同时，如果行政判决不注重执行的可行性，不但公益诉讼的终极目的无法实现，反而

---

① 周强院长在2014年12月19日全国行政审判视频会上提出：要坚持实质性化解纠纷，增强裁判的可执行性，既有效维护行政相对人合法权益，又依法支持行政机关发挥经济调控、市场监管、公共服务、社会管理等职能。

会对司法权威造成冲击。

三、路径探索：建立行政公益诉讼跨行政区划管辖司法联络机制的设想

1. 建立与当地检察机关的联络机制以统一法律认识

由于检法两院在法律认识方面存在的诸多分歧，这些问题是检法两院针对行政公益诉讼的法律适用所面临的共性问题。解决这些共性问题，需要最高人民法院和最高人民检察院尽快统一认识，共同作出司法解释，从司法机关最高层面为各地检察院和法院开展行政公益诉讼试点工作提供法律依据。而作为跨行政区划集中管辖法院，在解决法律适用中存在的共性问题的基础上，还要结合跨行政区划管辖行政案件的实际情况，建立跨行政区划法院与当地检察机关的联络机制，通过与当地检察院之间的个案沟通，确定交流的原则、内容、尺度来统一认识，化解分歧，确保试点工作的顺利开展。

首先，要准确把握检察机关在行政公益诉讼中的法律地位。从十八届四中全会决定和说明看，授权检察机关提起行政公益诉讼，主要是基于我国检察机关作为国家法律监督机关的宪法定位而作出，尤其是诉前程序的设置，凸显了公益诉讼的纠错目的，起诉资格可以理解为实现监督目的而设置的最后的保障手段，似乎并没有明确赋予检察机关公益代表人的角色定位。因此，检察机关提起行政公益诉讼与公民、法人和其他组织基于自己的主观权利提起行政诉讼具有本质的不同。现行的《行政诉讼法》的诉讼规则并不能不加区分地直接套用到公益诉讼中，检察机关也不能直接等同于原告来对待。[①]因此，检察机关作为公益诉讼人提起行政公益诉讼既要遵循行政诉讼的一般规定，又要区别于普通的行政诉讼原告。

其次，要准确把握与检察机关联络沟通的范围。行政公益诉讼是行政诉讼，但又区别于普通行政诉讼。人民法院在审理检察机关提起的行政公益诉讼案件时，面对的是检察机关和行政机关，两方当事人均为国家公权机关。因此，跨行政区划集中管辖法院在与当地检察院进行沟通时应当把握基本的法律原则，确保人民法院的中立地位。在沟通范围的把握上，应当仅限于对

① 胡卫列、田凯：《检察机关提起行政公益诉讼试点情况研究》，载《行政法学研究》2017 年第 2 期。

法律规定不明确的程序性问题和法律适用问题进行沟通，确定个案中有关诉讼程序的把握。对于行政公益诉讼中涉及的诉讼请求和事实问题原则上不得进行沟通，但可参照行政诉讼法的规定，依法向公益诉讼人释明相应的法律后果。

最后，要坚持从顶层设计解决问题的原则，及时推广沟通达成的共识。在实践中遇到法律适用和诉讼程序中的分歧，跨行政区划集中管辖法院要积极与当地检察机关进行沟通。在达成共识以后，要及时通过会议纪要和规范性文件等形式抄送其他有关检察机关参照实施，避免不同检察机关因同一问题与法院进行重复沟通。对于双方协商不能达成共识的问题，要及时报送各自上级法院和检察院作进一步的协调沟通。

2. 建立与当地政府的联络机制以促进法治政府建设

促进法治政府建设是行政诉讼的目的之一，跨行政区划集中法院要建立与当地政府的联络机制，通过司法监督，就行政机关履职情况进行沟通和了解，全面掌握行政公益诉讼案件的背景和基本事实，有针对性地提出司法建议，力求从源头上减少行政违法行为，促进法治政府建设，保护国家和社会公共利益不受侵害。

首先，要加强与行政机关的良性互动和沟通，打消行政机关的思想顾虑。在判决生效后从法律层面提出行政机关依法履职的建议，督促积极履行生效判决。在行政公益诉讼中，行政机关一方面要接受检察机关提起行政公益诉讼的司法审查，另一方面也会受到来自社会舆论的各种压力，对于人民法院能否公正审理产生怀疑。人民法院要加强与行政机关的良性沟通，通过依法释明，积极协调，减少行政机关的疑虑，促进行政机关积极纠正违法行为，正确履职。

其次，要建立与当地政府之间的协调机制，从源头上减少违法行为的发生。一要完善行政审判联席会议制度。集中管辖法院要加强与行政机关的沟通协调，定期组织行政机关针对行政执法、行政复议和行政审判中存在的疑难问题以及其他有关问题进行研究，推进行政审判与行政执法的良性互动。二要健全行政争议预防协调化解机制。集中管辖法院应当与当地行政机关及时沟通协调，通过事前预防、事中化解、事后规范，从源泉头上预防和消除影响社会稳定的隐患，特别是涉及群体性、与民生息息相关的行政案件，要借助联络机制，最大限度地通过协调化解行政争议，通过司法建议进一步规范行政执法行为，实现法律效果和社会效果的统一。三要推进落实行政机关负责人出庭应诉制度。通过落实《行政诉讼法》关于行政机关负责人出庭应诉的法律义务，增强行政机关负责人依法行政的意识和能力，解决人民群众“告官不见官”的问题。通过行政机关负责人出庭应诉，来促进案件的协调解决，督促行政执法人员规范行政执法行为，努力从源头上预防和减少行政争议的发生。① 四要完善信息交流与共享机制。集中管辖法院与当地行政机关之间要加强信息交流，实现资源共享。必要时，可采取联合或单独召开新闻发布会等方式，将有关信息向社会公众予以公布。

最后，要积极与当地党委联络沟通，充分发挥党委统领全局的政治优势，从法律层面为当地党委决策提出建议，对行政审判中发现的行政执法存在的普遍性问题、可能引起群体性事件和影响社会稳定的行政管理问题以及其他需要改进或注意的共性事项及时进行沟通协调。借助当地党委，督促当地行政机关认真对待法院提出的司法建议，及时向法院回复司法建议的落实情况，对照本部门行政执法实际，切实整改。

3. 建立与当地人大的联络机制以确保公益诉讼目的的实现

当地人大作为权力机关，有权对本辖区内的行政执法行为进行监督。跨行政区划集中管辖法院要建立与当地人大的联络机制，定期通报行政公益诉讼案件审理情况，充分发挥同级人大对行政机关的监督作用，通过人大对个案的及时监督，保护国家和社会公共利益不受侵害。

首先，要对当地行政公益诉讼案件的受理情况进行定期通报。一方面要对受理行政公益诉讼案件的数量进行通报。另一方面要对受理案件的类型进行通报。通过定期通报，使当地人大能够及时掌握检察机关正对行政机关可能损害国家和社会公共利益提起公益诉讼的基本情况，归纳总结行政机关在决策和执法中存在的主要问题，从而有针对性地提出相关建议，进行有效监督。其次，要对当地行政机关负责人出庭应诉履行法律职责情况进行通报。行政诉讼法对行政机关负责人出庭应诉做出了强制性规定，目的就是解决群众“告官不见官”的问题。行政机关负责人出庭应诉不仅有利于解决行政争议，也有利于增强行政机关负责人依法行政的意识。公益诉讼涉及国家和社会公共利益，社会各界高度关注，行政机关负责人应当按照行政诉讼法的要

---

① 尹立群：《防范、化解行政争议的有效途径探讨》，载《江苏水利》2013 年第 2 期。

求出庭应诉。作为跨行政区划集中管辖法院应向当地人大对行政机关负责人出庭应诉情况进行通报，进一步提高行政机关出庭应诉率，进一步增强行政机关负责人依法行政的意识，促进行政机关依法行政。

最后，要对行政公益诉讼案件审理和判决情况进行通报。行政公益诉讼案件主要有两种情形，一种是行政机关怠于行使职权，另一种是行政机关违法行使职权对国家和社会公共利益造成了损害。通过向当地人大通报行政公益诉讼案件的判决情况，可以让当地人大及时掌握行政机关在处理国家和社会公共利益以及依法行政方面存在的主要问题。当地人大通过行使其权力监督的职能，督促当地行政机关提高思想认识、及时纠正错误，促进行政机关依法行政，督促行政机关及时履行法院的生效判决，从而有效保护国家和社会公共利益不受侵害，确保行政公益诉讼目的的实现。

（作者单位：兰州铁路运输中级法院）

人民法院应对滥用行政诉权行为的调研报告

——从164份裁判文书实证分析看法院对滥诉的踯躅与担当

邢秀杰

江苏南通陆红霞诉南通市发展和改革委员会政府信息公开答复案件，裁判文书写得痛快淋漓，法院行政审判同人对该案拍手称快，但学者及社会公众的质疑声音却不绝于耳。有了陆红霞案件被社会舆论批判的先例，法官们遇到原告滥用行政诉权案件，出于明哲保身的考虑，往往不敢以滥诉为由裁定驳回起诉，而是采取迂回战略，以重复起诉或者信访事项不属于行政诉讼受案范围或者该行政行为对原告权利义务明显不产生实际影响为由裁驳。但犹抱琵琶半遮面的态度往往给原告留下了继续在法院攻城略地的遐想与空间，人民法院行政庭的法官对滥诉案件不堪其扰。

究其本质原因，法院审判要以事实为根据，以法律为准绳，而目前对于滥用诉权的行政案件径行采取驳回起诉的裁判方式无明确、具体的法律依据，亦无足够的理论支撑。下面本文通过对石家庄地区审判实践中遇到的杨某滥诉案件以及结合中国裁判文书网发布的滥诉案例，就如何认定滥用行政诉权，滥诉裁驳的法律适用问题与以滥诉为由裁定驳回起诉的文书如何表述更为妥当进行研究，并对人民法院建立滥诉预防制止机制进行初步探索，以期能够对行政审判应对滥诉行为有所裨益。

一、《意见》对滥用诉权的原则性规定

2017年10月26日，最高人民法院发布《关于进一步保护和规范当事人依法行使行政诉权的若干意见》（以下简称《意见》），其中规定，在认定滥用诉权，恶意诉讼的情形时，应当从严掌握标准，要从当事人提起诉讼的数量、周期、目的以及是否具有正当利益等角度，审查其是否具有滥用诉权、恶意诉讼的主观故意。对属于滥用诉权、恶意诉讼的当事人，要探索建立有

效机制，依法及时有效制止。

《意见》要求各级法院正确理解立案登记制的精神实质，法院立案部门对行政诉讼案件在防止过度审查的同时，也要注意坚持必要审查。甄选《意见》中对行政诉讼行为的规制，主要涉及以下几种情形：

（1）《意见》第十条规定，违反“一事不再理”原则的起诉，法院立案部门依法不予立案。何为违反“一事不再理”原则的起诉？主要指没有新的事实和理由，针对同一事项重复、反复提起诉讼，或者反复提起行政复议进而提起诉讼。

（2）《意见》第十五条规定，对于极个别当事人不以保护合法权益为目的，长期、反复提起大量诉讼，滋扰行政机关，扰乱诉讼秩序的，法院立案部门依法不予立案。

（3）《意见》第十六条规定，对于明显违反政府信息公开条例立法目的，反复、大量提出政府信息公开申请进而提起行政诉讼，或者提起的诉讼明显没有值得保护的与当事人自身合法权益相关的实际利益，法院立案部门依法不予立案。

《意见》主要针对立案部门作出规定，笔者认为，倘若立案部门审查不严将上述案件予以立案并移送行政审判庭，行政审判庭可以依照《最高人民法院关于适用〈中华人民共和国行政诉讼法〉的解释》（以下简称《解释》）第六十九条之规定，对于不应当立案的案件，倘若已经立案，行政审判庭可以裁定驳回起诉。《意见》第十五条可以看作是对滥用诉权行为的原则性表述，第十六条可以看作是政府信息公开领域滥用诉权行为的原则性表述。司法实践中具体如何认定和规制滥用诉权行为，本文结合笔者所在石家庄地区审判实践中遇到的杨某滥诉案件与中国裁判文书网公布的滥诉案例，对此做些探讨。

二、滥用诉权行为属于典型的缺乏诉的利益

广义的滥用诉讼权利既指对起诉权的滥用，也指诉讼程序中对其他诉讼权利的滥用，如：明知案件属于受诉人民法院管辖，但为了获得己方地缘利益，而提起的管辖权异议；或为了拖延案件进程而无事实根据的在一审、二审、再审程序中数次使用申请回避权，被法院通知驳回回避申请后仍锲而不

舍地对驳回通知申请复议等。本文仅就起诉权滥用进行分析。

（一）结合立法精神以及司法实践可知，诉最终能否获得审理判决取决于是否具有诉的利益，即当事人起诉存在司法救济的客观必要

诉是发动审判权的前提，“无诉则无判”。从诉的形式上看，滥诉当事人提起的各个诉讼基本都符合《行政诉讼法》第四十九条规定的起诉条件，法院应当进行实体审理。但从诉的内容来看，如果不以保护合法权益为目的，有悖诚实信用原则，滋扰行政机关，扰乱诉讼秩序，即缺乏诉的利益，不具有投入大量的审判资源加以解决的必要性。

无救济即无权利，但亦并非任意主体以任意名义的起诉都能被受理。诉的利益是原告所主张的利益面临危险和不安时，为了去除这些危险和不安而诉之于法的手段即诉讼，从而谋求判决的利益及必要。简单来说，诉的利益是指当事人的诉求是否足以具有利用国家审判制度加以解决的实际价值和必要性。滥用诉权行为属于典型的缺乏诉的利益，人民法院可以依法裁定驳回起诉。

（二）判断是否具有诉的利益，前提要看是否存在面临危险和不安的利益

在（2016）苏06行终511号江苏省南通市中级人民法院审理的梁小刚诉南通市司法局不履行司法行政监督法定职责上诉案件中（见文末，中国裁判文书网收录的滥用诉权典型案例汇总），梁小刚于2016年1月15日向南通市司法局提交行政申请书，要求南通市司法局对其本人2009年2月领取从事有偿法律劳务服务的《工商营业执照》后从事公民代理诉讼的收费行为予以查处。2016年1月28日，南通市司法局作出《不予受理通知书》，告知梁小刚提出的申请事项不属于该局职权范围。梁小刚就南通市司法局对查处申请不予受理行为提起行政诉讼。

《行政诉讼法》第二条规定，公民认为行政行为侵犯其合法权益，有权向人民法院提起行政诉讼。笔者认为，该查处公民代理请求对于梁小刚而言，显然不属授益性质。那么，南通市司法局对查处申请不予受理并未减损梁小刚权益，本案中不存在面临危险和不安的利益，梁小刚的起诉不具有诉的利益，已经背离了对受到侵害的合法权益进行救济的诉讼本旨，应当裁定驳回起诉。

三、如何认定滥用行政诉权行为

2015年第11期《最高人民法院公报》上刊载了陆红霞诉南通市发展和改革委员会政府信息公开答复案，该案裁判要旨部分写道，“当事人反复多次提起琐碎的、轻率的、相同的或者类似的诉讼请求，或者明知无正当理由而反复提起诉讼，人民法院应对其起诉严格依法审查，对于缺乏诉的利益、目的不当、有悖诚信的起诉行为，因违背了诉权行使的必要性，丧失了权利行使的正当性，应认定构成滥用诉权行为”。该案作为全国滥诉裁驳的文书典范，有诸多可资借鉴的地方。美中不足的是，作者对于“诉的利益”概念理解不清晰，将本应作为上位概念的缺乏“诉的利益”与目的不当、有悖诚信并列使用。

根据《意见》规定，结合陆红霞案件裁判文书对认定构成滥用诉权行为的某些观点，具体分析如下：

（一）对滥用诉权行为进行识别，首先看当事人提起诉讼的数量、周期等外在表现形式是否属于长期、反复多次、频繁提起相同或类似的诉讼请求

以石家庄地区受理的杨某案件为例，因杨某就其认为河北省衡水市故城县公安局“错误拘留”13天事宜，四处数次上访，公安局与其达成协议，杨某写下保证书，“收到一次性困难补助19万元，不再上访”，后衡水警方因各种原因未给付。从此杨某便开始了其四处上访、复议、诉讼的漫漫征程。

笔者于2018年4月17日在中国裁判文书网高级检索的案件类型中输入“行政案件”，当事人栏中输入“×××”，然后点击检索，出现833条搜索结果。从文末中国裁判文书网收录的滥用诉权典型案例汇总中可以一目了然地看出，杨某提起的行政案件数量特别巨大，仅裁判文书网上的一审案件即有359件之多。杨某诉讼从2013年开始，在2016年、2017年集中爆发，2018年仍然持续，地域集中分布于河北、北京以及最高人民法院，杨某案件即属于长期、反复、频繁提起大量诉讼的情形。

反之，（2016）冀11行终121号李贵森行政管理案件，李贵森以相同事实与理由三次诉至法院，河北省衡水市中级人民法院即认定其属于诉权的滥用，未免有些草率。笔者认为对于李贵森案件，按照《解释》第一百零六条规定，后诉与前诉的当事人、诉讼标的、诉讼请求均相同，可以认定构成重复起诉，适用《解释》第六十九条第（六）项规定以重复起诉裁驳为妥。

需要注意的是，有的当事人为规避被法院以重复起诉为由裁驳，而采取家庭成员抱团诉讼的策略，家庭成员分别提出相同或类似申请，具有一定迷惑性，需要法院从案件背景、人物关系等方面进行甄别。如陆红霞案件，即陆红霞与其父亲陆富国、伯母张兰多次分别申请市、区两级人民政府年度财政预算报告等信息而后分别提起政府信息公开诉讼。另外安徽宣城市宣州区李红、李俊等兄妹5人因其父亲房屋被强拆，大量提起内容相同或相似的行政诉讼。笔者认为，在认定滥用行政诉权案件数量时，各个家庭成员组合成一个紧密的诉讼利益团体，其分别提起的内容相同或相似的诉讼请求案件应一并统计进去。

表1 中国裁判文书网杨某行政案件分类统计

裁判年份	数量	法院层级	数量	地域及法院	数量	审判程序	数量	文书类型	数量	关键词	数量
2018年	17	最高人民法院	74	最高人民法院	74	一审	359	判决	54	驳回	409
2017年	364	高级人民法院	135	北京市	586	二审	378	裁定	714	不予受理	78
2016年	316	中级人民法院	385	河北省	170	再审	56			管辖	68
2015年	70	基层人民法院	239			再审审查	27			不履行	48
2014年	45					其他	13				
2013年	14										

注：本表中数据统计截至2018年4月17日。

具体分析杨某的诉讼请求：从石家庄市中级人民法院行政庭承办的杨某案件分析，杨某不断向河北省人民政府邮寄请求书或控告举报书，请求责令衡水警方支付其困难补助19万元。省政府未作处理，杨某就不断通过政府信息公开→行政复议→政府信息公开→行政复议的方式循环往复，给政府机关施加压力。从对石家庄市桥西区人民法院承办的杨某案件分析，其基本上以河北省公安厅为被告或以河北省公安厅与公安部为共同被告，杨某因对处理信访事项的结果不服，申请行政复议，提起行政诉讼，并经司法程序处理终结。继而又向河北省公安厅申请政府信息公开，要求获取支撑行政复议不予受理决定的事实依据和法律依据等信息。后又向公安部复议撤销河北省公安厅的政府信息公开告知。衡水市公安局→河北省公安厅→公安部，杨某数次层层反映利益诉求。如同陆红霞案件，杨某案件亦属于反复多次提起相同或类似的诉讼请求情形。见杨某案件起源及河北石家庄地区诉讼套路图：

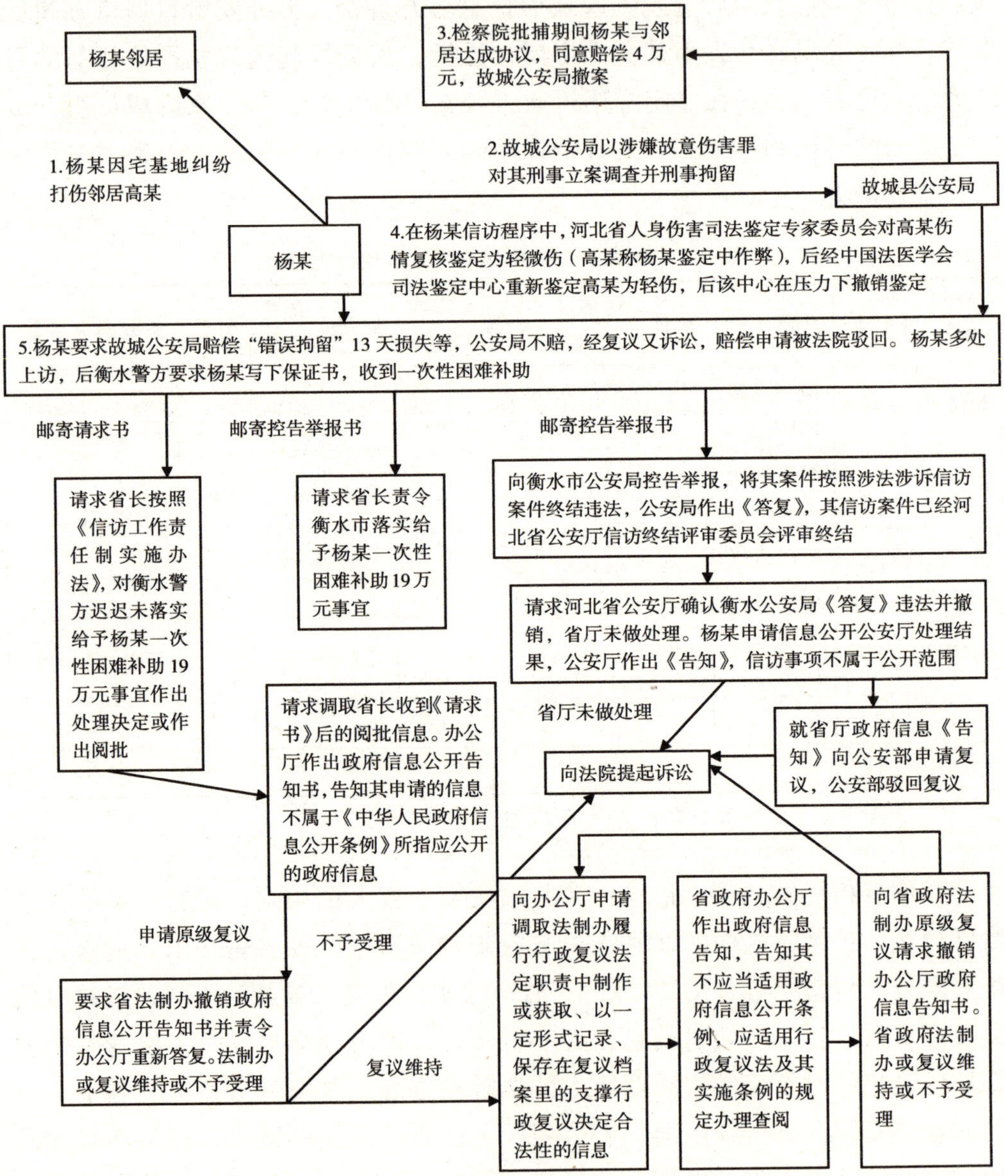

图1　杨某案件起源以及河北石家庄地区诉讼套路图

（二）对滥用诉权行为进行识别，要分析滥诉当事人的主观心理状态，是否属于以下情形之一：1. 明知无正当理由而反复提起诉讼，诉讼目的不当；2. 有悖诚信

1. 从诉讼目的角度来看

《宪法》第五十一条规定，公民在行使自由和权利的时候，不得损害国家的、社会的、集体的利益和其他公民的合法的自由和权利。滥用行政诉权行为不以保护合法权益为目的，客观上造成了滋扰行政机关，扰乱法院诉讼秩序的后果。

陆红霞不断将诉讼作为向政府及其相关部门施加压力、谋求私利的手段，此种起诉不具有正当性。

杨某一次性提起再审申请的七个案件，于 2016 年 12 月被最高人民法院以滥诉为由裁定驳回起诉。最高人民法院认为，“再审申请人提起包括本案在内的多起行政诉讼案件，以期达到扩大影响、反映信访诉求的目的，这些诉讼并不具有依法应予保护的诉讼利益，与行政诉讼法旨在保护公民、法人和其他组织合法权益的立法目的相悖，浪费了行政资源和司法资源，已构成信息公开申请权及诉权的滥用”。最高人民法院的裁判理由与《意见》第十五条规定的滥诉特征即“极个别当事人不以保护合法权益为目的”，“滋扰行政机关，扰乱诉讼秩序的”不谋而合。

（2017）粤 1302 行初 40 号黄载回诉博罗县市场监督管理局、惠州市食品药品监督管理局、第三人博罗县园洲镇琼浆玉液酒行请求撤销处理结果告知函及行政复议决定一案中，惠州市惠城区人民法院“本院认为”部分写道，黄载回并非消法规定的消费者，其合法权益并未受到行政行为侵犯。其为职业“投诉举报”者，只要其“投诉举报”未得到行政机关奖励，便通过申请行政复议、行政诉讼等方式向行政机关施加压力，以满足一己之私，造成行政资源和司法资源浪费。黄载回提起本案诉讼的诉讼目的不具正当性，构成诉权的滥用。

2. 从诉讼是否有悖诚实信用原则来看

《民事诉讼法》第十三条第一款规定，民事诉讼应当遵循诚实信用原则。《行政诉讼法》第一百零一条规定，人民法院审理行政案件，关于期间、开庭审理、终结诉讼等，本法没有规定的，适用《民事诉讼法》的相关规定。

笔者认为，行政诉讼脱胎于民事诉讼，民事诉讼法规定的诚实信用原则在诉讼领域具有普适性，同样适用于行政诉讼领域。

行政资源和司法资源的有限性，决定了行政机关和人民法院只能满足当事人有效的行政和司法需求。诚实信用原则要求当事人实施诉讼行为、行使诉讼权利必须遵守伦理道德，诚实守诺，并在不损害对方合法利益和公共利益的前提下维护自身利益。骚扰、泄愤、盲目、重复、琐碎性质的起诉使司法资源在维护个人利益与公共利益之间产生失衡，已经背离了权利正当行使的本旨，超越了权利不得损害他人的界限，不符合诚信原则的要求。

在胡亚芬诉宁波市海曙区人民政府鼓楼街道办事处、宁波市海曙区人民政府政府信息公开及行政复议一案中，宁波市海曙区人民法院于2016年5月13日作出（2015）甬海行初字第114号行政裁定，写道：胡亚芬因限价房问题向多个行政机关提出数十次政府信息公开申请，内容多有雷同及重复。部分申请内容本系原告本人保存或持有，但其仍向各行政机关提出政府信息公开申请。后胡亚芬以答复内容错误、程序不正确、适用法律不当等理由，提出行政复议申请。

可见，胡亚芬在本已掌握部分相关信息的前提下，仍然向政府部门提出信息公开申请，即便政府部门已按照其要求将相关信息公开，胡亚芬仍不断地提起行政诉讼，明显违背了诚实信用原则。

（三）认定滥用诉权行为程序上如何操作

正义不仅要实现，而且要以人们看得见的方式实现。在认定滥用诉权行为时，即便面对缠诉闹访的当事人，法院亦要注重程序正义，这样才能保证认定结果符合普通公众的认知，少出或不出偏差。

冯香梅诉东海县白塔埠镇人民政府政府信息公开案件中，连云港市海州区人民一审以冯香梅缺乏证据证明其与涉案土地具有直接利害关系，不具备涉案土地的颁证行为提起行政诉讼的主体资格为由裁定驳回起诉。连云港市中级法院在该案二审审理时，作出（2017）苏07行终93号文书以滥诉裁驳。连云港市中级法院认定滥用诉权程序严谨，做法值得借鉴。

1. 连云港市中级人民法院二审由五个审判员组成合议庭。合议庭审判员数量的增加，可以集合更多法官的司法智慧，保障案件处理的公正稳妥。

2. 合议庭前期进行了充分的调查研究。依职权调取了冯香梅在江苏省三级人民法院提起诉讼的相关案件信息，掌握了翔实的冯香梅诉讼的资料。

3. 召开听证会充分听取各方意见。针对冯香梅的反复诉讼行为是否构成滥用诉权，连云港市中级人民法院就冯香梅在该院提起诉讼及上诉的15起案件，召集冯香梅、案涉行政机关连云港市人民政府、东海县人民政府、东海县公安局、东海县国土资源局、东海县档案局、东海县白塔埠镇人民政府举行公开听证会，充分听取了各方的意见，保证了各方当事人的陈述申辩权利。

笔者认为，召开听证会尤为重要，兼听则明，法官尤其要着重听取原告的辩护意见，审慎的对待滥诉认定，避免先入为主与情感用事。原告滥用诉权的认定由合议庭成员依据日常经验法则，根据当事人的外在行为进行综合判断。

浙江省宁波市鄞州区人民法院在审理万调芽不服被告宁波市国土资源局土地行政复议一案中，该院依职权通过浙江法院裁判文书检索系统检索万调芽诉讼案件，同时向宁波市国土资源局、宁波市市场监督管理局调查，掌握了大量的原告向行政机关提出履职申请与法院诉讼的资料。宁波市鄞州区人民法院实地走访行政机关进行调查，掌握大量第一手资料的做法，值得学习。

有的当事人会对法院依职权调查提出质疑，认为司法就是被动的、中立的，不能主动作为去搜集证据。笔者认为，《行政诉讼法》第四十条与《最高人民法院关于行政诉讼证据若干问题的规定》第二十二条规定，对涉及国家利益、公共利益或者他人合法权益的事实认定的，人民法院有权向有关行政机关以及其他组织、公民调取证据。人民法院为抑制滥用行政诉权，依职权向相关行政机关以及上下级法院，调查收集原告政府信息公开、申请行政机关履职、信访、复议、诉讼等证据材料，不属于禁止性规定即为证明行政行为合法性调取被告作出行政行为时未收集的证据的情形，符合法律及司法解释规定。人民法院需要注意的是：调取证据材料后，不宜径行裁驳，应当另行组织开庭或听证会，庭审中或听证会中应当出示调取的证据材料，就调取证据的情况进行说明，听取当事人意见，保证原告陈述、辩论的权利。

四、滥用诉权裁决主文的法律适用以及如何表述更为稳妥

（一）滥用诉权裁决主文的法律适用

《最高人民法院关于执行〈中华人民共和国行政诉讼法〉若干问题的解

释》（以下简称《若干解释》）第九十七条规定，人民法院审理行政案件，除依照行政诉讼法和本解释外，可以参照民事诉讼的有关规定。《若干解释》虽已于2018年2月8日废止，但其原理精神仍然适用。行政裁决主文法律适用一般为《行政诉讼法》以及司法解释，可以参照适用《民事诉讼法》。《意见》不属于最高人民法院的司法解释，仅为指导性意见，第十五条、第十六条规定的内容可以在裁判文书本院认为部分作为裁判理由引用，但不能应用于裁决主文法律适用部分。那么对滥用诉权裁决主文部分法律条文该如何适用？

江苏南通陆红霞诉南通市发展和改革委员会政府信息公开答复案件中，南通市港闸区人民法院根据修正前的《行政诉讼法》第二条（公民认为行政行为侵犯其合法权益，有权提起行政诉讼），《若干解释》第三十二条第二款（受理后经审查不符合起诉条件的，裁定驳回起诉）、第四十四条第一款第（十一）项（对起诉不具备其他法定要件且已经受理的案件，裁定驳回起诉）、第九十七条（人民法院审理行政案件，除依照行政诉讼法和本解释外，可以参照民事诉讼的有关规定），参照《民事诉讼法》第十三条（民事诉讼应当遵循诚实信用原则）之规定，于2015年2月27日裁定驳回陆红霞的起诉。

曾志祥诉佛山市南海区九江镇人民政府信息公开行为及佛山市南海区人民政府行政复议决定一案，佛山市顺德区人民法院于2016年末作出（2016）粤0606行初825号裁定书，依照《行政诉讼法》第二条与《最高人民法院关于适用〈中华人民共和国行政诉讼法〉若干问题的解释》（以下简称《适用解释》）第三条第一款第（十）项（对于不符合其他法定起诉条件的案件且已经立案，经审查后裁定驳回起诉）之规定，裁定驳回曾志祥的起诉。

特别指出的是，2015年5月1日以后，修正后的《行政诉讼法》与《适用解释》同步施行。《行政诉讼法》第二条规定未作变动，《适用解释》第三条第一款第（十）项规定，已经涵盖了陆红霞案件中适用的《若干解释》第三十二条第二款与第四十四条第一款第（十一）项。

考察其他以滥诉裁驳的案件，基本上都是适用《行政诉讼法》第二条与《适用解释》第三条第一款第（十）项规定，《若干解释》第九十七条与《民事诉讼法》第十三条诚实信用原则的规定。

特别指出的是，2018年2月8日《解释》施行后，《若干解释》与《适用解释》同时废止。故2018年2月8日以后因滥诉裁驳的案件法律适用应当为:《行政诉讼法》第二条、第一百零一条,《民事诉讼法》第十三条与《新解释》第六十九条第（十）项规定。缺乏诉的利益的行政案件，即不符合《行政诉讼法》第二条规定的合法权益被行政行为侵犯有权提起行政诉讼情形。滥用行政诉权不符合《解释》第六十九条明确列举的前九项裁定驳回起诉的情形，只能适用第（十）项兜底条款——其他不符合法定起诉条件的情形。《若干解释》废止后，民事诉讼领域诚实信用原则适用行政诉讼领域的中介条文应为《行政诉讼法》第一百零一条之规定。

另外，在足以认定当事人滥用诉权之前，对于有滥诉倾向案件的法律适用，可以具体问题具体分析。依照《解释》第一条第二款的相关规定，以不属于人民法院行政诉讼的受案范围为由裁定驳回起诉。如第四项驳回当事人对行政行为提起申诉的重复处理行为，第九项行政机关针对信访事项作出的登记、受理、交办、转送、复查、复核意见等行为，或者适用《解释》第六十九条规定的重复起诉、行政行为对其合法权益明显不产生实际影响，予以裁定驳回起诉。

（二）滥用诉权裁决的妥当表述

陆红霞案件作为指导性案例，纵观全国法院以滥诉裁定驳回起诉的文书，基本上均参照该案裁判文书的表述。与此同时，需要注意以下几点:

（1）由于司法的严谨属性，滥用诉权、恶意诉讼的认定应当非常谨慎。忌简单粗暴武断地下结论，尤其是“向行政机关施加压力”等推测不可轻易得出。

（2）人民法院裁判文书多用事实说话，少些推测性语言。在认定行政滥诉行为时，需充分列举原告的行为、言语以及其他表现，做好坚实的铺垫，以充分的理由证明当事人诉讼目的不正当。

浙江省宁波市鄞州区人民法院在审理（2017）浙0212行初184号万调芽不服宁波市国土资源局土地行政复议一案中，在裁判文书经审理查明部分，将查实的万调芽提出行政复议申请的事项归纳总结后概述为十大项一一列举。

宁波市海曙区人民法院审理胡亚芬政府限价房案件中，作出（2015）甬海行初字第114号行政裁定，经审理查明部分写道：“据不完全统计，2013年至2016年2月期间，原告胡亚芬向宁波市人民政府……等16个部门（裁定书一一列举）提出政府信息公开申请共 87 次，向宁波市人民政府、海曙区政府、宁波市镇海区人民政府等部门提出申请行政复议 75 件；至 2016 年 2 月，宁波市中级人民法院……（一一列举 5 个法院）及该院已审结以胡亚芬为原告的政府信息公开行政诉讼一审、二审、再审案件共 42 件。”公众阅读后即能水到渠成地得出原告滥诉的结论，原告阅读后也只能暗自嗟叹。

（3）滥诉为由裁定驳回起诉案件诉讼费负担部分的表述。裁判文书需要精雕细琢，细节不容忽视，否则会被当事人抓住把柄大做文章。国务院《诉讼费用交纳办法》第八条第（二）项规定，裁定驳回起诉的案件不交纳案件受理费。对裁定驳回起诉案件受理费负担问题：有的裁判文书错误地认为，与驳回原告诉讼请求裁决中诉讼费负担相同，即由原告负担；有的裁判文书干脆不予表述造成文书的漏项。笔者认为下面的说法较为妥当：本案不收取受理费（原告预交的受理费 50 元，经原告申请予以退回）。

五、探索建立人民法院对滥用诉权行为的预防制止机制

从理论上讲，“有法律保障的立案登记制在我国的确立，意味着以往选择性司法将告别历史舞台”。行政诉讼受案范围涉及法院对行政行为司法审查的广度和深度，之前人民法院对行政案件严格审查立案，部分法院会与当地行政机关达成某种程度的默契，对某些敏感案件如上访被治安拘留、某些城建或资源类案件不予立案，使老百姓告状无门。

2015 年立案登记制施行，行政相对人仿佛看到了救命稻草，认为立案登记制即凡案必立，凡诉必理，并拼命利用这根救命稻草使自己上岸。从中国裁判文书网公布的行政诉讼案例来看，从 2016 年 8 月 22 日的河北衡水李贵森不服行政管理案件，到 2018 年 3 月 2 日谢玉华诉杭州市档案局人事档案被涂改案件，可见滥诉案件在立案登记制后集中爆发。由此衍生而来的诉权滥用渐渐发展成了长在行政诉讼身上的一块牛皮癣，挥之不去。汹涌而来的反复和琐碎的行政诉讼，不但使行政机关惨遭诉累，同时也使司法机关工作负荷骤增，这些问题在一定程度上对司法秩序造成损害。如何对滥用诉权进行规制，以求斩草除根，起码不再蔓延，需要多策并举。

（一）利用经济杠杆来调控收案数量，通过提高行政诉讼案件收费标准以及对方的律师费、证人出庭作证等合理费用转嫁由败诉方承担等手段，引导当事人理性诉讼

1. 长远来看，有必要改革行政案件诉讼费收费办法

行政案件的当事人往往会穷尽一切救济方式，行政复议、行政诉讼一审之后，继续上诉，二审败诉后还要申请再审。何以？不排除有的当事人在行政机关那里受到了不公正对待，从而要执着地主张自身权利，伸张正义，但更多原因是不收费或极少收费的制度设计刺激了原告官司打到底的冲动。行政复议是行政机关内部自我监督、自我纠错的救济方式，申请行政复议，不收取费用；行政诉讼是法院对行政机关的司法审查，一般仅收取50元诉讼费，涉及知识产权的行政案件每件100元。案件倘若被法院裁定驳回起诉，缴纳的50元诉讼费退还原告。低廉的诉讼成本，立法初衷是让行政诉讼的原告都能打得起官司从而有力监督政府依法行政，但毋庸讳言，这一定程度上助长了当事人随意提起行政诉讼的冲动心理。长远来看，随着民众收入水平的大幅提高，有必要改革行政案件诉讼费收费办法。

2. 目前情况下，对方的律师费等合理费用转嫁给败诉方承担是规制滥诉的撒手锏，能立竿见影地大幅抑制行政滥诉案件的滋生

最高人民法院2016年9月12日发布的《关于进一步推进案件繁简分流优化司法资源配置的若干意见》第二十二条规定，当事人存在滥用诉讼权利等明显不当行为，造成诉讼对方直接损失的，人民法院可以根据具体情况对无过错方依法提出的赔偿合理的律师费用等正当要求予以支持。上海市高级人民法院认为，律师费在性质上属于财产利益，原则上可作为损失。

天下熙熙，皆为利来；天下攘攘，皆为利往。理性社会人都在计算行为的成本与收益来追求个人利益的最大化。个别当事人明知己方没有道理而抱有侥幸心理频繁打官司无非为了获取更多的经济利益，而一旦法院作出律师费用等合理费用等由败诉方承担的裁判文书，滥诉当事人极有可能望而却步，知难而退。

3. 对于行政机关的证人因履行出庭作证义务而支出的必要费用及误工损失，可以裁判由滥诉当事人负担

上诉人冯香梅诉被上诉人东海县白塔埠镇人民政府不履行法定职责一案，

江苏省连云港市中级人民法院于2017年12月21日作出（2017）苏07行终92号行政裁定书。在“本院认为”部分写道，冯香梅如仍坚持发起类似的诉权滥用行为，参照《民事诉讼法》第七十四条（证人因履行出庭作证义务而支出的交通、住宿、就餐等必要费用以及误工损失，由败诉一方当事人负担）、《最高人民法院关于适用〈中华人民共和国民事诉讼法〉的解释》第一百零二条第三款（因一方当事人逾期提供证据致使另一方当事人增加的交通、住宿、就餐、误工、证人出庭作证等必要费用的，人民法院可判赔偿）、第一百一十二条第二款（法院责令对方当事人提交书证产生的费用，由申请人负担）、第一百一十八条（证人出庭作证支出的相关费用与误工损失的补偿标准）规定，对因冯香梅滥用诉讼权利的行为导致对方当事人产生额外的诉讼支出，应支付对方当事人的相关合理诉讼支出费用。

对于证人因履行出庭作证义务而支出的必要费用及误工损失，民事诉讼法早有规定，即由败诉一方当事人负担。但打赢官司的当事人鲜有主张，人民法院亦很少主动运用，但对于滥诉当事人不妨考虑适用。江苏省连云港市中级人民法院的这个判项就很有震慑力，可以预想冯香梅此后再提起类似诉讼之前就要好好斟酌，三思而后行了。

（二）比照失信被执行人名单制度，建立滥诉当事人名单制度

四级法院间共享滥诉当事人名单信息，对滥诉当事人提起的行政诉讼案件严格按照《意见》要求立案审查，杜绝行政审判成为某些行政相对人宣私泄愤的工具以及达到自身不正当目的的垫脚石。另外失信被执行人名单制度的撒手锏是对老赖采取“一处失信，处处受限”的措施，目前对于滥诉当事人采取此项措施时机尚不成熟。

（三）对于滥诉当事人的妨害诉讼行为，可依法采取强制措施

滥诉当事人在长期、反复提起大量诉讼的同时，大多存在哄闹法庭，侮辱诽谤法院工作人员等妨害行政诉讼的行为。笔者所在法院还发生过行政诉讼老户持续数天在法院门口将主审法官照片打印成黑白照，装上黑白边框，并在横幅上写“××法官，还我公正”，并将法官“罪行”一一列举，给涉案法官带来巨大的心理压力。后来有的当事人也效仿该做法，扰乱了法院工作秩序，给法院形象造成恶劣影响。

依法保障行政相对人的诉权与规制恶意诉讼都是行使行政审判权的应有

之义。依据《行政诉讼法》第五十九条第一款规定，滥诉当事人倘若有以下行为之一，人民法院可以予以训诫、责令具结悔过或者处一万元以下罚款、十五日以下的拘留；构成犯罪的，依法追究刑事责任：第（二）项规定提供虚假证明材料或伪造、隐藏、毁灭证据妨碍法院审理；第（六）项规定以哄闹、冲击法庭等方法扰乱法院工作秩序的；第（七）项规定恐吓、侮辱、诽谤、诬陷、殴打、围攻或者打击报复法院审判人员或者其他工作人员。

以往法院立案部门和审判部门的惩罚措施大多是软约束力的训诫、出具司法建议等。笔者认为，对滥诉当事人的妨害诉讼行为倘若劝导无用，则应对其采取罚款和拘留等具有相对较强约束力的措施，以抑制其嚣张气焰，维护正常审判秩序，彰显司法权威。

需要注意的是，如果滥诉当事人仅是正常起诉、正常应诉，无上述妨害诉讼行为，人民法院不应以其滥诉为由采取司法强制措施。

（四）在防范规制滥诉当事人的同时，亦应对其提供技术支持，引导其理性诚信诉讼，促使其争议实质性解决

行政相对人往往缺乏专业的法律知识，个别当事人在长期打官司过程中研读了相应的法律条文，自以为“久病成医”，但实际上并非专业人士，设计诉讼方案时往往挂一漏万，错列被告或者诉讼请求不对症，影响行政纠纷的实质性解决。针对行政相对人的实际问题，立案部门与行政审判部门有义务进行释明，引导原告正确确定被告和诉讼请求，对行政相对人提供必要的技术帮助，从立案源头上减少行政案件“案结事不了”“官了民不了”现象，防范反复诉讼问题，避免行政诉讼程序空转。

另外，有的滥诉当事人确因政府部门的不作为或滥作为受到不公平对待，这就需要人民法院能动司法，协调行政机关对原告的问题进行实质性化解。滥诉源头的病灶问题解决了，滥诉当事人的一系列问题自然就迎刃而解了。

六、结语

对于能够足以认定滥用诉权行为，从事行政诉讼的法官无须惧怕上访老户的威势与社会舆论的质疑，需要多些担当，果断地以诉权滥用的理由裁定驳回起诉，给原告以震慑，对其日后的行为具有引导作用，使其清醒地认识到此路不通，亦能减少对行政机关的滋扰，节约行政资源和司法资源。

滥诉预防制止机制是个全方位的工程，仅法院一家应对也是双拳难敌四手，需要社会诚信体系建设与行政机关的规制措施等各方面形成合力。由于时间仓促与篇幅限制，本文未对行政机关如何应对滥诉当事人进行分析，以后会将该部分补足。

表 2　中国裁判文书网收录的滥用诉权典型案例汇总

案号	当事人	案情	裁定表述	首次裁驳法院	裁判日期
(2016)冀11行终121号	李贵森	行政管理	李贵森此前曾以相同事实及理由两次诉至原审法院，原审经审理，分别以其所诉主体错误及其所诉已超过法定期限为由，分别裁定驳回起诉。现李贵森仍以原事由及诉求再次起诉，系对其诉权的滥用，属重复起诉。	衡水市中级人民法院	2016年8月22日
(2016)浙02行终209号	胡亚芬 宁波市海曙区鼓楼街道办事处 宁波市海曙区政府	原告胡亚芬因购买限价房事宜，向各个机关提出政府信息公开申请87次，各级行政复议机关作出至少75次复议决定，后原告又向各级法院提出行政一审、二审、再审诉讼至少42次。	上诉人胡亚芬以政府信息公开名义就限价房事宜的提出申请，目的不是获得相关的政府信息，其提起的讼争政府信息公开申请明显背离了《中华人民共和国政府信息公开条例》规定的政府信息公开的立法目的和宗旨，属于政府信息公开申请权利的滥用。另对行政行为提起行政诉讼，应当对该行政行为有诉的利益，即该行政行为影响起诉人或原告的合法权益，且对该合法权益有予以司法救济的可行性。本案中，上诉人胡亚芬以政府信息公开名义提出的申请，目的不是获得相关的政府信息，而是对相关行政机关、人民法院施压，即其对被上诉人鼓楼街道作出的答复提起行政诉讼，并不符合一般社会公众认知且值得法律予以保护的权益。同时，对上诉人拟实现的购买限价房的利益，已经发生法律效力的生效裁判文书已经作出了不予支持的处理，本案也不可能再行作出处理。一审以滥诉为由裁驳，宁波市中级人民法院二审维持。	宁波市海曙区人民法院	2016年9月6日

续表

案号	当事人	案情	裁定表述	首次裁驳法院	裁判日期
（2016）苏06行终511号	梁小刚 南通市司法局	梁小刚向南通市司法局提交行政申请书，要求南通市司法局对其本人从事公民代理诉讼的收费行为予以查处。南通司法局作出不予受理通知。	梁小刚向南通市司法局提交的申请系要求该局对其本人从事公民代理诉讼的收费行为予以查处，梁小刚的请求对其本人而言不会产生任何利益，反而可能会减损其利益，属于一种对行政相对人本人不利益的请求。针对梁小刚的上述请求，南通市司法局并未作出对梁小刚合法权益产生实质侵害的行政行为，该局所作答复实质是拒绝对梁小刚作出不利益的行为，答复的内容对梁小刚合法权益明显不产生实际影响，梁小刚提起本案诉讼不具备诉的利益。梁小刚提起本案诉讼显然已经背离了对受到侵害的合法权益进行救济的诉讼本旨，而且使得南通市司法局被迫卷入无谓的应诉之累，导致司法资源的浪费，应视为诉权的滥用，应当予以驳回。 港闸区人民法院一审以滥诉为由裁驳，南通中院二审维持。	南通市港闸区人民法院	2016年10月26日
（2016）浙0204行初7号	万调芽 宁波市市场监督管理局	万调芽要求查处宁波市低塘经济发展有限公司违法经营等行为。余姚市市场监督管理局作出了答复书，认为举报事项，该局已于2015年四次向其作出答复，故不再重复答复。后向宁波市市场监督管理局申请复议，该局不予受理。	尽管起诉人的起诉在形式上合法，但究其请求法律保护的目的明显背离了公共利益，其行为应当视为是对诉权的滥用。结合本案及原告提起的诸多申请及诉讼中均可看出，原告就同一事实不断地向余姚市市场监督管理局及宁波市市场监督管理局提出申请，即便该申请已经两级法院多次予以判决驳回，其仍不断地通过提起行政复议及行政诉讼向政府及相关部门施加压力，此种起诉违反了权利行使的正当性原则，已经背离了对受到侵害的合法权益进行救济的诉讼本旨。原告在明知其申请不会得到支持的前提下，仍然一再对信访告知行为提出行政复议，不论政府及相关部门如何答复，均执意提起行政诉讼。原告的行政申请行为和诉讼行为，已经使行政和司法资源在维护个人利益与公共利益之间有所失衡，背离了权利正当行使的本旨，构成了诉权的滥用。	宁波市江东区人民法院	2016年7月6日

续表

案号	当事人	案情	裁定表述	首次裁驳法院	裁判日期
（2017）浙0212行初184号	万调芽宁波市国土资源局	万调芽向余姚市国土资源局提出诸如邹高珍非法破坏其太爷爷祖坟等查处申请，该局作出告知书。万不服，向宁波市国土资源局申请行政复议。该局认为复议申请不符合受理条件，作出驳回决定。	万调芽向各级法院提出行政复议一审、二审、再审案件累计44件。结合本案及诸多申请及诉讼中均可看出，原告自2015年始，对行政机关作出的答复不断向该行政机关的上一级主管部门申请行政复议，即使该复议申请不属于《中华人民共和国行政复议法》第六条规定的行政复议范围、不符合《中华人民共和国行政复议法》及其实施条例规定的受理条件，并经两级法院多次予以判决驳回或裁定驳回，其仍不断地通过行政复议及行政诉讼向政府及相关部门施加压力。此种起诉违反了权利行使的正当性原则，已经背离了对受到侵害的合法权益进行救济的诉讼本旨。另原告在明知其申请不会得到支持的前提下，仍然一再对信访告知行为、与其无法律上的利害关系的行政行为申请行政复议，在复议机关作出不予受理决定或驳回其复议申请后，均执意提起行政诉讼。原告的行政复议申请行为和诉讼行为，已经使行政和司法资源在维护个人利益与公共利益之间有所失衡，背离了权利正当行使的本旨。	宁波市鄞州区人民法院	2017年8月21日
（2016）粤06行初104号	陈润年等29人佛山市顺德区人民政府	陈润年等29人是集体企业原顺德市容奇第二商业公司的职工集资款债权人。2016年8月9日，不服原顺德市诚顺商贸投资管理公司作为企业组织参	被告在反复收到原告的行政复议申请后，已书面告知原告不再重复处理其实质内容相同的行政复议申请。本案中涉及的该次行政复议申请，原告虽然变换了修饰用语，但实质仍是针对其所称的原顺德市公资委转制原顺德市容奇第二商业公司的行为，以及原顺德工商物价局核准注销原顺德市容奇第二商业公司营业执照的行为，而前述的生效裁判已经对相关问题作出了认定和处理，原告本次复议所主张的违法行为与此前多次复议及诉讼的内容并无本质区别。对于原告滥用行政复议权的行为，被告不再答复处理并无不当，而原告就此提起的不作为之诉，亦	佛山市中级人民法院	2016年11月28日

续表

案号	当事人	案情	裁定表述	首次裁驳法院	裁判日期
		与审批转让二商公司资产的行政行为以及参与核准注销二商公司营业执照的行政行为，向顺德区政府提起行政复议，被告逾期不予答复。	属对诉权的滥用，应从程序上予以裁定驳回。		
（2016）最高法行申2733号	郭兴梅 重庆市人民政府	原告向重庆市政府申请公开下拨给沙坪坝区人民政府维稳金明细账目的政府信息，被告作出的《告知书》，告知原告该信息不存在。原告向被告申请原级复议，被告作出行政复议决定，维持了该告知行为。	郭兴梅在重庆市公安局、重庆市司法局、重庆市人民政府分别对其信息公开申请作出处理答复后，郭兴梅均不服，向重庆市人民政府申请了行政复议。重庆市人民政府收到郭兴梅的11份复议申请后，分别作出了复议决定。2015年8月17日，郭兴梅就上述行政复议行为向法院提起11件行政诉讼案件，包括本案。原告郭兴梅的上述信息公开、行政复议及诉讼的行为，足以表明其滥用法律赋予的权利发泄个人情绪，并通过复议、诉讼向行政机关及司法机关施加压力、表达私愤，以实现其制造个人影响力、谋取超常利益等目的。郭兴梅的行为已经背离了对受到侵害的合法权益进行救济的诉讼本旨，其骚扰、泄愤、盲目、重复、琐碎性质的起诉不仅缺乏诉的利益，亦不符合诚实信用原则的要求。重庆市第五中级人民法院以滥诉为由裁驳，最高院驳回再审申请。	重庆市第五中级人民法院	2016年12月14日

续表

案号	当事人	案情	裁定表述	首次裁驳法院	裁判日期
(2016)最高法行申4403号	杨某 公安部	杨某提出政府信息公开申请，调取支撑公安部行政复议不予受理、的证据、事实依据和法律依据等信息。	实质上是对行政复议决定提出质疑，试图以政府信息公开之名义再度启动已告终结的纠纷处理程序，已明显偏离政府信息公开的制度功能，不符合《政府信息公开条例》的立法宗旨。在公安部对再审申请人作出被诉答复后，其又提起包括本案在内的多起行政诉讼案件，以期达到扩大影响、反映信访诉求的目的，这些诉讼并不具有依法应予保护的诉讼利益，与行政诉讼法旨在保护公民、法人和其他组织合法权益的立法目的相悖，浪费了行政资源和司法资源，已构成信息公开申请权及诉权的滥用。	最高人民法院	2016年12月23日
(2016)最高法行申4404号	杨某 公安部	杨某提出政府信息公开申请，调取支撑公安部行政复议驳回复议决定的证据、事实依据和法律依据等信息。	同上	最高人民法院	2016年12月23日
(2016)最高法行申4405号	杨某 公安部	同4403号案情。	同上	最高人民法院	2016年12月28日

续表

案号	当事人	案情	裁定表述	首次裁驳法院	裁判日期
(2016)最高法行申4406号	杨某 公安部	对公安部处理信访事项的行为不服，向公安部原级申请行政复议，公安部作出不予受理决定。	再审申请人对处理信访事项的行为不服，向公安部申请行政复议，依法不属于行政复议法规定的行政复议范围。再审申请人对信访处理行为不服，除提起本案诉讼外，还另行提起了多个行政诉讼案件，以期达到扩大影响、反映信访诉求的目的，这些诉讼并不具有依法应予保护的诉讼利益，与行政诉讼法旨在保护公民、法人和其他组织合法权益的立法目的相悖，浪费了行政资源和司法资源，已构成诉权的滥用。	最高人民法院	2016年12月28日
(2016)最高法行申4396号	杨某 公安部	杨某向西城分局邮寄了举报书及证据，该局未在法定期限内出具立案或者不立案通知书，遂请求北京市公安局复查，未果，向公安部申请行政复议，公安部不予受理。	同上	最高人民法院	2016年12月28日
(2016)最高法行申4397号	杨某 公安部	同上	同上	最高人民法院	2016年12月28日

续表

案号	当事人	案情	裁定表述	首次裁驳法院	裁判日期
(2016)最高法行申4399号	杨某 公安部	公安部针对其信息公开申请作出2015年(答)116号《公安部政府信息公开答复书》,认定其申请公开的信息不属于政府信息，遂向公安部申请原级复议，公安部作出驳回决定。	再审申请人因对处理信访事项的行为不服，以申请政府信息公开的形式要求获取公安部支撑驳回其行政复议申请决定的理由、证据、事实根据、法律依据等，实质上是对驳回行政复议申请决定提出质疑，试图以政府信息公开之名义再度启动已告终结的纠纷处理程序，已明显偏离政府信息公开的制度功能，不符合《中华人民共和国政府信息公开条例》的立法宗旨。在公安部对再审申请人作出被诉政府信息公开答复及驳回行政复议申请决定后，其又提起包括本案在内的多起行政诉讼案件，以期达到扩大影响、反映信访诉求的目的，这些诉讼并不具有依法应予保护的诉讼利益，与《中华人民共和国行政诉讼法》旨在保护公民、法人和其他组织合法权益的立法目的相悖，浪费了行政资源和司法资源，已构成信息公开申请权及诉权的滥用。	最高人民法院	2016年12月28日
(2016)粤0606行初1250号	曾志祥 佛山市南海区教育局 佛山市教育局	曾志祥向南海教育局提出政府信息公开申请,申请公开其签收南教人辞[2010]第0055号《辞职证明书》原件的材料。南海教育局作出告知,你(指原告)并没有签收南教人辞[2010]第0055号	原告在明知其本人没有签收南教人辞[2010]第0055号《辞职证明书》的情况下，仍向南海教育局申请公开该《辞职证明书》，在收取(2016)第8号《政府信息公开告知书》后，相继提起行政复议及本案诉讼，由此可见，原告申请被告南海教育局公开其签收南教人辞[2010]第0055号《辞职证明书》原件材料的目的并非为了获取该信息，其行为属于对政府信息公开申请诉权的滥用，在客观上并不具有信息公开诉讼应该保护的利益。《中华人民共和国行政诉讼法》第二条第一款明确规定：“公民、法人或者其他组织认为行政机关和行政机关工作人员的行政行为侵犯其合法权益，有权依照本法向人民法院提起诉讼。”根据该规定，本案原告的诉讼行为已经背离了要求救济受侵害的合法权益这一诉讼本旨，不具有正当性。	佛山市顺德区人民法院	2017年3月24日

续表

案号	当事人	案情	裁定表述	首次裁驳法院	裁判日期
		《辞职证明书》，因此你申请公开的该政府信息不存在。原告向佛山市教育局申请行政复议，该局作出复议决定，维持南海教育局作出的（2016）第8号《政府信息公开告知书》。			
（2017）粤06行终160号	曾志祥 佛山市南海区九江镇人民政府 佛山市南海区人民政府	曾志祥向九江镇政府提出政府信息公开申请，要求获得“已经得到社会保险基金管理局确认，办理申请人社保情况的登记、申报的原始材料”，镇政府作出《非本机关政府信息告知书》，并建议其向佛山市南海区教育局咨询。曾不服告知，向南海区政府申请行政复议，区政府复议维持。	保障社会公众获取政府信息是《中华人民共和国信息公开条例》最主要的立法目的，而有关“依法获取政府信息”的规定，表明申请获取政府信息应当按照法律规定的条件、程序和方式进行，必须符合立法宗旨，能够实现立法目的，保障当事人的诉权与制约恶意诉讼、无理缠诉均是我国行政诉讼法应有之义。曾志祥在已向佛山市南海区教育局多次提出信息公开申请并得到答复的情况下，仍以九江镇政府和南海区政府为被告向提起本案诉讼，属于对政府信息公开申请诉权的滥用，在客观上并不具有信息公开诉讼应该保护的利益。	佛山市顺德区人民法院	2017年4月27日

续表

案号	当事人	案情	裁定表述	首次裁驳法院	裁判日期
(2017)粤06行终775号	曾志祥 佛山市南海区教育局 佛山市教育局	曾志祥就自己在佛山市南海区九江镇成人文化技术学校任职期间的社保缴纳问题，先后多次就同一问题采取变换不同提问方式的办法向南海区教育局提出政府信息公开申请，南海区教育局均一一予以了回复，曾志祥均以对回复不服为由，提起行政诉讼，具体参见(2016)粤0606行初1015、1250、989、701、700、487、331、292号案以及(2017)粤0606行初294号案，上述案件中的已决案均依法裁定驳回曾志祥起诉或判决驳回曾志祥诉讼请求。	南海区教育局作出（2016）第9号《政府信息公开告知书》并向其公开了《视同缴费年限确认表》及《佛山市社会保险参保缴费证明》，已清楚、客观、真实地显示了曾志祥1988年7月至1998年7月的社会保险的缴费情况，南海区教育局已依申请公开了其所需要的政府信息。曾志祥在已向南海区教育局多次提出信息公开申请并得到答复的情况下，仍以南海区教育局和佛山市教育局为被告提起行政诉讼，属于对政府信息公开申请诉权的滥用，在客观上并不具有信息公开诉讼应该保护的利益。《中华人民共和国行政诉讼法》第二条第一款明确规定："公民、法人或者其他组织认为行政机关和行政机关工作人员的行政行为侵犯其合法权益，有权依照本法向人民法院提起诉讼。"根据该规定，本案原告的诉讼行为已经背离了要求救济受侵害的合法权益这一诉讼本旨，不具有正当性。	佛山市顺德区人民法院	2017年12月14日

续表

案号	当事人	案情	裁定表述	首次裁驳法院	裁判日期
（2017）粤1302行初40号	黄载回 博罗县市场监督管理局 惠州市食品药品监督管理局	黄载回向博罗市场局实名举报酒行销售无标签和非法添加冬虫夏草的冬虫夏草酒的违法行为，市场局作出处理结果告知函。原告不服，遂向市食药监局申请行政复议，食药监局驳回原告行政复议申请。	黄载回并不是消法规定的真正意义的消费者，并不是其合法权益受到行政机关和行政机关工作人员的行政行为侵犯。原告黄载回是职业“投诉举报”者，只要其“投诉举报”没有得到行政机关的奖励，便通过申请行政复议、向人民法院提起行政诉讼等方式给行政机关施加压力，以满足一己之私，造成行政资源和司法资源浪费。很明显，原告黄载回提起本案诉讼，诉讼目的不具正当性，不符合起诉的条件。同时，原告黄载回的起诉行为，也构成诉权的滥用。	惠州市惠城区人民法院	2017年4月17日
（2017）闽01行终116号	张涛 福州市国家税务局	张涛向税务机关提出涉税检举，又向被告市国税局提交三份内容不同、被申请人主体不同的《行政复议申请书》，张涛因诉福州市国家税务局不履行行政复议职责提起行政诉讼。	针对上诉人张涛的检举，福州市国家税务局稽查局已经于2015年6月3日作出榕国税稽举［2015］001号《关于对中国移动通信集团福建有限公司等三家检举件的答复》，至此税务机关已充分保障了作为检举人张涛的知情权，张涛若对该答复内容不服，可以依法向有关部门反映。然而张涛却仍以“未出具书面回执又没有作出答复”为由向福州市国税局申请行政复议，进而提起本案诉讼。上诉人张涛在缺乏救济必要性的情况下随意提起行政复议申请及行政诉讼，已构成了对行政复议申请权及诉权的滥用，对其起诉亦应予以驳回。	福州市中级人民法院	2017年4月20日

续表

案号	当事人	案情	裁定表述	首次裁驳法院	裁判日期
（2017）闽07行终14号	余明宝 邵武市公安局 邵武市人民政府	余明宝向邵武市公安局申请公开两次行政处罚中余明宝的陈述、派出所的工作说明、训诫书的依据理由等信息，市公安局作出告知，对案件调查的证据材料不属于公开范围。余明宝向邵武人民市政府提出复议申请，市政府，维持了市公安局作出的政府信息公开告知书。	余明宝申请公开被邵武市公安局于2012年对其作出的两次行政处罚的事实依据，实际上是对行政处罚决定提出质疑，试图以政府信息公开之名义启动对行政处罚的合法性审查程序，已明显偏离政府信息公开的制度功能，不符合信息公开制度的立法宗旨。本案上诉人余明宝的核心利益应当在于行政处罚决定，且其查阅的卷宗信息也可以通过行政处罚之诉获取，但余明宝并没有通过直接合法的法律途径对行政处罚决定申请复议或者提起行政诉讼，反而提起本案之诉，以期达到扩大影响的不当目的，不具有依法应予保护的诉讼利益，与行政诉讼法旨在保护公民、法人和其他组织的合法权益的立法目的相悖，浪费行政资源和司法资源，已构成信息公开申请权及诉权的滥用，应不属于人民法院的受理范围。	邵武市中级人民法院	2017年4月21日
（2017）鲁01行终312号	卢秋梅 山东省司法厅 司法部	卢秋梅申请公开山东省高级民法院行政庭法官司法资格证备案信息，省司法厅告知卢秋梅申请公开的内容不属于省司法厅工作职责规定的内容，不属于省司法厅政府信息公开内容。	上诉人卢秋梅对临沂市政府和兰山区政府的拆迁行为不服提起诉讼，并经司法程序处理终结。因对案件的处理结果不服，上诉人对承办该案的法官产生质疑，继而又以申请政府信息公开形式要求获取山东省高级人民法院行政庭法官司法资格证备案信息，实质上是对经司法程序处理终结的拆迁案件提出质疑，试图以政府信息公开之名义再度启动已告终结的纠纷处理程序，已明显偏离政府信息公开的制度功能，不符合《政府信息公开条例》的立法宗旨。另因上诉人申请公开的信息与其不具有利害关系，故上诉人对省司法厅的信息公开行为不服，向司法部提起行政复议，又提起本案诉讼，其诉求	济南市中级人民法院	2017年5月24日

续表

案号	当事人	案情	裁定表述	首次裁驳法院	裁判日期
		后卢秋梅向司法部申请行政复议，司法部驳回卢秋梅的复议申请。	或主张并不具有依法应予保护的诉讼利益，上诉人的起诉与行政诉讼法旨在保护公民、法人和其他组织合法权益的立法目的相悖，浪费了行政资源和司法资源，已构成信息公开申请权及诉权的滥用。		
（2017）皖行终474号	李俊 安徽省人民政府	李俊诉安徽省人民政府逾期不履行行政复议法定职责	纵观原告及其姐妹等人在合肥中院以及宣城市中级人民法院、宣城市宣州区人民法院提起的一系列诉讼，根源在于房屋拆迁补偿诉求未得到满足。为达到拆迁补偿安置利益的最大化目的，原告及其姐妹等人多次以各种理由提起诉讼，以此向政府及相关部门施压。仅以本案类型案件为例，原告及其姐妹等人首先申请信息公开，不管政府及相关部门如何答复，多以各种理由申请行政复议，在未获复议机关支持的情况下，再就原政府信息公开行为或复议决定行为，向人民法院提起行政诉讼，并反复多次提起相同或类似的诉讼请求。原告的这种行为已经使有限的公共资源在维护个人利益与公共利益方面有所失衡，超越了权利行使的界限，失去了权利行使的正当性。原告的起诉行为已构成对诉权的滥用。	合肥市中级人民法院	2017年8月23日
（2017）皖行终477号	李红 安徽省人民政府	李红诉安徽省人民政府不履行行政复议法定职责一案。	同上	合肥市中级人民法院	2017年8月23日

续表

案号	当事人	案情	裁定表述	首次裁驳法院	裁判日期
（2017）皖01行初239号	李红 合肥市人民政府	原告因合肥市交警支队未在法定时间内对于其申请的政府信息公开作出答复，向被告市政府提起行政复议。被告认定行政复议的被申请人应当是合肥市交警支队，而不是合肥市公安局，作出予受理行政复议申请决定书。	综观本案原告，均因对补偿问题不服在本院以及宣城市中级人民法院、宣城市宣州区人民法院等法院以各种诉讼理由提起过多次诉讼。本案中，原告向合肥市公安局交警支队申请获取所谓政府信息，真实目的并非为了获取和了解所申请信息，而是借此表达不满情绪，并为今后提起行政复议和行政诉讼创造条件。在合肥市公安局交警支队作出答复或不予答复后，再提起行政诉讼或行政复议，以此向政府及其相关部门施加答复、行政复议和诉讼的压力，以实现其背后个人利益。原告的申请信息公开行为和诉讼行为，已使有限的公共资源在维护个人利益与公共利益之间有所失衡，超越了权利行使的界限，失去了权利行使的正当性。原告的起诉行为已构成对诉权的滥用。	合肥市中级人民法院	2017年11月28日
（2017）皖01行初154号	李红 安徽省信访局 安徽省人民政府	原告向省信访局提出信息公开申请，要求公开某时间段1号接待窗口内某警员用摄像机对着原告摄像的法律、法规或者工作责任依据。直到原告向省政府提起行政复议申请后，省信访局才作出答复。	本案原告中因对补偿问题不服在本院以及宣城市中级人民法院、宣城市宣州区人民法院等法院以各种诉讼理由提起过多次诉讼。本案中，原告向被告省信访局申请获取所谓政府信息，真实目的并非为了获取和了解所申请信息，而是借此表达不满情绪。在省信访局作出答复后，再提起行政诉讼或行政复议，以此向政府及其相关部门施加答复、行政复议和诉讼的压力，以实现其背后个人利益。原告的申请信息公开行为和诉讼行为，已使有限的公共资源在维护个人利益与公共利益之间有所失衡，超越了权利行使的界限，失去了权利行使的正当性。原告的起诉行为已构成对诉权的滥用。为维护法律严肃性，根据审判权应有之义和立法精神，对原告滥用获取政府信息权利和滥用诉讼权利的，应依法予以限制，不作实体审理，裁定驳回起诉。	合肥市中级人民法院	2017年11月28日

续表

案号	当事人	案情	裁定表述	首次裁驳法院	裁判日期
（2017）冀01行终495号496号、500、501、502、503、504号	陈艳萍 中国银行业监督管理委员会河北监管局	陈艳萍因与工商银行高碑店支行银商转账事宜自2015年9月至2016年9月期间以各种名义先后向中国银行业监督管理委员会保定监管分局和中国银行业监督管理委员会河北省监管局申请政府信息公开、行政复议，之后便向法院提起行政诉讼。 石家庄市新华区人民法院共受理其申请政府信息公开诉讼案件15起，已审结4起。	原告陈艳萍就相同的、类似的相关内容不断向被告保定分局、河北监管局申请政府信息公开和行政复议，尽管其所申请的内容大多不属于《政府信息公开条例》所规定的政府信息公开的内容，对此无论被告保定分局、河北银监局如何作出答复和复议决定，原告陈艳萍其均提起行政诉讼，显然，原告陈艳萍的起诉已背离了《政府信息公开条例》的立法本意，偏离了权利救济的正当渠道，其采取申请行政复议和提起行政诉讼的救济手段已不是为了保障其可以依法获取政府信息。原告陈艳萍三番五次提起诉讼，其起诉明显不具有依法应予救济的诉讼利益。不仅浪费行政资源和司法资源，而且也违背行政诉讼法旨在保护公民、法人和其他组织合法权益立法目的，本案中原告陈艳萍以申请政府信息公开为由提起行政诉讼，已构成诉权的滥用，其起诉依法应予驳回。新华区法院一审以滥诉为由裁驳，石家庄市中级法院二审维持。	石家庄市新华区人民法院	2017年12月6日
（2017）苏07行终92号	冯香梅 东海县白塔埠镇人民政府	冯香梅申请东海县白塔埠镇人民政府向其公开白塔村一组承包地地籍册及白塔村一组被征用承包地的支付清单和补偿协议，	2011年以来，冯香梅在江苏省三级人民法院共提起行政诉讼案件69起。冯香梅委托其丈夫林宝，分别向东海县人民政府、东海县公安局、东海县白塔镇人民政府等共提起至少54次政府信息公开申请和履行法定职责之诉。本案冯香梅所提起的相关诉讼因明显缺乏诉的利益、目的不当、有悖诚信，违背了诉权行使的必要性，因而失去了权利行使的正当性，属于典型的滥用诉权行为。	连云港市中级人民法院	2017年12月21日

续表

案号	当事人	案情	裁定表述	首次裁驳法院	裁判日期
		镇政府作出回复，1988年冯就办理了农转非，白塔村在1990年调整土地时未对农转非的农户分给承包地，冯无法证明其与涉案征地具有直接利害关系，决定对其不予提供所申请的政府信息。			
（2017）沪01行终925号	赵毅君 上海市浦东新区规划和土地管理局	赵毅君自2016年7月开始，向该局反复多次申请政府信息，内容均涉及三林楔形绿地项目的征收补偿等信息。该局作出答复后，又提起行政诉讼。	赵毅君自2016年起反复不间断地向浦东规土局提出政府信息公开申请，申请内容重复类似，且均坚持诉讼，构成了政府信息公开申请权和行政诉讼起诉权的滥用。赵毅君的该重复申请行为已偏离了政府信息公开制度的设立初衷，起诉目的不当，不具有依法应予救济的诉讼利益。浦东新区人民法院以滥诉裁定驳回，上海市第一中级人民法院二审予以维持。	上海市浦东新区人民法院	2017年11月27日

续表

案号	当事人	案情	裁定表述	首次裁驳法院	裁判日期
(2018)沪01行终33号	赵毅君 上海市浦东新区规划和土地管理局	赵毅君自2016年7月开始，向该局反复多次申请政府信息，内容均涉及三林楔形绿地项目的征收补偿等信息。该局作出答复后，又提起行政诉讼。	申请政府信息公开及提起行政诉讼是法律赋予公民的合法权利。但公民申请政府信息或提起行政诉讼应当有合理、正当的需求，公民起诉能否获得人民法院的审理和判决，取决于其起诉是否符合法定起诉条件以及诉的内容是否存在司法救济的必要性。本案中，浦东规土局综合征收基地实际情况，已将相关政府信息在网上主动予以公开，赵毅君连续不断申请、重复申请的行为难以被认定为合理、正当的需求，其对相关行政机关的政府信息公开处理行为的起诉已不具有依法应予救济的诉讼利益。浦东新区法院以滥诉裁定驳回，上海市第一中级法院二审予以维持。	上海市浦东新区人民法院	2018年1月12日
(2017)皖01行初262号	吴丽蓉 黄山市人民政府 安徽省人民政府	吴丽蓉不服被告黄山市人民政府不履行政府信息公开职责及被告安徽省人民政府行政复议决定，提起行政诉讼。	本案原告因对房屋征收补偿问题不服在本市中级人民法院、基层人民法院两级法院以及黄山市中级人民法院等法院以各种诉讼理由提起过多次诉讼。本案中，原告向被告黄山市人民政府及下属部门黄山市国土资源局申请获取所谓政府信息，真实目的并非为了获取和了解所申请信息，而是借此表达不满情绪。在两单位作出或不作出答复后，再提起行政诉讼或行政复议，以此向政府及其相关部门施加答复、行政复议和诉讼的压力，以实现其背后个人利益。原告的申请信息公开行为和诉讼行为，已使有限的公共资源在维护个人利益与公共利益之间有所失衡，超越了权利行使的界限，失去了权利行使的正当性。原告的起诉行为已构成对诉权的滥用。	合肥市中级人民法院	2018年2月11日

续表

案号	当事人	案情	裁定表述	首次裁驳法院	裁判日期
(2017)皖01行初315号	杨俊 巢湖市人民政府	杨俊不服巢湖市食品药品监督管理局2017年5月12日作出的巢食诉处告(2017)第23号消费者投诉(举报)处理告知函，于2017年7月10日用挂号信的方式向被告邮寄行政复议申请书。至今原告没有未收到被告作出的复议决定。	以本案原告为例，2016年，原告在本院提起或进行了18件一、二审案件的诉讼。2017年，原告又提起或进行了25件一、二审案件的诉讼。纵观原告提起的一系列诉讼，绝大多数或是以各种理由向行政机关申请信息公开，或是以各种理由要求行政机关履行法定职责。对申请信息公开，原告在相关行政机关作出公开或不予答复行为后，向上级政府申请行政复议，最后进行行政诉讼；对要求履行法定职责的，原告或认为作出的行为违法，或认为相关行政机关不履行法律职责，然后直接提起行政诉讼，或在提起行政复议后提起行政诉讼。根据生效的法律文书，在已经审结的上述案件中，原告的诉讼请求均没有得到人民法院支持。原告的行为，已使有限的公共资源在维护个人利益与公共利益之间有所失衡，超越了权利行使的界限，失去了权利行使的正当性。原告的起诉行为已构成对诉权的滥用。	合肥市中级人民法院	2018年3月20日
(2017)皖01行初313号	杨俊 巢湖市人民政府	杨俊不服巢湖市环境保护局2017年5月24日作出的“关于巢湖新恒生纺织有限公司噪声检测情况的核查回复”，于2017年7月10日用挂号信的方式向被告邮寄行政复议申请书。至今原告没有收到被告作出的复议决定。	以本案原告为例，2016年，原告在本院提起或进行了18件一、二审案件的诉讼。2017年，原告又提起或进行了25件一、二审案件的诉讼。纵观原告提起的一系列诉讼，绝大多数或是以各种理由向行政机关申请信息公开，或是以各种理由要求行政机关履行法定职责。对申请信息公开，原告在相关行政机关作出公开或不予答复行为后，向上级政府申请行政复议，最后进行行政诉讼；对要求履行法定职责的，原告或认为作出的行为违法，或认为相关行政机关不履行法律职责，然后直接提起行政诉讼，或在提起行政复议后提起行政诉讼。根据生效的法律文书，在已经审结的上述案件中，原告的诉讼请求均没有得到人民法院支持。原告的行为，已使有限的公共资源在维护个人利益与公共利益之间有所失衡，超越了权利行使的界限，失去了权利行使的正当性。原告的起诉行为已构成对诉权的滥用。	合肥市中级人民法院	2018年3月20日

续表

案号	当事人	案情	裁定表述	首次裁驳法院	裁判日期
（2017）皖01行初314号	杨俊 巢湖市人民政府	杨俊不服巢湖市天河街道办事处2017年5月30日作出的天河公开（2017）第2号非告政府信息不存在告知书，于2017年7月10日用挂号信的方式向被告邮寄行政复议申请书。至今原告没有收到被告作出的复议决定。	以本案原告为例，2016年，原告在本院提起或进行了18件一、二审案件的诉讼。2017年，原告又提起或进行了25件一、二审案件的诉讼。纵观原告提起的一系列诉讼，绝大多数或是以各种理由向行政机关申请信息公开，或是以各种理由要求行政机关履行法定职责。对申请信息公开，原告在相关行政机关作出公开或不予答复行为后，向上级政府申请行政复议，最后进行行政诉讼；对要求履行法定职责的，原告或认为作出的行为违法，或认为相关行政机关不履行法律职责，然后直接提起行政诉讼，或在提起行政复议后提起行政诉讼。根据生效的法律文书，在已经审结的上述案件中，原告的诉讼请求均没有得到人民法院支持。原告的行为，已使有限的公共资源在维护个人利益与公共利益之间有所失衡，超越了权利行使的界限，失去了权利行使的正当性。原告的起诉行为已构成对诉权的滥用。	合肥市中级人民法院	2018年3月20日
（2018）浙01行终167号	谢玉华 杭州市档案局	谢玉华因下城工商局对其作出的“暂缓公务员过渡”等处理行为有异议，自2001年起，通过多种途径、渠道向多部门投诉、信访。前述投诉、反映，职能部门均已尽调查职责并	本案谢玉华投诉事项的实质是对原工作单位下城工商局对其人事处理（暂缓公务员过渡、末位评定、年度考核不称职、降职等）有异议，而且其已多次就相关人事处理向上级主管部门、人事部门提出投诉，相关部门亦已多次对其作出明确答复。谢玉华仍不服，遂将上述人事争议转化、指称为所谓“捏造、制作、添加人事档案的档案违法行为”，向档案管理部门多次进行投诉，该投诉以档案管理投诉为名，行人事争议投诉之实，实质上是对投诉权的滥用，在主观上明显具有恶意，档案管理部门对其投诉只需答复一次即可。其提起本案诉讼明显不具有诉的利益，也不具有正当性，属于恶意诉讼的一种类型，依法应不予立案或驳回起诉。	杭州市中级人民法院	2018年3月26日

续表

案号	当事人	案情	裁定表述	首次裁驳法院	裁判日期
		向谢玉华作出过答复，谢玉华所反映的其人事档案被涂改、捏造、添加等情形均不存在。			

注：2018 年 4 月 28 日在中国裁判文书网高级检索中，案件类型输入“行政案件”，文书类型输入“裁定书”，关键词输入“诉权的滥用”，出现 65 个结果。剥离非因诉权的滥用裁定驳回起诉 14 个案件；对于同一滥诉案件一审、二审均有裁判文书的情形，上表只收录一审裁判文书。

（作者单位：河北省石家庄市中级人民法院）

行政机关负责人出庭应诉制度的实证分析及完善建议

——以《行诉解释》相关规定为基础的构建

周孟伟

行政机关负责人出庭应诉制度经历了地方法治实践到全国范围推广，再到行政诉讼入法，到现在作为一项法定制度和行政机关的法定义务已实施近3年，制度施行成效明显，社会效果良好。据统计，全国范围内行政机关负责人一审出庭应诉率已由2015年（2015年5月1日始）的10.33%上升至2017年（2017年11月30日止）的18.42%，制度预防和化解行政争议、促进政府依法行政和法治政府建设以及改善和优化行政审判外部环境方面的功能价值不断显现。与此同时，不可否认的是，该制度在实施过程中还存在着形式化、运动化、表面化的倾向，深化贯彻和全面推行中的瓶颈难以突破，与该制度作为行政诉讼基本原则之一的法定地位①和自身带有深厚的实践基础、文化土壤的形象形成鲜明对比。因此，有必要对该项制度的实施现状进行全面扫描和深度观察，总结制度实施效果，发现制度实施问题，提出制度完善建议，促进制度功能实现。

一、北京法院近3年行政机关负责人出庭应诉制度实证观察

北京作为全国政治中心，中央各部委集中，虽然有其作为首都的特殊性，但由于其行政机关层级完善，北京法院行政机关负责人出庭应诉的实施状况仍具有较强的代表性和典型性。鉴于全国的制度实施数据较难发掘，此次调研就以北京为例，用北京法院丰富的数据作为基础，鲜活的实践作为样本展

① 该条规定在总则部分，而未规定在具体条文当中，表明立法者将本条列为行政诉讼的基本原则之一。参见梁凤云：《新行政诉讼法逐条注释》，中国法制出版社2017年版，第15页。

开研究。通过调研，笔者发现作为一项正在探索实施、不断完善中的制度，该制度实施中的两面性特点显著，一方面制度实施取得实效，另一方面由于制度不完善、不健全导致的负面效果较为显著，阻碍制度实效性的发挥。

（一）制度实施成效显著，但实施效果仍有待加强，未落实出庭应诉常态化

新行政诉讼法修订后，行政机关负责人出庭应诉成为一项法定义务，北京法院着力探索行政机关负责人出庭应诉规范化的新道路，积极创新行政机关负责人出庭应诉常态化的新方法，促进该项法定制度贯彻落实并发挥实效，取得良好的成果，行政机关负责人出庭应诉的总量和比例逐年上升，覆盖面不断扩大。行政机关负责人出庭应诉的积极性、主动性不断提升。

第一，从出庭总人次来看，北京法院 2015 年行政机关负责人出庭应诉 236 人次，2016 年出庭应诉 415 人次，2017 年出庭应诉 596 人次，近三年行政机关负责人出庭应诉的总人次不断增长，特别是新法完整实施的第一年，增幅达 75.8%，2017 年增幅回落至 43.6%，但仍保持较高的增长率。从出庭总案件量来看，北京法院 2015 年行政机关负责人出庭应诉 397 件行政案件，出庭率 1.7%[①]；2016 年出庭 581 件，比上年增长 46.3%，出庭率 2.7%；2017 年出庭 861 件，比上年增长 48.2%，出庭率 3.8%。由此可见，北京法院近三年行政机关负责人出庭应诉案件量持续不断上涨，均保持每年 45% 以上的增长态势，行政机关负责人出庭应诉率不断攀升。特别是怀柔法院 2017 年共有 127 起案件负责人出庭应诉，占开庭审理案件的 85.81%，比去年同期上升 43.34 个百分点，实现出庭应诉率翻倍增长。行政机关负责人出庭应诉制度逐渐向常态化、制度化方向转变。

---

① 因出庭应诉率采用本年度行政机关负责人出庭案件量占行政案件总量的比例，鉴于部分案件并未开庭，行政机关负责人在此类案件并无出庭应诉的义务，因此实际的比例应当大于本文采用的数据。但是由于本文仅想反映一种增长的趋势，同时开庭案件量在实务中较难统计，故采用本数据。

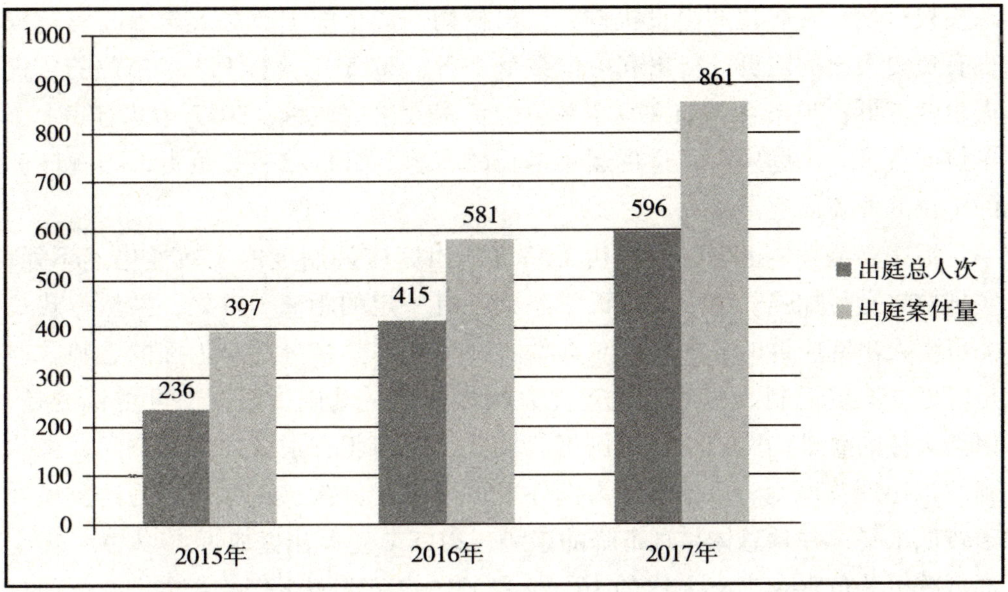

图 1　2015 年—2017 年北京法院行政机关负责人出庭应诉总人次和总案件量

第二，从行政机关负责人出庭应诉案件覆盖的行政管理领域以及案件类型来看，呈现覆盖面越来越广，类型越来越丰富的趋势，几乎涵盖了全部的行政管理领域，涉及大部分常见案件类型。具体来说，涉及公安、资源、城乡建设、计划生育、工商、质量监督检验检疫、卫生、农业、发展和改革、环境保护、交通运输、金融、劳动和社会保障、税务、教育、民政、司法行政、乡政府、文化等大部分行政管理领域；案件类型方面涉及作为类案件与不作为类案件，包括对行政处罚、行政许可、行政受理、行政补偿赔偿、行政确认、行政监督、信息公开、行政登记、行政给付、行政强制等各类行政行为不服提起的诉讼。

第三，从出庭单位来看，基本实现各层级、各单位、各地域全覆盖，各级各类各地行政机关负责人均有出庭应诉。2016 年北京即实现了全市 16 个区政府负责人出庭应诉覆盖率 100%，区长出庭应诉已成为常态，2017 年区政府负责人出庭应诉的案件数量又比 2016 年有所增长；2017 年中央部级单位负责人中国证监会主席助理出庭应诉行政案件，北京实现了行政机关负责人出庭应诉纵向层级全覆盖，出庭单位涵盖了乡镇街道政府、区政府及区委办局、市政府及市委办局、中央部委等各个层级的行政机关以及法律、法规或者规章授权行使行政职权的内设机构、派出机构，甚至中国政法大学等高等院校也有负责人出庭应诉。从出庭单位数量来看，2015 年共有 152 个单位的负责人出庭应诉；2016 年共有 270 个单位的负责人出庭应诉；2017 年共有 381 个单位的负责人出庭应诉，呈现逐年增长的态势，有行政机关负责人出庭应诉的单位的覆盖面逐渐扩大。

但是，从整体上看，行政机关负责人出庭应诉制度的实效性仍然不强，实施效果有待加强，离出庭应诉常态化还有一定的距离。首先，虽然行政机关负责人出庭应诉的总人次、总案件量和出庭率都在呈逐年上涨的趋势，但是考虑立案登记制改革后行政案件大幅增加这一基础因素，不可否认的是，该类案件的总量仍然较小、比例仍然较低，制度还有很大的实施空间，未达到“以出庭为原则、以不出庭为例外”的要求。其次，正职出庭的比例还处于较低水平，并且总体呈现下降的趋势，2015 年正职出庭应诉 40 人次，占全部行政机关负责人出庭人次的 16.9%；2016 年正职出庭 54 人次，占全部行政机关负责人出庭人次的 13.0%；2017 年正职出庭 94 人次，占全部行政机关负责人出庭人次的 15.8%，整体比例较小。以行政机关负责人出庭应诉实施情况较好的怀柔区为例，2017 年怀柔法院有 127 起案件负责人出庭应诉，实现出庭应诉率翻倍增长。其中，8 起案件系正职负责人出庭，是去年同期的 8 倍，但整体比例仍然较低，仅为全部行政机关负责人出庭案件数的 6%。难以真正发挥一把手身体力行的示范效应，也无形中减弱了行政负责人出庭应诉这一机制发挥的功效。再次，虽然行政机关负责人出庭应诉单位的覆盖面不断扩大，但是据统计，仍有很多单位对于法院发送的行政机关负责人出庭应诉通知书置若罔闻，呈现“破罐子破摔”的心态，不重视该项工作的贯彻落实，一直未有负责人出庭应诉。最后，行政机关负责人出庭应诉案件平均办理时间与其他案件相比较长。以平谷区人民法院为例，2017 年平谷区人民法院审结行政机关负责人出庭应诉案件平均用时 101 天，部分案件审理时间超过 4 个月，极个别案件审理时间接近审限，而非行政机关负责人出庭应诉案件平均审理用时为 90 天，这是由于行政机关负责人一般公务较多，法院与其就案件开庭时间、案件协调处理沟通用时较多。

（二）制度价值不断凸显，但出庭形式化倾向明显，未实现出庭应诉实质化

行政机关负责人出庭应诉的制度价值和实践效果凸显，通过出庭实质化解行政争议的心态逐渐成熟。出庭应诉的行政机关负责人在庭审前加班加点，注重熟悉诉讼程序与案件情况，积极做好应诉准备；庭审中积极“发声”，当面听取对方当事人意见，进行陈述、答辩和辩法析理，增强庭审的效果；有的负责人在庭审结束后还主动与对方当事人进行沟通交流，了解原告的真实想法，充分释放行政机关诚意解决问题的信号。不仅积极利用法院提供的平台，促进行政争议的实质性化解，缓解官民矛盾，修复官民关系，改善政府形象，树立务实为民的工作作风，同时还促使行政机关负责人出庭应诉向纵深发展，实现了“出庭、出声、出效果”。笔者就北京市行政机关负责人出庭应诉制度的实施情况设计调查问卷，根据反馈结果，一半以上的法院认为本院行政机关负责人出庭应诉时会提前了解案情，部分参与案件的庭审，发表质证辩论意见。同时，行政机关负责人出庭制度逐渐转变为依法行政教育平台，促进司法与行政良性互动机制的构建。北京法院协同各级行政机关，以行政机关负责人出庭应诉为契机，组织所属部门的领导干部和一线执法人员旁听案件庭审，通过身边事、身边人，以生动、鲜活的方式进行依法行政培训，充分发挥庭审的示范、法治教育功能，提升行政机关及其工作人员整体的法治意识和应诉能力，通过出庭应诉带来的法制宣传、示范效果不断加强。但是，不可否认的是，在该制度实施的过程中，出庭形式化倾向仍然比较明显，未实现出庭应诉实质化。

首先，从该制度实际效果看，71%的受调查法院认为本院行政机关负责人出庭应诉案件的矛盾纠纷化解效果一般或者无效果，仅有29%的受调查法院认为本院行政机关负责人出庭应诉案件的矛盾纠纷化解效果较好，从行政机关负责人出庭参与程度看，仍有33%的法院认为本院行政机关负责人出庭应诉时不会提前了解案情，不参与庭审活动，或仅形式化地宣读提前准备好的书面答辩状或者最后陈述，在法庭调查、辩论等重要环节上发言较少，而全权交由律师或代理人进行。实际上是为了完成出庭应诉的考核指标而“走过场”，并未完全实现“出庭、出声、出效果”。

其次，在该制度实施过程中还存在为年底绩效考评加分、完成政治任务

年底扎堆出庭的情况，时间分布不均衡，相对集中于第四季度。根据统计，2015 年第四季度行政机关负责人出庭应诉的人次占全年出庭应诉人次的 30%，2016 年第四季度占本年度的 36.6%，2017 年第四季度占本年度的 31.5%，从整体上看，均超过本年度季度的平均水平。特别是对于级别相对较高的区政府等，其年底集中出庭的情况更为普遍，选择在第四季度出庭应诉的人次占全年出庭人次的比例达一半以上。

最后，行政机关负责人还存在选择性出庭的现象。根据笔者的调查问卷结果，95%以上的法院在推动该制度实施的过程中，都存在选择性出庭的现象，甚至大部分选择性出庭与全部选择性出庭的比例占到 81%。行政机关负责人对于预期败诉案件，矛盾较为激烈的案件、群体性纠纷案件以及涉及重大公共利益的案件不愿出庭，多选择案情较为简单、原告较少有抵触情绪、庭审过程顺畅且最终被告胜诉的案件。而 81%以上的法院为促使行政负责人出庭，有时会在开庭前与行政负责人就出庭案件的选择进行协调。出庭案件的典型性和代表性不足，警示教育效果不明显，导致行政机关负责人出庭应诉制度实质化解行政纠纷的预设功能无法充分发挥。

由此可见，实务中行政机关负责人出庭应诉作为一项义务，带有一定的被动性，制度实施呈现一种形式化倾向和被动型的模式，没有真正调动行政机关负责人出庭应诉的积极性。行政机关在制度运作中由于没有后续法律后果的约束，自主选择权过大，导致法院能动性发挥不足，推动作用有限，无法掌控案件审理过程和庭审现场，庭审结构失衡。

（三）配套机制不断创新，但制度落实的刚性不足，未达到出庭应诉规范化

新法颁布前后，北京高院与中、基层法院一起，积极探索推进行政机关负责人出庭应诉的新措施、新方法，搭建行政机关和行政相对人之间充分交流互动的平台。比如，平谷法院创新的“党委领导、政府主导、法院推进、司法行政联动”的推进行政机关负责人出庭应诉的“平谷路径”，通过“四借力”“四细化”“四跟进”“四加速”十六项工作法，全面保障行政机关负责人出庭应诉工作取得实效。怀柔法院通过完善“一通知二提醒三指导”的工作流程，坚持“请进来”与“走出去”相结合，加强与行政机关的沟通联络和良性互动，建立双方信息共享机制等，实现行政机关负责人出庭应诉率

翻番。同时，行政机关内部也高度重视该项制度的贯彻落实，出台加强行政机关负责人出庭应诉工作的意见，积极将行政机关负责人出庭应诉工作纳入依法行政考核评估的范围，以打分评比的方式督促行政机关负责人出庭应诉工作的落实。特别是朝阳等区还主动完善行政机关负责人出庭应诉工作预案机制，通过确定多名备选的出庭应诉负责人，及时沟通确定开庭日期等措施，保证行政机关负责人出庭应诉工作不因特殊原因而落空，确保该项制度的平稳落地，法定应诉义务的切实履行。由此可见，行政机关负责人出庭应诉的机制更加健全，规范化程度进一步提升。但是，由于《行政诉讼法》相关规定的原则性，该制度在实施过程中还存在刚性不足，规范化不高的问题。

首先，行政机关负责人出庭应诉制度实施中存在层级分布不均衡、地域分布不均衡以及领域分布不均衡等均衡度不足的问题。从纵向层级来看，总体呈现层级与出庭率倒挂的特点。以 2017 年为例，市级单位共 68 人次的行政机关负责人出庭应诉，占总出庭人次的 11.4%。区及以下政府部门共计 528 人次的行政机关负责人出庭应诉，占总出庭人次的 88.6%。特别是乡、镇、街道办事处较为重视行政机关负责人出庭应诉，共 173 人次的行政机关负责人出庭应诉，占总出庭人次的 29.0%。而中央部委截至目前仅有一例行政机关负责人出庭应诉案件。从地域分布来看，北京虽实现了 16 个区行政机关负责人出庭应诉全覆盖，但地域分布不均衡，根据表 1 可以看出，部分区如密云、昌平、大兴、顺义等行政机关负责人出庭应诉实施情况较好，而东城区、门头沟区、房山区等行政机关负责人出庭应诉实施情况相对不足，行政机关负责人出庭应诉工作的地域差异较大，这是由于各地对该制度重视程度不同，同时还与案件体量不同有关。从领域分布来看，北京法院审理的行政机关负责人出庭应诉案件涉及的行政管理领域不平衡，相对集中于部分领域和部门。以 2016 年为例，人力资源与社会保障、工商行政管理、食品药品监管、发展和改革管理等系统的行政机关负责人出庭应诉较为积极，而民政、地税、国税以及国土资源等系统的行政机关负责人出庭应诉相对较少，另有部分领域没有行政机关负责人出庭应诉案件。

表 1 北京法院 2015 年—2017 年行政机关负责人出庭应诉的地域分布

地域	2015 年		2016 年		2017 年	
	出庭人次	比例	出庭人次	比例	出庭人次	比例
昌平区	36	15.3%	30	7.2%	36	6.0%
朝阳区	15	6.4%	10	2.4%	26	4.4%
大兴区	31	13.1%	36	8.7%	49	8.2%
东城区	2	0.8%	6	1.4%	23	3.9%
房山区	12	5.1%	5	1.2%	14	2.3%
丰台区	7	3.0%	10	2.4%	46	7.7%
海淀区	10	4.2%	5	1.2%	12	2.0%
怀柔区	21	8.9%	18	4.3%	23	3.9%
门头沟区	4	1.7%	8	1.9%	9	1.5%
密云区	31	13.1%	67	16.1%	76	12.8%
平谷区	13	5.5%	16	3.9%	22	3.7%
石景山区	4	1.7%	14	3.4%	21	3.5%
顺义区	14	5.9%	59	14.2%	42	7.0%
通州区	9	3.8%	13	3.1%	23	3.9%
西城区	12	5.1%	29	7.0%	39	6.5%
延庆区	8	3.4%	11	2.7%	15	2.5%

其次，《行政诉讼法》对于行政机关负责人出庭应诉制度的规定较为原则，该制度实施的规范性不足，虽然已经入法近 3 年，但是仍然是各具特色的地方实践样本，并未在立法明确后全面施行时形成全国统一的制度运行模板。一方面，并没有实操层面的实施细则，导致法院在实务操作不统一，标准不一致，对于同一个问题的处理方式不同，产生诸多争议。例如，在案件流程方面，法院是否需要向行政机关负责人发送出庭应诉通知书或者提示书，行政机关负责人不能出庭时，是否需要提交情况说明及真实性证明材料；在行政机关负责人范围方面，正职和副职之外的主管领导能否作为行政机关负责人出庭应诉等。另一方面，没有规定行政机关负责人不出庭应诉的法律后果，导致法院在实施该项制度时刚性不足，各种处理没有法律依据，无法彻底消除相对人的质疑。同时行政相对人容易过度解读，引发负面效应，阻碍

庭审程序，影响庭审效率，引发更为强烈的抵触对抗情绪，反而削弱政府权威、削弱法院权威。

最后，司法机关在推动该项制度的过程中作用发挥受限，仅能发挥辅助作用。根据笔者的调查问卷显示，71%的法院认为行政机关负责人出庭应诉工作在本院行政审判实务中较难推动或者很难推动，仍然是“法院倡导、党委领导、政府主导”的制度模式[①]，是否出庭的主动权，也掌握在行政机关负责人手中，这就导致法院在推动该项制度中能采取的创新措施大都是软性措施，包括增加与行政机关座谈交流，宣传制度的重要意义，促进司法与行政良性互动等，功能作用受限；同时各法院的措施大同小异，相互模仿借鉴，呈现趋同化的现象。此外，各地推动行政机关负责人出庭应诉的规范文本多由政府牵头制定，以行政机关为制定主体，人民法院单独制定或者参与制定的较少，该制度基本成为行政机关自我规制、自我要求、自我设限的一项制度，法院在推动该项制度贯彻落实中的强制力和刚性不足，仅能发挥辅助作用。

二、制度完善的理论基础分析

之所以出现上述行政机关负责人出庭应诉制度不断取得实效但仍落实不到位，制度功能发挥不充分的两面性的情况，一方面，固然有传统思想观念作祟、现实的依法行政水平不高、执法与应诉能力不足、法律意识淡薄以及客观公务繁忙等原因，但是从根本上说是法律规定不健全导致的。一是法律规定较为原则，制度可操作、可发挥的创造空间比较大，各地结合实际、采取能动措施，推动该项制度深化落实取得实效；二是因为法律规定的原则性，制度不完善、不健全，刚性不足，导致制度实施效果打折扣，存在运动化、形式化的倾向，规范化程度有待提高。另一方面，制度与功能不匹配。该制度预设的功能不仅包括法制宣传教育，更是以实质化解矛盾纠纷作为首要的价值，但是目前仅发挥了法治的宣示功能，缺少实质解决行政争议、提升依法行政能力以及改善和优化行政审判司法环境的制度设计，还有待与调解、立案登记制、司法建议等制度相匹配。因此，从现有规定来看，该制度立法

---

① 参见章志远：《行政诉讼中的行政首长出庭应诉制度研究》，载《法学杂志》2013年第3期。

之初的功能预设与实践表达间存在一定的差异,[①] 有必要从运行模式的完善及保障机制的健全上着力，总结探索实务中的具体操作和认定标准，对该制度在实践中的运作进一步细化，明确操作性的规范和技术性处理方式，以充分发挥制度预设的功能。同时，制度框架的完善要有坚实的理论基础，不仅要在法理上符合立法目的，有助于实现预设功能，同时也要在实践中具备可行性和可操作性，没有落地的障碍；不仅要把握制度的特殊性，具体问题具体分析，同时也要使制度能够融入整个法律体系，保证法律体系的统一性和协调性。

（一）符合立法目的，实现预设功能

立法目的的设定，对于该法律的内容具有决定性的章义。所有法律条文都是为了实现这个目的而展开的，与法律目的相冲突的条文从理论上说是无效的。[②] 因此，制度框架的构建和实施细则的制定要符合立法目的，围绕立法原意进行细化。2014 年《行政诉讼法》修订，对立法的目的重新进行明确，增加“解决行政争议”这一立法目的，将“维护和监督行政机关依法行使职权”修改为“监督行政机关依法行使职权”。由此可见，我国行政诉讼一直采取多维的、多层次的目标模式，坚持公法秩序维护、合法权益保障以及矛盾纠纷化解之间的混合。在这种多维的目标模式下，不同立法目的之间相互融合、相互促进，但是不可否认的是，还存在着相互冲突、相互对立的一面。

就此次修法来说，我国行政诉讼多了纠纷解决这一目标，要着力通过行政诉讼实质化解行政争议。从深层次上说，这一立法目的的设置背后隐藏着法院作为社会综合治理队伍中的一员，要通过审判权的行使，深入社会治理领域，维护社会稳定的倾向。行政争议的实质化解有利于监督促进行政机关依法行政，保护公民、法人和其他组织的合法权益，同时在客观上行政诉讼合法性审查这一中心原则在一定条件下要对矛盾纠纷化解作些许的让步，实现情理与法理的融合。对于难以通过单纯的合法性审查解决的公共政策调整问题与重大利益分配问题，通过法院搭建沟通对话的平台，在平等协商的基础上达成共识，实质化解行政争议。这一立法目的的修改，其积极意义远不

① 喻少如:《功能主义视阈下的行政机关负责人出庭应诉制度》，载《法学评论》2016 年第 5 期。
② 江必新、梁凤云:《行政诉讼法理论与实务》，法律出版社 2017 年版，第 31 页。

仅仅只是宣示，还起到了对总体架构的整备和对具体制度的完善的统领作用。① 为实现这一立法目的，新法修订时创新了许多配套制度，比如行政机关负责人出庭应诉制度、协调调解制度、一并解决民事争议制度等，以此满足行政诉讼实质化解行政争议的功能需求。

根据全国人大法工委编著的《中华人民共和国行政诉讼法释义》一书，立法上确立行政机关负责人出庭应诉制度的重要意义包括三个方面：一是通过双方面对面的直接交流，缓和对立情绪，促进相互理解，以有利于有效化解行政争议，实现法律效果和社会效果的双赢；二是将出庭应诉作为法制教育的过程，促进行政机关负责人了解执法问题、增强法治意识，同时带动行政机关整体依法行政；三是塑造行政机关良好的法治形象，以社会效果增强人民群众对法治的信心，提高全社会的法治观念。② 由此可见，就个案来说，该制度确立的首要目的就是提供直接对话沟通的平台，有效化解行政争议，与此同时在整体上发挥法治主义的宣示、象征的作用，实现法制宣传教育、带动依法行政的目的，进而从源头上减少行政争议的发生。因此，就行政机关负责人出庭应诉制度来说，对涉及社会稳定的行政诉讼案件，设定行政首长必须出庭应诉的强制性义务，最主要的考虑因素是通过行政首长的出场促使案件的协调和解，而非单纯判断行政行为的合法性与否，由此在根源上实质性地化解行政纠纷。③

同时，从历史缘起探究，行政机关负责人出庭应诉制度作为一项由实践上升为立法的制度，经历了较长的发展历程，有着深厚的实践基础。笔者在进行制度史梳理的过程中发现，几乎全部的相关文献对该制度进行中央立法层面的观察时都起始于2004年国务院《全面推进依法行政实施纲要》，倡导

---

① 李广宇：《新行政诉讼法逐条注释》，法律出版社2015年版，第13页。

② 参见信春鹰主编：《中华人民共和国行政诉讼法释义》，法律出版社2014年版。同时江必新、梁凤云所著《行政诉讼法理论与实务》一书中也提到，对于在行政诉讼法中是否明确要求行政机关负责人出庭应诉，在修法过程中主要主要有两种意见，最后采纳了应当明确规定的意见，理由是：第一，行政机关负责人出庭应诉，有利于行政机关负责人客观、全面地了解本单位的执法现状和存在的问题，有利于行政机关改进行政执法方式，提高行政执法水平，促进依法行政，从源头上减少行政争议；第二，行政机关负责人出庭应诉，有利于提高本部门、本系统行政执法人员的法律意识，有利于提高自身的法律意识，有利于提高本单位职工的行政执法水平，增强依法行政意识，提高执法水平，完善执法机制；第三，行政机关负责人出庭应诉，有利于密切“官”民关系，理顺群众情绪，有利于高效地解决行政争议，促进社会和谐。参见江必新、梁凤云：《行政诉讼法理论与实务》，法律出版社2017年版，第65－66页。

③ 卢超：《行政诉讼行政首长出庭应诉制度：司法政治学的视角》，载《北方法学》第9卷第52期。

“行政机关应当积极出庭应诉、答辩”，将行政应诉作为行政机关“接受人民法院依照行政诉讼法的规定对行政机关实施的监督”的手段。随后，2006 年中共中央办公厅、国务院办公厅发布《关于预防和化解行政争议健全行政争议解决机制的意见》，并未将行政应诉纳入预防和化解行政争议的范围。2008 年国务院发布的《关于加强市县政府依法行政的决定》，开始“鼓励、倡导行政机关负责人出庭应诉”，但是仍然将行政应诉与行政机关负责人出庭应诉作为强化对行政行为监督的手段，通过行政机关负责人出庭应诉，发现执法问题，促进依法行政。不过，2010 年国务院发布《关于加强法治政府建设的意见》，规定“对于重大行政诉讼案件，行政机关负责人要主动出庭应诉”，对行政机关负责人出庭应诉的价值定位有所转向，将其作为“依法化解社会矛盾”的重要举措。与早期国务院的观点类似，最高法院 2007 年发布《关于加强和改进行政审判工作的意见》，认为行政首长出庭应诉是“国家法治水平提升、社会文明进步的可喜现象”，法院“不宜提出刚性要求和作出强制性规定”。但在 2009 年发布的《关于当前形势下做好行政审判工作的若干意见》中，最高法院旗帜鲜明地提出“要通过推动行政机关法定代表人出庭应诉制度，为协调、和解提供有效的沟通平台”，明确行政首长出庭应诉的价值主要在于促进行政争议的化解。[①]

因此，探究行政机关负责人出庭应诉制度设置的目，重新定位行政机关负责人出庭应诉制度的价值基础，是对其进行技术上、操作上的完善和细化的前提。在现行法框架下，要以个案中和整体上实质化解行政争议为中心进行制度的整体构建和配套设施的匹配，并附带性地发挥该制度法治主义的象征功能。

（二）具备可行性和可操作性，落地无障碍

行政机关负责人出庭应诉制度的落地需要后续机制的不断跟进，同时各项细化的规则不仅要符合法理以及立法目的，还要具备可行性和可操作性，进行充分的实践考量，考虑现实情况，以促进制度价值发挥的最大化。

第一，该制度作为新法修订后一项新增的制度，不仅给行政机关负责人在公务之外增加了额外的负担，同时也给法院的行政审判工作提出新的要求，

---

① 高春燕：《行政首长出庭应诉：价值重估与技术改良——以浙江 66 个规范文本为基点的分析》，载《行政法学研究》2015 年第 2 期。

增加行政审判工作压力。一方面，作为行政机关负责人应当履行的一项法定应诉义务，其要在繁忙的公务之余抽出时间了解案情，学习法律知识和行政诉讼流程，还面临并承担庭审表现不好损害政府形象的压力，特别是在立案登记制全面施行之后，行政案件大幅增加，行政应诉压力大，让行政机关负责人在每一起案件中都出庭应诉不仅难以实现，而且也没有必要。另一方面，作为行政诉讼中一项新添加的程序，必然使本身就复杂严谨的行政诉讼流程更加烦琐，在各项审理细节上都要有所回应，审判工作人员要向行政机关就义务的履行进行提示，接收（审查）行政机关负责人不能出庭应诉的情况说明，回应原告、媒体、社会对于行政机关负责人不出庭应诉的质疑，甚至为促进制度的贯彻实施，法院还要抽出时间精力，采用各种协调手段，切实实现本院管辖案件行政机关负责人的出庭应诉。因此在进行制度设计时，一是要考虑行政机关负责人出庭应诉实现的可能性，进行适当减负，不对其在每件案件中出庭作绝对化的要求，给予其自主安排工作的合理空间，避免物极必反效应的产生；二是考虑行政机关内部职权分工的专业性，在出庭应诉的行政机关负责人的范围上进行适当的扩大，尽量让真正了解案件真实情况、熟悉法律法规相关规定的负责人出庭；三是让审判工作人员在实施该项制度时负担最小化，减少不必要的流程和形式化的程序，减轻行政审判的压力。

第二，行政诉讼作为国家司法制度的一部分，涉及行政权与司法权的配置，本质是一种国家权力结构的设计，行政诉讼的存在及其运作无时不涉及权力的配置、冲突及协调。因此谋求运作良好的行政诉讼，既必须把行政诉讼置于宏观的权力结构图景中加以考察，又必须仔细入微地观察行政诉讼具体运作中的权力关系，否则难以实现对公民权利进行救济和行政权力予以制约的目的。[①] 而行政机关负责人出庭意味着庭审结构中出现了一个新的法律地位的对象，势必打破了原本的庭审结构，需要法院有能力、有魄力实现新的平衡，并推动制度落实。但是不可否认的是，司法本身自带谦抑克制性，同时考虑我国行政权大于司法权的现实权力配置情况，在制度的推行中，法院所能采取的措施有限，在一定程度上必须依赖于行政机关的配合与支持，法院过于激进的措施不具备可行性和可操作性，势必得不到行政机关的配合与支持，容易陷入司法解释被架空的窘境。因此，在《行政诉讼法》仅对行

---

① 杨伟东：《权力结构中的行政诉讼》，北京大学出版社 2008 年版，第 201 - 202 页。

政机关负责人出庭应诉制度进行原则性规定，甚至可以说只是倡导性规定的情况下，在制定司法解释时，势必要考量配套制度在目前权力结构下的可行性与可操作性，沿着封闭对抗型行政诉讼模式向开放合作方向转换的道路，谋求党委和政府的理解和支持，力求务实高效，促进行政机关和司法机关在行政机关负责人出庭应诉问题上达成共识，形成良性互动和共同推进的合力。

（三）保证法律的系统性，内部协调一致

行政机关负责人出庭应诉制度作为一项立法新增的制度，根植于司法机关利用行政诉讼维护社会稳定，解决社会矛盾，参与社会治理的需求中，以纠纷解决为首要的价值定位，其运作也反映出我国行政诉讼自身的特殊性。但是，行政机关负责人出庭应诉制度作为行政诉讼系统整体延伸出和衍生出的制度，是实现行政诉讼立法目的和系统整体的一个要素。在把握该制度特殊性的同时，制度设计也要严格依循法理，回归法律规则本身，以法律体系的协调一致为制度设限，保证该制度在行政诉讼框架中的逻辑自洽，逐步消除内部与法治相悖之处，通过以行政职责标准替代行政级别标准等措施，回应对行政机关负责人出庭应诉制度的官本位思想的质疑。因此，在对该制度进行细化，着重对该制度进行技术性、实操性设计时，要在保持国家法律体系的一致性的前提下有所推进，有所创新，才能找到最佳方案。

第一，为解决“立案难”问题，新法修订时改立案审查制为立案登记制度，以保障当事人诉权，实现有案必立、有诉必理。经过制度近三年的实施，立案登记制改革成效显著。根据客观的数据显示，行政案件大幅增长，在这种情况下要求行政机关负责人在每一起行政案件中均出庭应诉，既无必要，也不可行。但是单就行政案件的开庭率来说，并未较立案登记制改革之前有很大增加。因此，在完善行政机关负责人出庭应诉制度框架时，需要以立案登记制改革为背景，充分考量立案登记制改革的成效，在评估现有行政诉讼案件开庭总量以及开庭率的前提下，对行政机关负责人出庭义务履行的严格性、强制性进行梯度式规定和要求，防止立案登记制改革的推行打击行政机关负责人出庭应诉的积极性，阻碍该制度的贯彻落实。

第二，为充分发挥行政复议的纠错功能，促使复议机关发挥监督救济功能，新法修订时确立了复议双被告制度，该制度实施过程中，法院受理的复议双被告案件不断增多，以北京市第四中级人民法院为例，2015 年该院受理的以区政府和市政府为共同被告的复议双被告案件86件，2016年293件，占当年全部受理行政案件总数的19.2%，较上年度该类案件增长近240%，如果在每起案件中都要求复议机关也要出庭应诉，或者对复议机关和原行政行为机关的负责人设定同样的出庭应诉的要求，势必导致复议机关的应诉压力过大。因此，在制定行政机关负责人出庭应诉细化规则时，需要全盘考量相关制度，就案件的特殊性进行具体分析。

第三，新法修订在第一条立法目的中增加了“解决行政争议”这一立法目的，与此相配套，为突出行政诉讼纠纷解决的功能，又规定了行政机关负责人出庭应诉制度和行政诉讼调解制度，由于这两个制度在价值定位和功能导向中的共性，需要协调一致发挥作用。行政机关负责人出庭应诉制度的实施，为个案中行政机关与行政相对人提供平等交流协商的机会，利用行政机关负责人所享有的决断权这一独特优势，使庭审成为法院主导下双方调解的平台；同时基于公权力不可让渡的原则，调解仅适用于行政赔偿、补偿以及行政机关行使法律、法规规定的自由裁量权案件，同时要遵循自愿、合法原则，不得损害国家利益、社会公共利益和他人合法权益，因此，调解制度对合法性原则这一核心的坚持，对可调节案件范围的严守，为行政机关负责人出庭应诉时发挥调解和解功能设限，要充分考量调解制度的要求。

第四，行政机关负责人出庭应诉作为一项新增的制度，是行政审判流程的一部分，也是行政应诉工作的关键一环，因此不仅要将行政机关负责人嵌入庭审结构中，同时也要融入行政审判流程以及行政应诉工作中。比如说，对于行政机关负责人应当出庭应诉的案件，在诉讼程序上法院应当如何通知、在哪个环节通知、行政机关负责人不能出庭的情况说明应当在什么阶段提交、行政机关负责人不出庭或者仅委托律师出庭时庭审程序应该作何处理等，都是需要考虑的问题，也是行政机关负责人出庭应诉制度进行技术性和操作性完善的重点。在明确这些问题的过程中，需要对现行法和实务中的诉讼流程有详细的了解和深刻的认识，在此基础上选择最优方案，将行政机关负责人出庭应诉融入行政审判流程中，完善实操规范。

三、制度框架的构建

《最高人民法院关于适用〈中华人民共和国行政诉讼法〉的解释》（以下

简称《行诉解释》），从行政机关负责人的范围、被诉行政机关负责人应当出庭的案件、受委托参与诉讼的行政机关相应工作人员的界定以及相应的法律后果等方面对《行政诉讼法》的规定予以细化，更具有可操作性，也为后续的完善提供了基本的制度框架。因此，本文就以《行诉解释》为基础，从以下几个方面提出完善的建议。

（一）行政机关负责人的认定

“行政机关负责人”的范围及认定是行政机关负责人出庭制度构建中的第一个重要问题，这个术语看似简单，实则由于其并非严格意义上的学术用语和实定法上明确规定的概念，对其进行界定存在困难。

1. “行政机关负责人”中“行政机关”的范围

《行政诉讼法》第三条明确规定出庭应诉的义务由行政机关负责人承担，进行细致的拆分即“行政机关的负责人”，此时面临的一个问题就是行政诉讼中作为被告的并非仅有行政机关还有法律、法规或者规章授权行使行政职权的其他组织（例如经过授权从事公共服务的高等院校等企事业单位以及律师协会、注册会计师协会等行业协会）。有观点认为，出庭应诉的义务不应延伸至法律、法规或者规章授权的组织。① 但是，笔者认为，这一认识是站不住脚的，“行政机关负责人”实际指代的是“被告负责人”。首先，行政诉讼中非行政机关作为被告的情况并不仅包括法律、法规或者规章授权的企事业单位、行业协会等，还包括法律、法规或者规章授权行使行政职权的行政机关内设机构、派出机构，内设机构和派出机构也并非严格意义上的行政机关，但其是一般意义上的“官”，如果因此而免除其负责人出庭应诉的义务，岂不是与立法相悖？其次，“行政机关负责人”并非一个严格意义上的法律概念，不能对其进行简单的拆分，把“行政机关”作为限定范围的定语，将其理解为“行政机关的负责人”。再次，从本质上讲，行政机关负责人出庭应

① 理由包括：从行政机关负责人出庭应诉制度的设置初衷来说，是为了解决“告官不见官”的问题以及促进矛盾纠纷化解，此处的“官”按照一般意义的理解，应当是行政机关，不包含上述企事业单位；从制度运行成效来看，目前行政机关负责人出庭率不高且效果不显著，也就是说目前强制推行此项制度的条件并不成熟，还属于观念原则养成阶段，不必也不宜扩大到企事业单位，其不等同行政机关，可降低义务标准；从《行政诉讼法》及司法解释来看，第三条第三款属于倡导性规定，并非强制性规定，司法解释扩大了负责人范围，也间接将负责人出庭情况区分为应当出庭和可以出庭的案件，从立法层面上来说有放松的信号，故可作宽松掌握，在诉讼中不要求其履行负责人出庭应诉的义务，允许其仅委托律师出庭。

诉制度是立法基于平衡原、被告双方的地位，让原、被告在庭审中平等对话、沟通协商而建立的，这项义务是法律附加在被告身上的，应该与行政诉讼中被告的范围一致，只是因为实定法上没有行政主体这一学理上的概念，因此才以“行政机关负责人”来统称被告负责人。最后，从行政机关负责人出庭应诉的意义角度考察，实质化解行政争议、推动依法行政是该制度要实现的首要功能，对根据法律、法规或者规章的授权行使行政职权的企事业单位、行业协会来说，该制度为双方搭建了沟通的平台，同样有助于双方矛盾的化解以及上述组织依法行政能力的提升。因此，法律、法规或者规章授权的行使行政职权的企事业单位、行业协会作为被告时也应该受到该法条调整，其负责人应出庭应诉，并不得仅委托律师出庭。

2. “其他参与分管的负责人”的范围

《行诉解释》对“行政机关负责人”的范围进行了进一步的扩展，不仅包括“行政机关的正职、副职负责人”，还包括“其他参与分管的负责人”。这一扩大从一定程度上说体现了最高人民法院推进该制度的生存哲学，考虑到行政机关负责人出庭应诉制度实施效果仍然有待提高，通过扩大行政机关负责人的范围，来促进该制度发挥活力。据了解，审判实务中也出现不少行政机关正职和副职之外的人员作为负责人出庭的情况。但是应该如何理解“其他参与分管的负责人”，《行诉解释》并未明确。笔者认为，“其他参与分管的负责人”的范围或者说能否作为行政机关负责人出庭应诉，关键在于其出庭能否体现行政机关负责人出庭应诉的制度价值，符合立法化解行政争议的目的。同时也不能偏离对“行政机关负责人”以及“其他参与分管的负责人”的一般理解和认识太远，范围不可过于宽泛。

第一，“其他参与分管的负责人”中的重点之一是“参与”，即应当是作出被诉行政行为部门的分管领导或者负责被诉行政行为的分管领导，应当与被诉行政行为存在负责与分管的关系，以其了解实际执法情况和案件情况来体现出庭能够实质化解争议的优势，而并未“参与”被诉行政行为的其他分管负责人不能作为该案件的行政机关负责人出庭应诉，由此可见，“其他参与分管的负责人”在实务中是一个动态的概念，该负责人在此案中因为参与被诉行政行为分管工作，可以作为行政机关负责人出庭应诉，而在彼案中由于并未负责，其不能作为行政机关负责人出庭应诉，而行政机关的正职与副职负责人在客观上是明确的，不管其是否主管该项工作，都能作为行政机关负责人出庭应诉，只是出庭应诉的效果存在好坏之别。

第二，“其他参与分管的负责人”以“行政机关”作为其定语，依照文本解释的方法以及普通人的一般认识，应当是被诉行政机关中的负责人，与本机关存在组织关系，而不能包含受委托组织的负责人以及直属下级行政机关的负责人，即便其具体经办并了解情况。

第三，由于是行政机关负责人出庭应诉制度，所以应当有一定的级别要求，这一要求不仅是庭审中行政决断权的保证，同时也体现该制度实现“告官见官”的价值，因此必须是一般意义上的“官”，不过，是不是“官”是一个相对性的概念，也是一个主观性的概念，没有客观认定标准。但笔者认为应当是等同于行政机关副职级别的分管领导，即至少应该是被诉行政机关领导班子成员，而不包括分管该项工作的中层正职领导。

第四，对于分管法制工作的负责人能否作为行政机关负责人，笔者认为，根据中共中央《深化党和国家机构改革方案》，原本由法制办这一政府内设机构负责的行政执法、行政应诉、普法宣传等工作将转移到司法部门，由司法部门统筹政府的法治工作。[①] 考虑到机构改革的进行，鉴于司法部门是一个独立行政机关，也并非被诉行政行为的具体承办机关，因此，其负责人不能作为被诉行政机关负责人出庭应诉。而政府中参与分管法治工作的负责人能否作为行政机关负责人出庭应诉，还是要看其是否对于被诉行政行为有“参与分管”的因素存在。由于行政应诉以及执法等工作从本质上来说是政府法治工作的一部分。因此，参与分管法制工作的负责人也是“其他参与分管的负责人”，应当可以作为行政机关负责人出庭应诉。

不过，对“其他参与分管的负责人”进行明确的界定或者列举式的规定既不可行也无必要。一是审判实务中的情况千差万别，不同行政机关的内部机构、人员以及职权设置不同且经常处于变化之中，司法机关本身就难以清晰彻底掌握行政机关的内部安排，再加上此概念在实务中是一个动态性的概

---

① 中共中央《深化党和国家机构改革方案》明确提出：“为贯彻落实全面依法治国基本方略，加强党对法治政府建设的集中统一领导，统筹行政立法、行政执法、法律事务管理和普法宣传，推动政府工作纳入法治轨道，将司法部和国务院法制办公室的职责整合，重新组建司法部，作为国务院组成部门。主要职责是，负责有关法律和行政法规草案起草，负责立法协调和备案审查、解释，综合协调行政执法，指导行政复议应诉，负责普法宣传，负责监狱、戒毒、社区矫正管理，负责律师公证和司法鉴定仲裁管理，承担国家司法协助等，不再保留国务院法制办公室。”

念，因此难以以司法解释的形式进行统一的界定和完全列举式的规定。二是《行诉解释》将行政机关负责人从“正职、副职负责人”扩大为“正职、副职负责人以及其他参与分管的负责人”，本身就是考虑到案件的情况多样，给实务中根据具体情况进行具体判断留有余地和空间，应当将其作为一个弹性概念和兜底式的概念，在实务中根据个案情况具体判断。这种制度化的“宽口径”有助于避免主要负责人因客观上公务繁忙或主观上不愿出庭导致出庭应诉制度异化或落空，对于个案安排适合的负责人出庭、协调亦有裨益。[①]三是行政机关负责人出庭应诉虽然是附加在行政负责人身上的义务，实践中存在部分行政机关敷衍履行，无底线扩大出庭应诉的负责人范围的情况。但是不可否认的是，其也是行政机关与相对人沟通交流、化解争议的有利时机，应当给予行政机关一定的自主选择的余地，给予其本着化解争议的目的推荐负责人出庭的权利，由法院来进行审查。不过，我们仍然可以提示理解“其他参与分管的负责人”的要点，并作出部分排除性规定。

3. 复议机关作共同被告案件中复议机关负责人的出庭应诉义务

根据前文所述，新法修订时确立了复议双被告制度，以充分发挥行政复议的纠错功能和监督救济功能，该制度实施过程中，法院受理的复议双被告案件不断增多。此时实务中面临的一个问题和争议就是，是否要求复议机关的负责人也要出庭应诉，能否放低对复议机关负责人出庭的要求？笔者认为，对于复议双被告案件真的复议机关负责人出庭应诉的要求可以适当放低，给予其合理安排自身活动的空间。

首先，复议双被告案件在新法实施后不断增多，如果在每起案件中都要求复议机关的负责人也要出庭应诉，或者对复议机关和原行政行为机关的负责人设定同样的出庭应诉的要求，势必会导致复议机关的应诉压力过大。特别是一些人民政府承担的行政复议职能工作任务十分繁重，如果要求行政机关负责人出庭应诉，确实有一定困难。行政机关负责人“不能出庭”的情况可能就比较普遍。[②]

其次，对于复议双被告案件，《行政诉讼法》明确规定适用于复议维持

---

① 高春燕：《行政首长出庭应诉：价值重估与技术改良——以浙江66个规范文本为基点的分析》，载《行政法学研究》2015年第2期。

② 江必新、梁凤云：《最高人民法院新行政诉讼法司法解释理解与适用》，中国法制出版社2015年版，第63页。

类案件，这类案件中对相对人的权利义务产生影响的是原行政行为，矛盾纠纷也系原行政行为引发，而维持的复议决定并未改变原行政行为机关与行政相对人之间的行政法律关系，当事人本质上是对原行政行为不服，法院审查的重点也是原行政行为的合法性，因此从行政机关负责人制度力求化解矛盾纠纷的预设来讲，复议机关负责人出庭应诉实效性不强，可以放低要求。

最后，1989 年《行政诉讼法》规定："经复议的案件，复议机关决定维持原具体行政行为的，作出原具体行政行为的行政机关是被告；复议机关改变原具体行政行为的，复议机关是被告。"该条规定导致复议机关为逃避应诉的义务，不履行纠错义务，行政复议的监督救济功能发挥不充分。为此，新法修订时设置复议双被告制度，对于复议机关决定维持原行政行为的，要求作出原行政行为的行政机关和复议机关作为共同被告出庭应诉。因此，从复议双被告制度设置的原理与价值定位来看，将复议机关拉入诉讼程序中主要是为了激发复议机关在复议程序中纠错的积极性，其在诉讼程序中并没有过多纠纷化解的作用。

（二）出庭应诉适用范围及通知程序的确定

1. 出庭应诉义务涵盖的诉讼阶段

在实务中除了开庭在法庭进行、有双方当事人到场外，还有证据交换、法院与当事人谈话以及听取宣判等程序也可能在法庭进行并由双方当事人到场。[①] 此时出现的问题就是，行政机关负责人出庭应诉的规定中"出庭应诉"是仅指开庭时出庭，还是包括谈话、证据交换、听取宣判等诉讼程序中的到庭？对于上述问题，笔者认为应该作狭义的理解，行政机关负责人出庭应诉制度中的"出庭应诉"仅指在开庭阶段的到场。

一是从法律解释的角度讲，要采用文意解释中字面解释的方法，从法律条文所运用的语言的含义来说明法律规定的内容，[②] 对法律条文所运用语言

① 参见《行诉解释》第三十八条规定："对于案情比较复杂或者证据数量较的的案件，人民法院可以组织当事人在开庭前向对方出示或者交换证据，并将交换证据清单的情况记录在卷……"《行诉解释》第六十九条第三款规定："人民法院经过阅卷、调查或者询问当事人，认为不需要开庭审理的，可以迳行裁定驳回起诉。"《行政诉讼法》第八十条规定："人民法院对公开审理和不公开审理的案件，一律公开宣告判决。当庭宣判的，应当在十日内发送判决书；定期宣判的，宣判后立即发给判决书……"

② 舒国滢主编：《法理学导论》，北京大学出版社 2012 年版，第 233 页。

按照字面的通常含义来理解，既不缩小字面含义，也不扩大字面含义。就行政机关负责人出庭应诉制度来说，通常的字面含义下的出席庭审活动，并不包含证据交换、谈话以及宣判等程序，这种理解也符合一般性的认识。

二是从行政机关负责人出庭应诉制度设置的初衷来看，主要是通过行政机关负责人出席庭审活动，利用庭审搭建的平台，与相对人进行沟通交流，化解争议，同时了解执法问题，进行法治学习，提升依法行政能力。而证据交换则是针对案情比较复杂或者证据数量较多的案件，对案件的证据进行提交以及质证，双方并无就案件事实、法律适用等展开辩论的机会；听取宣判则是在案件裁判结果已经确定的情况下，向原被告宣读裁判结果，并没有双方再就矛盾争议进行沟通交流的时间和必要；如稍有疑虑，在谈话程序中，双方当事人会就案件事实和法律适用进行辩论，就案件矛盾争议进行沟通，但是仅适用谈话程序结案的案件全都属于不符合法定起诉条件，应当裁定驳回起诉的案件，并未进入实体审理，在法官主导下，谈话程序关注的重点以及双方当事人就案件事实和法律适用进行争议的重点都在于原告在程序上是否符合法定起诉条件，而非行政争议的实体问题，行政机关负责人也没有出席的必要性。

三是如果将出庭扩大化会产生一系列负面效应。一方面，会给行政机关负责人逃避出庭义务提供空间，挑选证据交换、听取宣判等程序，不需要在开庭前了解案情、了解执法情况、学习法律知识，更无法通过开庭接受法治教育、了解执法问题、与原告就矛盾争议进行沟通，使得行政机关负责人出庭应诉的效果大打折扣。另一方面，行政机关负责人出庭义务扩大至其他程序中，导致行政机关在谈话询问、证据交换以及听取宣判中也负担出庭应诉的义务，在不出庭时承担相应的法律后果，要求过于严格。

此外，需要注意和强调的是，由于《行政诉讼法》和《行诉解释》并未对一审、二审和再审开庭时的行政机关负责人出庭应诉义务予以区别对待，或者放松对行政机关负责人在二审和再审开庭中的出庭义务要求；同时，对于二审和再审案件，其矛盾纠纷并未在一审中化解，甚至相对人的对立情绪更加激烈，矛盾冲突更加深化，因此从矛盾纠纷化解的角度看，行政机关负责人仍有出庭应诉的必要性。因此，行政机关负责人是否有出庭应诉的义务由案件是否开庭所决定，不仅包含一审庭审的出庭，同样包含二审和再审程序庭审的出庭，即便一审时行政机关负责人已经出庭，也不能免除二审和再审程序中的出庭应诉义务，同时适用相应的法律后果。

2. 行政机关负责人应当出庭案件的界定

《行政诉讼法》仅对行政机关负责人出庭应诉制度进行了原则性的规定，严格来讲，行政机关负责人应当在每起案件开庭时出庭应诉，但是因为“委托条款”的存在，同时对不能出庭没有任何限制，[①] 导致行政机关负责人出庭的积极性并不高，同时还存在选择性出庭的情况，选择案情简单、矛盾缓和或者预期胜诉的案件出庭，影响制度成效。鉴于行政机关负责人出庭应诉制度在实践中遭遇到的实际的困境和瓶颈，《行诉解释》第一百二十九条第一款根据案件不同，对行政机关负责人出庭应诉义务履行的严格程度和约束力进行了区分，对于部分案件着重强调行政机关负责人出庭应诉义务的实际履行，以更加正式严肃的程序进行规范。[②] 不过从另一个角度看，也间接将行政机关负责人出庭应诉的案件区分为应当出庭和可以出庭的案件，从立法层面上释放了一种放松要求的信号，但是同时又明确不能出庭应诉的处理程序及法律后果，提升了义务履行的刚性，既防止行政机关负责人“逢案都得出庭”之诉累，又可防止行政机关负责人借例外条款而随意编造理由不出庭。对于“人民法院书面建议行政机关负责人出庭应诉的案件”裁量的标准固然在法院，而前三类虽属于客观标准，但作为不确定法律概念，仍然涉及以哪个主体的裁量为准的问题，即当不同主体之间的判断或者认定存在差异时，以谁的意见为准。

《行诉解释》的规定直接来源于2016年6月国务院办公厅印发《关于加强和改进行政应诉工作的意见》（国办发［2016］54号，以下简称《意见》），随后，最高人民法院为加强法院系统对该意见的认识、加深对行政诉讼法以及司法解释的理解，于2016年8月发布的《关于行政诉讼应诉若干问题的通知》（法［2016］260号，以下简称《通知》），重新阐述了《意见》对行政机关负责人应该出庭的案件类型的规定。不过，国务院办公厅是从行政机关

---

① 这种立法上的悖论，或许可以认为是立法者的有意为之，即考虑到行政案件类型、个案情况的复杂多元，在国家立法层面限定出庭案件类型实属不易，也无必要，故将更多的标准事项、裁量空间留给各地在实践中予以细化。高春燕：《行政首长出庭应诉：价值重估与技术改良——以浙江66个规范文本为基点的分析》，载《行政法学研究》2015年第2期。

② 参见《行诉解释》第一百二十九条第一款规定：“涉及重大公共利益、社会高度关注或者可能引发群体性事件等案件以及人民法院书面建议行政机关负责人出庭的案件，被诉行政机关负责人应当出庭。”

的角度进行的规定，可以说是行政机关的自我设限、自我要求，所以应当是以行政机关的判断为标准，这也就是为什么还另设“人民法院书面建议行政机关负责人出庭的案件”这一类型。而《行诉解释》的适用主体是法院，在适用主体转变，但是文字表述并未改变的情况下，可能的一种理解就是与《意见》一致，前三种类型作为客观标准，在冲突的情况下以行政机关的判断为标准，而第四种类型则由法院根据案件的情况来进行具体判断，决定是否建议行政机关负责人出庭应诉。但是在这种理解下，首先，前三种类型实际上非常容易被架空，行政机关负责人会以案件并非“涉及重大公共利益、社会高度关注或者可能引发群体性事件”为由不出庭应诉，仅在人民法院书面建议的情况下出庭，实质上缩小了行政机关负责人出庭应诉的范围，弱化了制度实施的效果。其次，在具有平衡性的庭审结构中，法院处于主导和中立地位，掌控庭审及整个审理过程，双方当事人处于平等、势均力敌的地位，如果将前三种类型的判断权交给行政机关，则在行政机关负责人出庭应诉问题上，行政机关的主动权过大，行政相对人对行政机关负责人是否应当出庭没有发言权，只能被动接受，同时法院主导作用的发挥受限，不利于行政诉讼的顺利进行。最后，行政诉讼与民事诉讼一样，其诉讼结构是一个等腰三角形，法院处于中立的地位，双方当事人为了自身的利益相互博弈。在这种结构中，理论上法院作出的判断应该最为中立，将判断标准交给原告或者被告任何一方都无法作出更加中立的判断，必然要从自身利益出发进行考量。因此，前三种类型不能当然地以行政机关的认定和判断为标准。

但是，如果前三种类型仍以法院的判断为标准，则面临前三种类型与第四种类型相互重叠的情形，即如果法院在审理时认为该案涉及重大公共利益、社会高度关注或者可能引发群体性事件时，直接书面建议行政机关负责人出庭应诉即可，没有必要单独设置前三种类型。笔者认为可能的解释是：该条规定中的前三种类型属于客观标准，但是最终应当以法院的判断为标准，本质上也属于法院认为行政机关负责人应当出庭的案件；对于明显不属于上述三种类型，但是法院根据案件情况认为行政机关负责人仍然有出庭应诉必要的，则可以书面建议行政机关负责人出庭应诉，此时，即便案件并非属于前三种类型，行政机关负责人仍然依法应当出庭应诉，本质上属于法院认为行政机关负责人应当出庭的其他案件。这种规定方式一方面增强了行政机关负责人出庭应诉的刚性和强制力，防止该制度在实务中被虚置，另一方面又给看似缩小了的行政机关负责人出庭应诉的案件范围以扩大的弹性空间，以退为进，使法官有充分的余地根据千差万别的个案情况进行具体判断。

3. 出庭应诉的通知程序

根据上文所述，对于《行诉解释》第一百二十九条第二款规定的四类行政机关负责人应当出庭的案件都应当以法院的判断为标准，全部属于人民法院认为行政机关负责人应当出庭的案件，此时需要法院通过一定的方式向行政机关传达其对案件是否属于上述案件类型的判断结果。[①] 同时，由于上述四类案件并没有本质上的区别，其通知程序可以进行整合，统一在开庭 3 日之前送达《行政机关负责人出庭应诉建议书》，告知该案符合《行诉解释》第一百二十九条规定的行政机关负责人应当出庭应诉的情形，并附回执。同时建议书应当明确案件涉及重大公共利益、社会高度关注、可能引发群体性事件或者其他考量因素，以备行政机关选择适当的负责人出庭应诉，并做好出庭应诉的准备。之所以选择开庭传票送达这一时间节点，是依据《行诉解释》第七十一条的规定，“人民法院适用普通程序审理案件，应当在开庭三日前用传票传唤当事人”，行政机关负责人作为代表被告出庭的人员，也应在需要出庭的三日前得知，以有充分的时间安排公务活动并做好庭前准备工作。对于不属于《行诉解释》第一百二十九条规定的行政机关负责人应当出庭应诉的四类情形之一的，不需要发送书面的建议书。这种处理方式一方面可以将《行诉解释》第一百二十九条中特别规定和强调的应当出庭的案件在诉讼程序中予以特殊化，引起行政机关的注意；另一方面也免去了法院逢案即发出庭应诉建议书的负累。

（三）不能出庭应诉时的程序性要求

根据《行诉解释》第一百二十九条第三款的规定，“行政机关负责人有正当理由不能出庭应诉的，应当向人民法院提交情况说明，并加盖行政机关印章或者由该机关主要负责人签字认可”。该条从一定程度上进一步对行政机

① 在《行诉解释》颁布之前，不同法院在推进行政机关负责人出庭应诉时做法不一，有的法院每起案件中均在开庭送达传票时，向被告送达负责人出庭应诉通知；有的法院仅针对部分案件在发送应诉通知时就发出行政机关负责人出庭应诉通知书；另有法院就负责人出庭应诉并不向行政机关发送任何书面材料。同时各法院发送的书面材料的语言表述以及材料名称有所不同，有的采用“行政机关负责人出庭应诉通知书”，有的采用“行政机关负责人出庭应诉建议书”，还有的法院根据本院制定的文件，对于其认为应当出庭的案件发送“通知书”，对于其他类型的案件发送“建议书”。

关负责人不能出庭应诉进行了程序上的限制，增加了行政机关负责出庭应诉制度的强制力及刚性，避免行政机关负责人任意逃避出庭义务。不过针对该条，实务操作中还存在诸多问题。

1. 提交情况说明的适用案件范围

该条规定的应当提交情况说明的情况，是指一百二十九条第一款规定的行政机关负责人应当出庭应诉的情形，还是适用于所有案件？笔者认为，第一百二十九条第二款规定的行政机关负责人不出庭时提交情况说明，是指第一百二十九条第一款规定的应当出庭应诉的情形，而且法院应当对行政机关说明的“正当理由”进行审查。之所以采纳此种观点，从本质上说是由《行诉解释》条文的整体性和内在逻辑一致性决定的。《行诉解释》第一百二十九条是一个极富关联性的整体，一方面往前追溯，是否需要说明理由与行政机关负责人出庭应诉案件的划分有关；另一这方面往后追溯，是否需要说明理由还与后续是否审查以及拒绝说明理由时的法律后果有关。

第一，既然《行诉解释》通过第一百二十九条第一款对行政机关负责人出庭案件做了出庭强制度上的区分，对于“涉及重大公共利益、社会高度关注或者可能引发群体性事件等案件以及人民法院书面建议行政机关负责人出庭的案件”，义务履行的刚性和强制力更大，而作为这种刚性和强制力的来源，后续不能出庭时的程序处理也应更加地严格，理应与其他案件有所区别，要求针对这类案件，行政机关负责人有正当理由不能出庭应诉的，应当向法院提交情况说明。

第二，在《行诉解释》第一百二十九条第一款对行政机关负责人应当出庭应诉的案件进行了明确规定的情况下，此时，行政机关负责人出庭应诉的义务就得以明确确定，只有在例外情况下才能委托行政机关的相应工作人员出庭应诉，同时提交情况说明。而不属于此类应当出庭应诉的案件时，实质上出庭应诉的义务具有一定的倡导性，并未实际确定，无须提交情况说明。

第三，是否需要提交情况说明关联到后续是否需要审查。一方面，对于行政机关负责人提交的情况说明，法院要进行审查（理由参见下文），如果要求行政机关负责人对于所有不出庭的案件都要提交情况说明，则势必会给法院增添很重的审查压力。另一方面，法院对情况说明的审查可以作形式审查与实质审查的区分，对于行政机关负责人应当出庭的案件不出庭的情况说明进行实质审查，对于其他案件仅作形式审查，此时在形式审查下，行政机关的情况说明仅起到入卷的效果，是一种形式化的情况说明，实际并不发生任何法律效力，反而使行政诉讼流程更加地烦琐复杂，并无实际的必要性。

第四，是否需要提交情况说明还关系到拒绝说明理由时的处理措施。根据《行诉解释》第一百二十九条第四款的规定，“行政机关拒绝说明理由的，不发生阻止案件审理的效果，人民法院可以向监察机关、上一级行政机关提出司法建议”。如果第三款提交情况说明的要求适用于全部案件，则对于并非第一款规定的行政机关负责人应当出庭应诉的案件，行政机关提交情况说明对其不出庭的理由进行说明的，人民法院就可以向检察机关、上一级行政机关提出司法建议，后果较为严重，且并未在第一款的基础上，对案件进行分类处理。因此，第四款规定的拒绝说明理由的后果仅适用于行政机关负责人应当出庭应诉的案件，相应的，说明理由的义务仅附加在第一款行政机关负责人应当出庭的案件上。

2. 对情况说明的审查

实务中虽然有法院要求行政机关负责人提交不能出庭应诉的情况说明，但是基本上对于该情况说明并不进行审查，或仅进行形式上的审查。学界对于不能出庭的理由是否进行审查形成了两种对立的意见。① 笔者认为，法院应当对情况说明进行审查，同时应当进行实质审查。

首先，根据前文结论，对于行政机关负责人应当出庭应诉的案件，才应当向人民法院提交情况说明，对于情况说明，既然司法解释明确规定了“有正当理由”的要求，则必然应当进行审查后才能确定是否属于正当理由，同时法院也有义务来进行审查，明确该理由是否属于“正当理由”。

其次，从本质上说，对不能出庭理由的审查才是赋予该项制度生命力的关键，否则对于逃避出庭应诉义务的行政机关来说，只是多了一道向法院提交情况说明的程序，行政机关完全掌握了免除义务履行的主动权，导致义务履行失去强制力，流于形式。因此，既然《行诉解释》第一百二十九条第一款明确了应当出庭的案件范围，则应当通过后续的实质审查赋予该制度以强制力。

---

① 参见江必新、梁凤云：《行政诉讼法理论与实务》，法律出版社 2017 年版，第 70 页。

3. 相关法律后果

行政机关负责人有正当理由不能出庭应诉的，应当提前告知法院，不能出庭的情况说明最迟应当在开庭前提交，经审查属于正当理由的，免去此次庭审行政机关负责人出庭应诉的义务。经审查不属于正当理由的，不免除行政机关负责人出庭应诉的义务，也不发生阻止案件审理的效果，行政机关负责人应当在开庭时出庭应诉，或者在开庭前提交新的不能出庭应诉的正当理由，由法院进行审查。如果行政机关未在开庭前提交，其负责人也未在开庭时出庭应诉，则认定为行政机关负责人没有出庭应诉，应当依据《行诉解释》第一百三十二条的规定“记录在案和在裁判文书中载明，并可以建议有关机关依法作出处理”。如果不能出庭的情况说明是在开庭准备阶段提交，经审查不属于正当理由的，此时没有提交新的情况说明或者行政机关负责人出庭的时间，仍然不发生阻止案件审理的效果，认定为行政机关负责人没有出庭应诉，依照《行诉解释》第一百三十二条的规定处理。

同时，根据《行诉解释》第七十二条第（一）项规定，“应当到庭的当事人和其他诉讼参与人有正当理由没有到庭的”，可以延期开庭审理，因此，对于确实有正当理由无法出庭应诉，但是行政机关负责人又基于案件的考量，想要出庭的，应当给予行政机关依据《行诉解释》第七十二条第（一）项申请延期审理的权利，由法院依据审理期限，审查确定是否有必要牺牲审理效率，延期审理，另定开庭时间。法院也可以在行政机关负责人确有正当理由不能出庭时，自行决定是否需要延期审理。鉴于《行政诉讼法》六个月审限的要求，对于法院决定延期开庭审理的，应当扣除行政机关负责人因正当事由不能出庭应诉这一阶段的审理期限。

（四）不出庭的法律后果

1.《行诉解释》第一百三十二条的适用案件范围

《行诉解释》第一百三十二条从司法解释的层面上明确了行政机关负责人不出庭的法律后果。[①] 首先，笔者认为，《行诉解释》第一百三十二条规定的“人民法院书面建议行政机关负责人出庭应诉”的案件，并非仅指第一百二十九条第一款中的第四类，而是包括第一款整体。《行诉解释》中的“建

---

① 《行诉解释》第一百三十二条的规定，人民法院书面建议行政机关负责人书庭应诉，行政机关负责人不能出庭应诉的，人民法院应当记录在案和在裁判文书中载明，并可以建议有关机关依法作出处理。

议”并非一个严谨或者狭义上的建议，一般而言，建议只是作出主体的一个建设性的意见，对方可以接受也可以不接受，并无强制性，而《行诉解释》第一百二十九条规定，对于人民法院书面建议行政机关负责人出庭应诉的案件，被诉行政机关负责人应当出庭，可以说是在“应当”的层面上使用了“建议”一词，本质要表达的意思就是“其他人民法院认为行政机关负责人应当出庭的案件”。因此，就第一百三十二条而言，这里的“人民法院书面建议行政机关负责人出庭应诉”系概括性的指代行政机关负责人应当出庭应诉的案件，即包含第一百二十九条第一款中的全部案件。其次，就行政机关负责人应当出庭的四类案件来说，不管是在立法上，还是在实际中，在应当出庭应诉的紧迫性或者重要性上并无明显的差别，对于其法律后果的规定也理当一致对待。因此，不仅仅“人民法院书面建议行政机关负责人出庭的案件”行政机关不出庭时有必要“记录在案并在裁判文书中载明，并可以建议有关机关依法作出处理”，其他三类案件同样需要这种法律后果和制裁措施来保障实施效果。

2.《行诉解释》第一百三十二条与第一百二十九条第四款的关系

对于《行诉解释》第一百二十九条第四款与《行诉解释》第一百三十二条的关系来说，《行诉解释》第一百二十九条第四款是对行政机关负责人在说明理由阶段拒绝说明理由的法律后果进行的规定，而第一百三十二条是对行政机关负责人在开庭阶段没有出庭应诉的法律后果的规定。从一定程度上说，由于行政机关提交情况说明的期限是开庭之前，因此行政机关负责人拒绝说明理由的认定也只能在开庭前得到确认，此时行政机关负责人不出庭应诉的情况也得到了认定，两个后果是重合的，从本质上说是一样的，一方面为了避免重复，《行诉解释》第一百三十二条对于重复的制裁措施略写，另一方面由于是仅委托律师出庭以及应当出庭而不出庭两种情况的法律后果，无法采用《行诉解释》第一百二十九条第四款的表述，仅能进行原则性的规定。此外，第一百三十二条的适用范围更广，对于行政机关负责人有正当理由不能出庭应诉的，不属于第一百二十九条第四款规定的“行政机关拒绝说明理由”的情况，但是仍然属于第一百三十二条规定的“行政机关不出庭应诉”的情况，因此仍然应当记录在案和在裁判文书中载明，只是不建议有关机关依法作出处理。

因此，对于行政机关负责人应出庭而不出庭的法律后果，应当依照

《行诉解释》第一百二十九条第四款和第一百三十二条的双重规定，不发生阻止案件审理的法律效果，并可以向监察机关、上一级行政机关提出司法建议，通报未出庭的情况，提请对相关责任人员作出考核扣分、职务任免、职务级别晋升受限、处分、诫勉谈话等处理，并记录在案和在裁判文书中载明。

（作者单位：北京市第四中级人民法院）

不符合起诉条件行政案件骤增的成因、审理工作的困境与对策

——以湖北省武汉市中级人民法院相关行政审判工作为视角

侯士宇

提起行政诉讼需符合法定的起诉条件。根据《行政诉讼法》第二十五条、第四十九条的规定，提起行政诉讼应符合以下条件：原告是与行政行为有利害关系的公民、法人或其他组织；有明确的被告；有具体的诉讼请求和事实根据；属于法院受案范围和受诉法院管辖。同时，《最高人民法院关于适用〈中华人民共和国行政诉讼法〉若干问题的解释》第一条、第二条也规定了行政诉讼的受案范围。综合上述法律规定，一个起诉须同时具备一定的条件且不属于不符合起诉条件情形的，才依法应予立案。不符合上述法律规定提起的行政诉讼，被立案受理后进入行政审判程序的案件，即本文所称的不符合起诉条件的行政案件。

在新《行政诉讼法》和立案登记制实施后，全国法院行政案件立案数量大幅增长。仅2015年5月，全国行政案件立案数同比增幅221%①。全国各地法院受理行政案件数量屡创新高。与此趋势相一致，2015年以来，湖北省武汉市中级人民法院（以下简称武汉中院）行政一审案件数量骤增：2013年、2014年分别为85件、126件②，而2015年、2016年则达到694件、686件，2017年上升为732件。大量进入法院的行政一审案件中，因原告不符合起诉条件而裁定驳回起诉方式结案的案件随之增长：2014年及以前，一审均无案

---

① 参见罗书臻：《最高人民法院通报实施立案登记制改革首月情况》，载《人民法院报》2015年6月10日第1版。

② 2013年和2014年一审案件数均包括指定基层法院管辖的案件，以排除新《行政诉讼法》修改后审级提高对一审案件数量的影响。

件裁定驳回起诉。2015 年裁定驳回起诉案件 309 件，2016 年为 302 件，2017 年为 278 件，占全部一审案件的比重较大，其中 2016 年甚至达到 45%。大量的不符合法定起诉条件的案件，给行政审判工作带来较大的困难。

一、审理不符合起诉条件案件的困境

行政审判在个案中实现解决行政争议、监督依法行政的前提是对涉案争议有处理能力、属于法院的受案范围。而大量不符合法定起诉条件案件进入审判环节，其中部分涉案争议行政审判受审判功能所限无法处理，法院行政审判力量有限，难于应对。

（一）司法资源与功能有限

1. 案件数量骤增，司法资源不足

保证人民法院公正、及时审理行政案件是行政诉讼立法目的之一，但大量不符合起诉条件案件进入审判程序，使“及时”难以实现。多年以来，由于行政审判体制、机制等原因，案件总数占法院各类案件数量较小，行政审判法官数量占法官总体比例也较小。以武汉中院为例，2014 年仅有 9 名法官及 6 名书记员，法官每年人均办理一审案件 14 件。个别基层法院行政庭仅 1—2名法官，没有陪审员便组不成完整的合议庭。而 2015 年开始，行政案件数量大幅增长，市法院行政庭 9 名法官每年人均办理一审案件 77 件。案件总数虽不算多，但人均办案数增长幅度同比达到 550%，审判人员难以适应。案多人少的直接后果是审判效率下降。2013 年和 2014 年，武汉中院行政庭一、二审综合结案率分别约为 90% 和 96%，平均审理时间大幅增长。尽管采取临时调整人员、周末加班等措施，2015 年和 2016 年结案率仍分别下降至 73%、75%（2017 年后人员增加，数据列入对比意义不大）。此外，开庭率、按期归档率、文书上网率等均有不同程度的下降，文书、通知的送达、上诉案卷移送等也有不同程度的延迟。考虑到不符合立案条件的案件占全部一审案件的比重，其对行政审判工作的影响可想而知。

2. 诉请在受案范围之外，司法功能不及

多数案件不符合立案条件是因为其诉请不属于行政诉讼的受案范围。如被诉行为不是行政行为、起诉人本身缺乏起诉资格、被告和诉请不明、属于行政诉讼法颁布前的历史遗留问题和政策落实问题、属于行政终局行为或者信访处理行为等。这些类型的起诉进入审判程序后，无法对其进行实体裁判，在争议确实存在的情况下，面对当事人的现实诉求，行政审判力所不及。

（二）法律效果不理想

1. 难于通过行政诉讼促进依法行政

行政诉讼的立法又一目的在于监督和促进依法行政。该目的的实现有赖于对行政机关的行政行为进行审查，针对其行为释法明理，在通过个案纠正违法行政行为的同时，通过该裁判的示范、教育作用促使行政机关依法行政。而不符合立案条件案件进入审理后，即使经过答辩、调查、开庭等程序，也因为未对行政行为进行实体审查，无法对行政行为进行监督，进而无法实现示范和教育的作用。另外，大量不符合立案条件案件给行政机关应诉工作增加了额外的负担。以涉及武汉市政府的案件为例，2016 年和 2017 年，武汉中院立案的将市政府列为被告的案件分别为 223 件和 181 件（包括市政府作为行为机关和复议机关两种情况），经审理，其中分别有 123 件、99 件不符合起诉条件，裁定驳回原告起诉。如果市政府在每件案件中均办理委托手续、撰写答辩状、收集证据、参加庭审，就会占用大量时间和人力资源，不仅影响其他案件的应诉，也影响其日常依法行政工作。

2. 保护当事人诉权的效果不明显

借用学者对民事诉权的定义，笔者认为行政诉权的程序含义，是指当事人在程序上向法院请求行使审判权；行政诉权的实体含义，是指保护当事人合法权益、解决行政纠纷的请求①。而实体权利的实现需依靠程序性权利即诉权，行使诉权的基础是人身、财产等实体性权利。大量不符合起诉条件的案件进入行政审判程序，从表面上解决了“立案难”，看似保护了当事人的诉权。但实际上，根据上文的数据，约 45% 的案件被裁定驳回起诉，这些案件中审判并未涉及实体权利，其中相当一部分情况是起诉缺乏权利保护的必要。另外，这类案件进入审理，反而延误了当事人以正确方式获得救济的时间。因此不符合起诉条件案件的立案，不论是从保护诉权还是保护实体权利上，所起到的作用都十分有限。

---

① 参见王海涛：《诉权不正当行使的应对》，载《法制日报》2013 年 9 月 25 日第 12 版。

（三）社会效果不理想

1. 未能实质化解行政争议

解决行政争议也是行政诉讼法立法的目的之一。但不符合起诉条件的行政案件仅程序空转，无法对造成争议的行政行为进行合法性审查，甚至由于起诉请求不明、理由不清、被告错列等原因找不准当事人与行政机关之间争议的焦点，因此无法实质化解行政争议。

2. 可能引发新的矛盾

一方面，不符合起诉条件案件立案后，当事人对解决问题抱有期望，但经过一系列法定程序却未能实体判决。当事人付出时间成本和机会成本后，期望落空，加上案件数量骤增，归档、上诉移送卷宗等工作偶有延误等原因，当事人容易误解法院故意拖延时间、不依法办案，引起涉诉信访等社会矛盾，进而损害司法权威。另一方面，由于大量案件被告不适格、行为不可诉，部分行政机关在接到诉状后莫明其妙，认为其提交答辩状和证据毫无必要且浪费行政资源，进而对当事人的起诉动机产生怀疑，加深了与当事人之间的矛盾。甚至有行政机关认为法院司法能力不足，缺乏对滥用诉权的控制，给行政机关增加了不必要的应诉的负担，并对应诉工作有所抵触和怠慢。

二、不符合法定起诉条件行政案件骤增的原因

不符合法定起诉条件的行政案件骤增，将行政审判工作带入困境，结合审判实践，笔者将不符合法定起诉条件行政案件骤增的原因归于以下几点：

（一）对立案登记制的误读

2015 年 4 月 1 日，中央全面深化改革领导小组审议通过《关于人民法院推行立案登记制改革的意见》（以下简称《意见》），2015 年 5 月 1 日起施行立案登记制，“有案必立、有诉必理”。十八大四中全会《中共中央关于全面推进依法治国若干重大问题的决定》中提到，立案登记制是为“解决长期以来存在的到人民法院打官司‘立案难’问题”，“对人民法院依法应该受理的案件，做到有案必立、有诉必理，保障当事人诉权”。但是实践操作中，立案登记制被误解为有“诉”必然成“案”，法院忽视了“依法应受理”的前提，对不符合起诉条件的各种纠纷登记立案。这其中有涉及落实私房政策的：如容某某、曾某某等 13 人诉房管部门要求公开“确定私人房产属于‘献产’

的必备要件的记录信息”。有起诉事项不属于行政行为的，如陶某、张某等5人分别诉区政府在行政诉讼中“伪造委托代理书”。有涉及行政机关人事处理的，如胡某诉省政府人事调动信访复核行为。有涉及《行政诉讼法》颁布前的历史问题的：如王某某等1441人诉省政府履行复议职责，解决1957年跨省移民的待遇问题。在立案登记制实施前，此类明显不符合起诉条件的案件，均由立案庭向当事人释明后，退还起诉材料，不予立案。但现在类似案件大量立案进入审判庭，甚至有法院以坚决落实立案登记制为由，要求立案庭有起诉必立案，无论当事人起诉是否符合法定条件，均不得向当事人作出不予立案裁定。这一做法也加深了当事人对立案登记制的误解，认为任何起诉，法院都将立案，于是更多的案件随之进入法院。

（二）当事人未能正当行使诉权

当事人未能正当行政诉权包括两种情况：

一是诉讼能力缺乏。当事人对于行政诉讼方面的法律、法规认识不足。部分当事人掌握了基本性和常识性的法律知识，但是对具有一定专业性和深度的法律条款的认识尚为欠缺，或者其个人解读与法律规定本身含义不一致。导致当事人对被告、诉讼请求、证据形式、受案范围、管辖法院等无法准确认识。同时，行政诉讼案件受理费较低，败诉风险成本低，绝大多数当事人在起诉时不会考虑败诉风险而谨慎斟酌其诉请是否能得到法律支持。因此，其起诉往往不符合法定起诉条件。

二是权诉滥用。如美国学者哈泽德教授所说，接近正义的宪法保障同诉权滥用会同时出现①，而误读立案登记制则加剧了这种现象。如何定义滥用诉权，中外各国均有不同的认识，但其共识是，违反诚信原则，侵害他人的权利。② 在英语中，滥用诉权被称为“vexatious litigation”或者“vexatious proceeding”。《元照英美法词典》的中文释义为：恶意诉讼；（无合理理由的）滥诉。指起诉者不是出于善意，仅是希望扰乱对手或使其受到牵累，或者起诉的目的不是为了获得任何实际的结果。③ 笔者认为，在行政诉讼中，

---

① 张晓薇：《民事诉讼正当性与诉讼滥用规制研究》，法律出版社2014年版，第205页。

② 参考齐湘泉、齐宸：《国际视野下的滥用诉权规制》，载《中国审判》第127期。

③ 耿宝建：《立案登记制改革的应对和完善——兼谈诉权、诉之利益与诉讼要件审查》，载《人民司法》2016年第25期。

缺乏诉的利益，不以解决行政争议为目的，多次起诉以扰乱司法机关或行政机关的行为可归入行政滥诉之列。在审理的大量不符合起诉条件案件中，滥用诉权的案件不在少数。近年来武汉中院审理的案件中，徐某某因事业单位退休待遇问题，以信息公开及复议等事由，起诉各级政府及社保工作部门，提起行政诉讼40余起。陈某某因其房屋被拆除，拒绝法院多次协调，提起行政诉讼30余起。李某某因城中村改造拆迁问题，提起诉讼20余起。据不完全统计，从2015年至今，市法院起诉行政案件涉嫌滥用诉权的近20人，案件总数超过270件。

（三）行政争议绝对数量的增加和公民权利意识提升

城市发展对土地需求增大，土地和房屋征收带来的相关行政争议，近年来体现尤为突出。以武汉中院为例，2013年、2014年涉及房屋、土地征收分别立案34件、32件，2015年、2016年、2017年涉及房屋土地征收分别立案384件、247件和206件，个别案件原告人数超过300人。而征收行政争议又容易同时引发信息公开、行政复议、履行监管职责等多种相关诉讼，使案件总数不断增加。与行政争议同时增长的还有公民权利意识，近来年，随着依法治国的深入开展和法治宣传的影响，当事人通过法律途径解决行政争议的意识明显增加。甚至有当事人通过微博、微信等手段抱团维权，在网上公布裁判文书、组织讲座、进行公民代理为他人传授经验，鼓励诉讼。这在一定程度上助推了不符合起诉条件案件的增长。

三、针对不符合法定起诉条件案件骤增的对策

（一）繁简分流，提高办案效率

繁简分流可以分为微观、中观、宏观三个层面。在微观层面，繁简分流是指诉讼程序的繁简分流，不同案件分别适用不同审理程序，实现简案快审、繁案精审。在中观层面，繁简分流是指处理方式的繁简分流，既包括诉内的不同程序，又包括诉外的多元化解。在宏观层面，繁简分流是指资源配置的繁简分流，不仅包括诉内诉外的繁简分流，而且包括司法资源的优化分配①。

---

① 胡仕浩、刘树德、罗灿：《全面深入推进符合司法规律的繁简分流改革》，载《人民法治》2016年第10期。

鉴于本文主要论述不符合起诉条件案件的审理，因此只讨论行政诉讼程序上的繁简分流。

1. 实行繁简分流的必要性

近年来行政审判“案多人少”的矛盾突出，不符合起诉条件案件骤增给行政审判带来相当的困难，实行繁简分流十分必要：一是节约司法资源的需要。对不符合起诉条件案件简化审理程序，可以很大程度上缓解审判压力，提高裁判效率、降低诉讼成本。其中期限缩短和精简庭审非常关键。二是保护当事人诉权的需要。通过简化审理流程，对不符合法定条件又坚持起诉的，迅速作出不予立案裁定或者立案后驳回起诉。避免当事人在走不通的救济途径上浪费时间成本和机会成本。当事人对裁定不服的可以上诉，保障其司法救济渠道畅通。三是保障依法行政的需要。一审案件数量骤增，对行政机关应诉的要求不断提高，不仅答辩、证据、委托手续等需按时提交、符合形式要求，而且还有行政机关负责人出庭的压力。2018 年 W 市政府要求各机关行政首长出庭率达到 70% 以上，案件数量较多的机关不堪重负。繁简分流后可减少行政机关不必要的应诉工作量，节约行政资源，保障其依法行政的效率。

2. 如何实现繁简分流——武汉中院的做法

虽然新《行政诉讼法》在一审审判程序中增设了简易程序一节。但适用范围仅限于信息公开、当场处罚、小额处罚及当事人同意的其他行政一审行政案件[①]。因不符合起诉条件案件诉请各异甚至不甚明确，多数难以归类到上述情形，而且行政诉讼当事人大多不同意适用简易程序，实践中适用简易程序的案件数量少。[②] 期望审理不符合起诉条件案件的工作简化，必须寻求其他解决办法。

我院边探索边实施，在 2015 年案件爆炸式增长后，及时研究对策，在新司法解释征求意见时，向最高院建议增加对不符合起诉条件的案件，不开庭直接裁定驳回起诉的规定。新司法解释将该建议写入第三条[③]并实施后，武

① 参见《中华人民共和国行政诉讼法》第八十二条。

② 关于行政诉讼当事人的意愿对简易程序的影响缺乏实证研究。讨论此问题的文章多回避了此问题。参见黎新平：《行政诉讼简易程序制度研究》，苏州大学 2015 年硕士论文；刘秀明、周晓龙、文晓静、杨燕：《行政诉讼简易程序调研及完善》，载《司法改革评论》2015 年第 2 期。

③ 《最高人民法院关于适用〈中华人民共和国行政诉讼法〉若干问题的解释》第三条第一款规定了不符合起诉条件的十种情形，第二款规定“人民法院经过阅卷、调查和询问当事人，认为不需要开庭审理的，可以迳行裁定驳回起诉”。

汉中院按该司法解释规定，对不符合起诉条件的案件实施“径行裁驳”，具体做法如下：

（1）筛查、分类，专组处理。确定专门合议庭（简称速裁组）[①] 的一名法官专门承办此类案件。新收一审案件从立案庭转到行政庭后，由资深法官负责筛查，并将案件分类处理：

一是无须调查即可裁驳的案件。包括：明显不属于行政诉讼受案范围的（行政诉讼法实施前的行政行为、民事协议、信访处理行为、法律规定的终局行政行为等），明显缺乏事实根据、法律根据的（如要求省政府查处非法集资、要求省政府对市政府的复议事项再次复议等），明显超过法定起诉期限的（一般行为作出超过五年、涉不动产的行政行为超过二十年）、重复起诉的。此类案件直接交由速裁组专人办理。

二是经释明和更改诉状后可能符合起诉条件的案件。如复议维持案件只列一个被告、多个被告中有不适格被告、部分诉请不属于行政审判范围、多个行为需要分案审理等。此类情况需与当事人初步电话沟通，当事人同意更改诉状，使之符合起诉条件，按一般程序审理；释明被拒绝的迅速作出裁定驳回其起诉。

三是需实体审理才能判断是否裁定驳回起诉的。如起诉时间略超过法定期限但有正当理由的、被申请履行职责的行政机关是否具有该职权不太明确的、需要查明其他相关案件情况的等。这类案件则直接按普通程序处理。

（2）简化程序及文书。司法解释规定经调查、释明可迳行裁定驳回起诉，因此没有必要要求被告答辩并出具诉讼相关材料，至少节省 20 余天的时间。[②] 在文书方面，不列被告法定代表人、委托代理人。在没有必要的情况下，通常也不列第三人。多数裁定中仅将原告诉请写明，并有针对性地分析并说明裁驳理由，只在少数必要的案件中列举相关证据或者查明事实。避免长篇大论，既节省文书制作时间，又方便当事人理解。

---

① 由于审判力量不够，此合议庭并非只办理径行裁驳案件，而是在办理其他案件的基础上，所有径行裁驳案件也主要由该合议庭办理，便于统一尺度、提高效率。虽由专人承办，但仍采取合议制。

② 根据《行政诉讼法》第六十七条的规定，人民法院应当在立案之日起五日内，将起诉状副本发送被告。被告应当在收到起诉状副本之日起十五日内向人民法院提交作出行政行为的证据和所依据的规范性文件，并提出答辩状。人民法院应当在收到答辩状之日起五日内，将答辩状副本发送原告。

3. 繁简分流工作取得的效果——以武汉中院为例

因处在探索时期，武汉中院的繁简分流工作也并非一开始就进入快车道。考虑到适用范围、上级法院的裁判尺度等因素，最初对径行裁驳的适用十分谨慎。加上一开始未明确“速裁专组”和专人办案，工作比较分散，效果不太明显。但经过一年多的运行，效果逐渐显现。

一是节约了司法资源，提高了办案效率。2015 年，未确定专人承办并谨慎适用迳行裁驳，一审裁定驳回起诉案件平均审限为 114 天。2016 年实施专组办案后，全庭裁定驳回起诉的一审案件平均办理时间为 152 天[①]，但适用径行裁驳的案件办理时间下降至 80 天，个别当事人与行政机关矛盾争议突出的案件，7 天内可作出裁定。2018 年，通过调整法官其他事务性工作的分工，该类案件平均办理时间预计可降至 50 天左右。尽管绝对审理时间未达到当初的预想，但考虑到办案人的其他工作及案件数量的增长，仍不失为较大的进步。此做法在一定程度上减少了法官的工作量，提高了办案效率。

二是提升了办案效果，减少了社会矛盾。一方面，行政机关减轻诉累，更加积极主动应诉，加强了行政审判对依法行政的监督效果。如 2016 年和 2017 年两年间，省政府作为被告的一审案件共有 181 件，其中 145 件径行裁定驳回起诉，免去省政府委托代理、答辩和出庭等环节，其应诉积极性明显提高，促进了司法与行政良性互动。另一方面，快速裁驳避免久拖不决，使当事人避免在此类案件中浪费诉讼精力，引导通过上诉、另行起诉等方式保护其合法权利，当事人因对裁定驳回起诉不满的信访事件减少。

（二）进一步探索适合不符合起诉条件案件的速裁机制

上述做法虽然已经很大程度上简化了程序，但由于法律规定及长期工作模式的限制，还存在着不简便之处。如不符合立案条件案件，案情简单，独任审理足以应对，但法律仅规定部分案件可运用简易程序独任审理，且径行裁驳案件的送达、上诉材料整理等并未出台有针对性的特殊规定，难以“能简则简”。建议适用简易程序的规定，制定适合于不符合立案条件案件的专门审理制度：

---

① 因为积案增多、新收案增多，法官人数少，因此审理时间延长。

1. 适用简易程序

尽管《行政诉讼法》并未规定可以对径行裁定驳回起诉的案件适用简易程序，但是笔者认为可以适度创新，试行适用简易程序独任审理。理由如下：一是符合政策。按照十八大四中全会《中共中央关于全面推进依法治国若干重大问题的决定》要求："实现立法和改革决策相衔接，做到重大改革于法有据、立法主动适应改革和经济社会发展需要。实践证明行之有效的，要及时上升为法律。实践条件还不成熟、需要先行先试的，要按照法定程序作出授权。对不适应改革要求的法律法规，要及时修改和废止。"《最高人民法院关于进一步推进案件繁简分流优化司法资源配置的若干意见》第六条的规定，"……对于事实清楚、权利义务关系明确、争议不大的案件，探索建立行政速裁工作机制"。不符合立案条件的案件只进行程序处理，不涉及实体利益，可预见其适用简易程序，风险小、效果好。二是于法有据。司法解释已经明确规定，不符合起诉条件案件可经过调查询问，对不需要开庭的案件径行裁驳，这实质上比简易程序更简。相比《行政诉讼法》中规定的简易程序适用范围，不符合起诉条件案件案情清楚，无须实体判决，更适合简易程序审理。

2. 推行格式化裁定书

《最高人民法院关于进一步推进案件繁简分流优化司法资源配置的若干意见》第十五条规定，"根据法院审级、案件类型、庭审情况等对裁判文书的体例结构及说理进行繁简分流……其他简单案件可以使用令状式、要素式、表格式等简式裁判文书，简化说理"。对于不符合起诉条件案件，可以针对不同法定条件设定格式化裁定书，将不符合起诉条件的理由列表，在裁定理由中直接勾选，避免每案重新制作裁定书，以节约制作文书时间。

3. 改进配套工作机制

在立案后加快筛选和分类，在审理中以利于提高工作效率为原则指定工作组或承办人。做好一、二审简易程序的衔接，适用简易程序裁定驳回起诉的案件，无须向被告送达上诉状副本、不必等待被告答辩、加快向上级法院移交上诉文书的时间等。

（三）从源头减少不符合起诉条件案件

上述对策，是在审判环节应对不符合起诉条件案件骤增、缓解办案压力的不得已之举。要从根本上解决不符合起诉条件案件过多的问题，还需从源头进行有效控制。

1. 重构起诉标准

不论是“立案登记制”还是“立案审查制”都无法解决保障诉权和防止滥诉的矛盾，其主要原因一是行政诉讼起诉未实行类型化，导致进入审理的案件诉请不规范。二是对起诉要件与实体裁判要件规定不科学、不合理。起诉条件分散在程序和实体要求中，导致起诉条件的审查在立案和审理阶段均需涉及。理想的做法是从法律层面对此问题进行规范，建立起诉要件与诉讼要件明确、起诉要件中形式要件与实质要件明确，起诉、审判阶段各自审查内容明确、易区分的法律规范。在立案阶段，对法院管辖权、当事人诉讼能力、重复起诉、法定起诉程序、权利保护必要等明显的、形式的起诉要件进行审查。①

2. 正确执行现行起诉标准

相对于上述法律层面的修改而言，当下按现有法律和司法解释办理更具有现实可操作性。按《意见》和《关于人民法院登记立案若干问题的规定》（以下简称《规定》），对“依法应该受理的案件”才予以立案。具体来说，按现有法律和司法解释规定，起诉应符合如下几点条件：（1）起诉符合行政诉讼法第四十九条关于原告、被告、诉请的规定。（2）属于人民法院主管。即符合《行政诉讼法》第十三条、《行政复议法》第十四条、第三十条、三十一条、《最高人民法院关于适用〈中华人民共和国行政诉讼法〉若干问题的解释》第一条的规定。（3）属于受诉法院管辖。即应符合《行政诉讼法》第十四条至第二十四条规定的级别及地域管辖规定。（4）不属于《最高人民法院关于适用〈中华人民共和国行政诉讼法〉若干问题的解释》第六十九条的规定的情形。具体情况应参考所诉行政行为涉及的其他法律、法规。如其中涉及复议前置的应参考行政复议法第三十条第一款、《税收征收管理法》第八十八条第一款、《海关法》第六十四条等其他专门法律规定。

在审查起诉条件时，也可视不同法院立案庭、审判庭的实际情况，建立适宜的办案模式以适应工作需要。如相对独立的模式，即立案庭只负责审查

① 参见马怀德：《〈行政诉讼法〉存在的问题及修改建议》，载《法学论坛》2010 年第 5 期；张卫平：《起诉条件与实体判决要件》，载《法学研究》2004 年第 6 期；梁君瑜：《我国行政诉讼立案登记制的实质意涵与应然面向》，载《行政法学研究》2016 年第 6 期；王天华：《行政诉讼的构造：日本行政诉讼法研究》，法律出版社 2010 年版。

形式要件，对明显不符合法定起诉条件的下达不予立案裁定。其他案件均交由审判庭负责。或者联合模式，即审判庭参与法定起诉条件中非形式要件的审查，以立案庭名义作出不予立案裁定。

3. 遏制诉权滥用

对于起诉时滥用诉讼权利的情况，决策者早有预见并已作出了相关规定。《意见》第五节专门规定了制裁违法滥诉，提出要依法惩治制裁虚假诉讼、违法行为，并列举了违法滥诉的三种主要形式：虚假诉讼、恶意诉讼、无理缠诉。《规定》第 十六条规定："……对干扰立案秩序、虚假诉讼的，根据民事诉讼法、行政诉讼法有关规定予以罚款、拘留；构成犯罪的，依法追究刑事责任。"但直至江苏省南通市港闸区人民法院以滥用诉权为由驳回当事人起诉[①]后，各地法院对于滥用诉权的制裁仍然慎之又慎。尽管有当事人涉嫌滥诉，为同一争议起诉多达几十件案件，但武汉中院目前仍没有一起案件以滥用诉权为由驳回起诉。其可能的原因有二：一是滥用诉权的认定标准不明确。多长时间内因多少争议起诉多少案件为滥诉，或者在审理中当事人的何种行为造成何种后果可以认定其诉讼目的不正当，法官无从判断。而自行创设标准又有引发争议的顾虑。二是滥用诉权的处罚措施无细则。即使认定某当事人滥诉，以滥诉为由裁定驳回起诉与以其他理由裁定驳回起诉的效果区别不甚明显。但若实施处罚，处罚的裁量尺度又难以拿捏，对可能引发的不稳定因素也有顾虑。

基于以上情况，应逐步建立统一的认定标准和可操作的滥诉惩罚机制：（1）以司法解释或规范性文件明确规定滥用诉权行为的构成要件及认定标准。从诉讼目的、诉讼案件数量、诉讼中的行为等方面对滥用诉权行为进行科学认定。（2）建立信息共享与披露制度[②]，在一定区域的法院中间建立数据库，一是收集数据，方便对滥用诉权行为进行科学认定。二是可以对涉嫌滥用诉权行为人进行记录，方便重点审查。三是对滥用诉权人以一定方式进行社会公示，纳入公民诚信评价体系，与信用消费等相关制度接轨，使滥用诉权人有所畏惧。（3）建立惩罚机制。鉴于现行行政诉讼收费标准过低，可

① 江苏省南通市中级人民法院：《陆红霞诉南通市发展和改革委员会政府信息公开答复案》，载《最高人民法院公报》2015 年第 11 期。

② 韩艳玲：《论滥用诉权的预防与规制》，载《法制与社会》2015 年第35 期。

以考虑提高对滥用诉权人的诉讼成本，如败诉罚款等。对有过激行为者，采取行政处罚措施，以起到警示作用。

上述对策及建议是基于武汉中院相关行政审判工作提出，不免片面和浅显，实现的普遍情况可能更为复杂多样，司法实践还有很长的路要走。只有待立法更完善，公众的诉讼观念更理性，法院对立案、审判的功能判定更科学，才能最终实现监督依法行政、保护当事人权益与防止诉权滥用的平衡。

（作者单位：湖北省武汉市中级人民法院）

行政诉讼理论

解构无效行政行为的判定标准

马媛婧

重大且明显违法理论认为，当某行政行为的瑕疵在内部呈现为“重大”，在外部表现为“明显”，且内外二要素兼备的情况下，即构成无效行政行为，自始、当然、确定地不发生法律效力。其中“重大”是指行政行为的瑕疵给相对人合法权益造成了不可逆的、彻底的破损且无法通过变更、补正和转换手段等方式使瑕疵得以纠正。“明显”是指行政行为的瑕疵显而易见、一目了然，“在某种程度上犹如写在额头上般”①，一般理智、典型的公民而非法律或其他专业人士即可作出是否违法的准确判断。

上述理论虽然受到众多学者的推崇，但由于“重大且明显违法理论”的高度原则概括性，仍是主观、抽象的标准，加之新《行政诉讼法》第七十五条无效行政行为情形列举项简缺，司法实践操作难度大，易诱发如下风险：一是无效诉请没有起诉期限的限制，一旦得到支持，行政相对人利益即可实现最大化，易形成“滥诉”。新法实施一年内全国以确认行政行为无效为诉请的案件392起，其中判决确认无效的174件，未予支持原告诉请的案件过半，且随着新行政诉讼法的实施，此类案件滥诉比率和数量将会呈现双增态势。二是法官自由裁量空间大，加之行政机关的干扰，将确认无效判决变通折抵为撤销或确违判决，背离“司法公信”。三是我国幅员辽阔，民风民俗复杂多样，对客观实际认知、态度偏差较大，以“一般理智、典型公民的认

① 翁岳生：《行政法》，翰芦图书出版公司2000年版，第608页。

识”作为“明显违法”的评定标准，导致“同案不同判”。因此，无效行政行为“重大且明显违法”标准的概念解释应尽量避免不确定词汇的引入，可从行政行为主体资格、事实依据、法律依据、作出程序、表现形式和意思表示等要素是否欠缺、合法来确定“重大”，从法律法规是否有明确规定来确定“明显”。

我国现行有效法律条款中不乏关于无效行政行为情形的表述，大致可分为采用“无效”二字直接予以确定或宣告①和以沉默的、消极的“行政相对人有权拒绝”间接实现“无效”的效果②两者模式。但这些碎片式条款基本系结果上的广义无效，效力性质上等同于可撤销的行政行为，并非新《行政诉讼法》第七十五条所规定的无效情形。故而无效行政行为判定标准的确定需要详细阐释第七十五条的两大列举情形，并结合新法实施一年内确认无效判决案例，归纳完善切合我国实际的重大且明显违法情形。

一、如何理解“行政行为实施主体不具有行政主体资格”

行政行为“实施主体不具有行政主体资格”依违法严重程度可逐级递减为如下四类：一是行政行为的实施主体在性质上不属于“行政机关或法律、法规、规章授权的组织”；二是虽系新《行政诉讼法》第二条所规定的行政主体，但其所实施的行政行为超越了法定专属职权；三是虽未超越法定专属职权，但其所实施的行政行为超越了其所具有的种类职权；四是虽未超越种类职权，但其所实施的行政行为超越了其具有的幅度范畴。

上述四类情形中，第一类因行政行为主体不具有行政公权力、无公行政主体资格，确定清晰地属于第七十五条所规定的“行政行为实施主体不具有行政主体资格”，常见的有如下三种：一是实施主体未在本市机构编制委员会发布的机构设置及人员编制之列，无行政主体执法资格证明，如舞蹈社团、医疗协会等民间自治组织；二是行政机关内设机构在既无法律授权又无委托情况下作出的行政行为，如乡镇政府内设机构建设管理服务所下发的违章建

---

① 详见《行政处罚法》第三条第二款、《税收征收管理法》第三十三条第二款、《土地管理法》第七十八条、《专利法》第四十八条、《草原法》第六十三条第一款、《海域使用管理法》第四十三条。

② 详见《农业法》第六十七条、《行政处罚法》第四十九条和第五十六条。

设拆除通知无效[①]；三是非行政机关工作人员实施的假象职务行为，如林业局离职人员填写颁发的林权证无效[②]。第三类情形属于新《行政诉讼法》第七址条第四项所规定的因“超越职权”而判决撤销情形，如派出所作出拘留处罚决定。第四类情形视各地裁判掌握尺度，有依据第七十条第四项判决撤销的，也有经审查在事实清楚、程序合法的基础上依据第六十九条判决驳回原告诉讼请求的，如派出所作出1000元罚款决定。

争议主要集中于第二类情形，即是否只要行政行为实施主体超越专属职权就属于第七十五条规定的“没有行政主体资格”？行政机关专属职权分为专属业务职权和专属地域管辖职权两类。目前大陆法系对超越专属业务职权的基本持肯定态度，如意大利《行政程序法》第四十二条、奥地利《行政程序法》第六十八条第四款第一项、葡萄牙《行政程序法》第一百三十三条第二款第一项和第二项、澳门特别行政区“行政程序法”第一百一十四条第二款第一项和第二项、西班牙《行政程序法》第六十二条第一款第二项及中国台湾地区“行政程序法”第一百一十一条第六项。我国目前审判实践中也不乏行政行为实施主体因超越专属职权进而被法院判决行政行为无效的案例，如城乡建设局行使专属于土地行政主管部门才具有的土地征收补偿安置职责，导致其签署的土地征收补偿协议无效[③]；乡镇政府因无批准和划拨土地的职权致其签署的拆迁协议中有关土地划拨部分的条款无效[④]；巡警大队行使交警大队的道路处罚职权，致其下发的交通处罚通知书无效[⑤]；公安机关在治安案件调解协议书中加注证明欠条无效，加注证明行为无效[⑥]；国土资源局注销县政府颁发的集体土地建设用地使用证的行政行为无效[⑦]；社保局代社保中心作出的参保人员缴费年限确认单无效[⑧]。

但笔者认为超越专属业务职权并不必然是无效行政行为，理由为《行政诉讼法》第七十五条判定行政行为无效的本质标准系“重大且明显违法”，

---

① 江苏省江阴市人民法院（2015）澄行初字第44号行政判决书。

② 河南省南召县人民法院（2015）南召行初字第16号行政判决书。

③ 湖北省南漳县人民法院（2015）鄂南漳行初字第9号行政判决书。

④ 陕西省淳化县人民法院（2015）淳行初字第2号行政判决书。

⑤ 甘肃省金昌市中级人民法院（2015）金中行初字第22号行政判决书。

⑥ 河南省驻马店市驿城区人民法院（2015）驿行初字第43号行政判决书。

⑦ 河北省迁西县人民法院（2014）迁行初字第3号行政判决书。

⑧ 浙江省杭州市下城区人民法院（2015）杭下行初字第19号行政判决书。

“超越专属业务职权”虽系“重大”事项，但由于有的行政部门之间业务范畴存在交叉、职能界限不清，如食药局、质监局、工商局三者对于食品的监管职责及区县政府、规划委、城管大队对于违建的查处职责，即使审判经验丰富的一线办案法官也难在第一时间一眼辨清，需要向被诉行政机关加以咨询或向上级法院讨论汇报才可确定，故超越专属业务职权并非在任何情形下均系“明显”，需要结合个案情形予以认定。

关于“超越专属地域管辖职权”是否必属无效行政行为，大陆法系国家基本持肯定态度，但德国随着行政程序法的实施由肯定态度转变为附条件的否定态度①。笔者赞同德国的做法，即行政机关或法律法规授权的组织在未超越业务管辖权的情况下，即使超越了地域管辖权，也不会导致其实施的行政行为无效。理由如下：一是专属地域管辖概念产生于诉讼管辖制度，是为方便查清案件事实和当事人诉讼，故规定涉及不动产的案件由不动产所在地法院管辖，但是按照现行的行政管理原则，行政机关对本辖区范围内属于自身业务范畴的事件均可予以管理，加之行政相对人的高度流动性、部分不法行为的实施地、结果发生地的不一致，设定专属地域管辖不符合行政管理实际。二是行政主体资格在法律本质上是对行政行为实施主体执业资质或业务能力的评价，类似于公民个人的司考证、会计证，行政机关违反行政区划管理原则在性质上更近似于《行政诉讼法》第七十条第五项所规定的行政主体滥用职权情形。因此，建议将“行政行为实施主体不具有行政主体资格”细化解释为：行政行为的实施主体非行政机关或法律、法规和规章授权的组织，或其实施的行政行为明显超越法定专属业务职权的，应当判决确认无效。

二、如何诠释“行政行为没有依据”

与《法释［2000］8号》第九十五条裁定不予执行情形相比，第七十五条在“行政行为没有依据”前没有附加“明显”二字，那么是否只要“行政行为没有依据”，不需再对行政行为违法情形是否“明显”加以分析，即可

---

① 1966年德国《行政程序法》第34条第2款第3项规定，官署对非在其管辖区域内之不动产，或对有关非在其管辖区域内之权利或法律关系，未经授权，而为行政处分者，不论是否存在重大且明显违法情形，行政处分无效；但是在1976年《行政程序法》第44条第3款第1项规定，行政行为不因未遵守地方管辖权的规定而无效，但超越专属业务管辖权的除外。

直接认定被诉行政行为系无效行政行为？笔者认为从第七十五条的条文设计来看，“没有依据”是“重大且明显违法”明确列举情形之一，以用来为“等”情形的确定做参照；同时此处的“没有依据”是对依据“质”的判断，即事实依据或法律依据为“零”，而第七十条判撤情形的“证据不足”“法律规范适用错误”是关于依据“量”上的评判，因此第七十五条“行政行为没有依据”同“行政行为实施主体不具有行政主体资格”不同，内涵是确定清晰的，不需要附加“明显”条件限制。

结合司法实践，“行政行为没有依据”的具体情形可归纳为如下四种：

一是行政相对人提供材料不真实，导致行政行为认定的法律事实与客观事实严重错位，进而以行政行为“没有事实依据”判决确认无效。如婚姻登记案件中，结婚登记申请人故意冒用他人身份信息、捏造虚假身份材料①或隐瞒双方已经离婚的客观事实②，导致婚姻登记机关作出的结婚登记行为严重背离现实婚姻关系。但在此种依申请行政行为中，常涉及善意第三人，如

① 安徽省当涂县人民法院（2015）当行初字第11、12号、旌德县人民法院（2015）旌行初字第4号、阜南县人民法院（2015）南行初字第52号、郎溪县人民法院（2015）郎行初字第1号、宁国市人民法院（2015）宁行初字第23号、（2015）界行初字第23号；山东省济宁高新技术产业开发区（2015）济高新区行初字第73、74号、泰安市岱岳区人民法院（2015）岱行初字第51号；重庆市渝北区人民法院（2015）渝北法行初字第80、87号、北碚区人民法院（2014）碚法行初字第68号、渝中区人民法院（2015）中区法行初字第163号、綦江区人民法院（2015）綦法行初字第136号、潼南区人民法院（2015）潼法行初字第37号；江西省贵溪市人民法院（2015）贵行初字第6号、宜春市袁州区人民法院（2015）袁行初字第19、23号、万安县人民法院（2015）万行初字第4号；浙江省苍南县人民法院（2015）温苍行初字第38号、杭州市西湖区（2015）杭西行初字第304号；广西壮族自治区宁明县（2015）宁行初字第8号、象州县人民法院（2015）象行初字第13号、永福县人民法院（2015）永行初字第10号；平果县人民法院（2015）平行初字第11号、钟山县人民法院2015）钟行初字第9号；四川省苍溪县人民法院（2015）苍溪行初字第15号、广安市前锋区（2015）前锋行初字第126、143号；河北省承德县人民法院（2015）承行初字第4、第23号、（2016）冀0821行初第17、18号；江苏省扬州市邗江区人民法院（2015）扬邗行初字第28号、泰州市海陵区人民法院（2015）泰海行初字第14号；河南省林州市人民法院（2015）林行初字第28号；辽宁省沈阳高新技术产业开发区人民法院（2015）沈高开行初字第714号、盘锦市兴隆台区人民法院（2015）兴行初字第00017号；湖北省京山县人民法院（2015）鄂京山行初字第00020号；湖南省汉寿县人民法院（2015）汉行初字第18号、湘潭县人民法院（2015）潭行初字第35号；吉林省通化县人民法院（2015）通行初字第19号行政判决书。

② 北京市昌平区人民法院（2015）昌行初字第59号；陕西省商洛市商州区人民法院（2014）商州行初字第14号；江西省宜春市袁州区人民法院（2015）袁行初字第23号、（2015）沙行初字第37号；辽宁省沈阳市铁西区人民法院（2015）沈铁西行初字第106、138号、大东区人民法院（2015）大东行初字第58号、浑南区人民法院（2015）浑南行初字第00101号、大连市沙河口区人民法院（2015）沙行初字第37号；山东省烟台市芝罘区人民法院（2015）芝行初字第53号、泰安市岱岳区人民法院（2015）岱行初字第19号行政判决书。

X 房屋本属 A 所有，B 携虚假房屋买卖合同和委托手续骗取了 Y 市国土局的不动产登记，后 C 以市场价格从 B 处购买 X 房屋并依法办理了过户登记，那么 Y 市国土局为 B 办理的不动产登记是否构成无效行政行为？笔者认为不构成，理由如下：房屋登记行为调整的不仅仅是房屋登记机关与申请人之间的关系，也调整申请人与原产权人甚至此后可能购买涉案房屋的不特定公民之间的相互正义关系，需要在相对人既得权益、第三人信赖保护、法律安定性及效率必要性之间做出抉择。如首次过户登记行为被确认无效，虽可维护 A 的合法权益，但由于无效行政行为的自始无效性，会导致后续过户登记行为的无效，将损害善意第三人 C 的合法权益，降低公民对政府的合理信赖及法律安定性，与市场经济发展和法治政府建设相抵触，故建议：行政主体因申请人故意隐匿事实、提供虚假材料或陈述致使行政行为违背客观实际的行政行为无效，但涉及善意第三人的除外。

二是行政行为作出的基础依据客观上不存在或被有权机关撤销。如土地使用证的颁发时间早于现持证人与涉案地块产生利害关系的时间，土地使用权证无效①；涉案林地历史上只曾登记从未颁证，林权证无效②；房屋征收主管部门在被征收人未提供有效权属证明的情况下与其签订补偿安置协议③或双方签订补偿安置协议的基础批复被行政复议决定予以撤销，征收补偿安置协议无效④。另在北京市法院推行判决撤销房屋所有权登记行为的同时确认房屋所有权证无效的做法⑤，这样有利于从根本上一次性解决行政争议，但是需要说明的是，文书在法律上只援引第七十条未引用第七十五条，而第七十条只规定了判决撤销的法定情形，导致判决主文中“房屋所有权证无效”师出无名，故笔者建议加引第七十五条。

三是行政行为的责任主体确认错误。如水利处罚通知书的抬头为“许汝

---

① 河南省周口市中级人民法院（2014）周行终字第 47、49 号、安阳市中级人民法院（2015）安中行初字第 8 号行政判决书。

② 广西壮族自治区田东县人民法院（2015）东行初字第 9 号行政判决书。

③ 安徽省滁州市中级人民法院（2015）滁行初字第 5、8、10、12、15 号；河北省唐县人民法院（2015）唐行初字第 53、54 号；甘肃省兰州市城关区人民法院 2015）城行初字第 12 号；内蒙古自治区阿荣旗人民法院（2015）阿行初字第 13 号行政判决书。

④ 浙江省奉化市人民法院（2015）甬奉行初字第 21—23 号行政判决书。

⑤ 北京市丰台区人民法院（2010）丰行初字第 205、220 号、东城区人民法院（2015）东行初字第 181 号行政判决书。

群”但实际下发对象为“许汝云”且水利局无证据证明许汝云实施了被处罚行为[①]，故相对人姓名错误且非笔误，处罚通知书无效。

四是行政行为违反法律法规的强制性规定或实施该行政行为会构成犯罪。如征收补偿安置协议书对违法建设补偿方式和数目的约定[②]；结婚登记的一方构成重婚[③]；农村宅基地流转批准单颁发给不属于同一农民集体经济组织成员之间[④]；国土局将附着于“非净地”之上的国有建设用使用权挂牌出让[⑤]；区县政府征用土地的实际面积超过市政府的审批面积，超批准面积的约定无效[⑥]；住建委与房地产公司签订的《××小区配建廉租住房合同书》中的30套房屋系未取得规划许可、预售许可等手续的违章建筑物[⑦]。

三、如何判断“重大且明显违法的形式瑕疵和程序瑕疵”

（一）形式瑕疵

进入法官审查视野的行政行为均系已发生的过去式行为，法官只能依据现有记录载体作为判定行政行为是否合法有效的依据。记录载体的形式是否存在瑕疵是显而易见的，关键在于是否构成“重大”。笔者认为，主要存在如下情形：

一是载体的呈现形式违反了法律强制性规定，如给予相对人财产罚时未按照《行政处罚法》第四十九条、第五十六条的规定出具制式罚款收据或没收财物清单；二是将内部过程性文件作为处分相对人权益的行政行为，如以会议纪要的形式而非征地补偿安置方案来确定是否给予被拆迁人安置[⑧]、将事故调查阶段的《事故调查报告》作为处理阶段的《事故调查结论》送达给事故双方[⑨]；三是未加盖填发机关公章[⑩]或所加盖公章非专用章，如《建设工

① 河南省鹿邑县人民法院（2015）鹿行初字第25号行政判决书。
② 安徽省滁州市中级人民法院（2015）滁行初字第14号行政判决书。
③ 河南省淅川县人民法院（2015）淅行初字第90号行政判决书。
④ 湖南省桑植县人民法院（2015）桑行初字第84号行政判决书。
⑤ 安徽省歙县人民法院（2015）歙行初字第12号行政判决书。
⑥ 河南省信阳市中级人民法院（2015）信行初字第60号行政判决书。
⑦ 河南省南阳市宛城区人民法院（2015）宛行初字第12号行政判决书。
⑧ 山东省高级人民法院（2016）鲁行终第23、41号行政判决书。
⑨ 湖南省沅江市人民法院（2015）沅行初字第16号行政判决书。
⑩ 内蒙古自治区翁牛特旗人民法院（2015）翁行初字第60号、湖南省隆回县人民法院（2015）隆行初字第27号行政判决书。

程规划许可证》所盖的公章为"×县住房和城乡建设局非税收入专用章"而非"×县住房和城乡建设局行政审批专用章"①；四是相对人信息缺失导致无法确定行政相对人，如处罚决定书中被处罚人一栏空白②；结婚证书中未填写一方身份证号③。

（二）程序瑕疵

根据新《行政诉讼法》第七十四条第一款第二项、第七十条第三项及第七十五条的规定，程序瑕疵可分为三档，即"程序轻微违法，但对原告权利不产生实际影响"的判决确认违法持续有效；"违反法定程序"的判决撤销，撤销判决生效之日起无效；"程序重大且明显违法"的判决确认无效，自始不发生效力④。笔者认为，法定程序是指由法律明确规定，行政主体在实施行政行为过程中必须严格遵守的程序，是受法律规范固定羁束并法律化了的行政程序⑤，其是否存在瑕疵是"明显"的，需要加以剥离、分辨的是"严重程度是否构成重大"。

笔者建议借鉴日本行政法的做法，将行政程序按照其设置目的和所保护利益的不同分为"公益最大化"程序和"私权不受侵害"程序，当行政行为违反的程序属于后者且给利害关系人合法权益造成了不可逆、难以弥补的损失时构成无效行政行为。如房管局明知涉案房屋原有抵押登记未解除却没有向后抵押权人予以释明，在申请人未按照《房屋登记办法》第四十三条规定提供全面材料之时即作出的抵押登记无效⑥；村民小组与政府签署《征地协议书》前没有依照《村民委员会组织法》第二十八条规定召开村民小组会议讨论决定涉及关系村民重大利益即涉案集体所有土地的被征用、补偿等事项，征地协议无效⑦；镇政府在没有符合法定条件业主提议的情况下，组织对原业主委员会成员进行信任及罢免表决，依据该表决活动结果发布的任免公告无效⑧；人保局违反《社会保险缴费举报投诉办理工作规程》第二十四条规

① 广西壮族自治区象州县人民法院（2015）象行初字第17号行政判决书。
② 长春市二道区人民法院（2015）二行初字第8号行政判决书。
③ 湖南省隆回县人民法院（2015）隆行初字第27号行政判决书。
④ 章志远：《新行政诉讼法实施问题研究》，载《政治与法律》2016年第1期。
⑤ 蔡小雪、甘文：《行政诉讼实务指引》，人民法院出版社2014年版，第463-465页。
⑥ 广西壮族自治区那坡县人民法院（2015）那行初字第10号行政判决书。
⑦ 广东省海丰县人民法院（2014）汕海法行初字第3号行政判决书。
⑧ 贵州省遵义县人民法院（2015）遵县法行初字第20号行政判决书。

定，在没有确认原告与用人单位劳动关系是否存续情况下即作出的《不予受理决定》无效[①]；行政机关在原告不在场且未提供证据证明原告下落不明或通过其他方式无法送达的情况下，将《处罚告知书》采取张贴留置的方式为无效送达，视为未依法向被处罚人告知给予处罚的事实、理由和依据，违反了《行政处罚法》第四十一条的规定，处罚决定无效[②]。

四、如何把握“其他重大且明显违法情形”

一是行政行为前后矛盾，确认后行政行为无效。如某区县政府将同一土地，在确权给 A 集体经济组织后又登记承包给 B 集体经济组织，两行为前后相互矛盾，后行政行为系重大且明显违法情形，故被确认无效[③]；某区住房保障和房屋管理局未经法定程序，将已被法院生效判决确认的征收协议随意废止，其重新签订的征收协议依法被确认无效[④]。

二是原行政行为被撤销，原告在诉讼请求中未要求撤销涉案复议维持决定，依据《法释［2000］8 号》第五十三条第一款“复议决定维持原具体行政行为的，人民法院判决撤销原具体行政行为的，复议决定自然无效”的规定，判决确认复议维持决定无效，如山东省菏泽市中级人民法院即有此类判例 9 个[⑤]。新《行政诉讼法》第二十六条确定了复议维持双被告，当原告只起诉原行政行为时，法院应依职权追加作出复议维持决定的复议机关为共同被告，对原行政行为和复议决定一并审查。经法官释法，绝大部分原告能够理解法律规定并表明对复议决定的处理意见，但是也有部分原告坚持只起诉原机关不同意追加复议机关为共同被告，且拒绝说明对复议维持决定的处理意见。在后种情形下，当原行政行为被判决撤销或确认违法，复议决定应如何处理？笔者认为，根据第七十五条的规定，确认无效判决作出的前提是原告提起无效诉请之诉，并未赋予法院依职权直接判定行政行为无效的司法权力。且上述司法解释规定“原行政行为被判决撤销，复议决定自然无效”是

① 天津市北辰区人民法院（2015）辰行初字第 35 号行政判决书。

② 吉林省白城市洮北区人民法院（2015）白洮行初字第 5 号、湖南省汨罗市人民法院（2016）湘 0681 行初第 1 号行政判决书。

③ 贵州省江口县人民法院（2015）江法行初字第 5、6、9、11、13、14、15、17 号行政判决书。

④ 上海市虹口区人民法院（2015）虹行初字第 217 号行政判决书。

⑤ 山东省菏泽市中级人民法院（2015）菏行初字第 61、71—77、107 号行政判决书。

在新行政诉讼法未颁布之前，其理论缘由在于在旧行政诉讼法法律体系中，当相对人对复议维持决定不服时只能就原行政行为提起诉讼，一旦原行政行为被法院判决撤销，复议维持决定的作出基础即不存在，加之其当时尚未被纳入行政审判范畴之内，亟需司法解释弥补立法漏洞。但现在复议维持决定已被纳入行政审判范畴之内，援引《法释［2000］8号》第五十三条第一款的基础已不存在。故复议维持决定虽然是复议机关对原行政行为是否合法合理的判断，但是作为一项独立行政行为，同样具有事实和程序两大方面，不能因原告是否就复议维持决定明确诉讼请求就同样情形的复议维持决定作出无效、撤销两种不同的判决结果，其是否无效应依据《行政诉讼法》第七十五条的规定予以评判。

三是行政协议内容非合同双方的真实意思表示。根据《法释［2015］9号》第十五条第二款和《合同法》第五十二条第一项、第二项的规定，行政协议一方以欺诈、胁迫的手段订立合同且损害国家利益的，判决确认协议无效并根据合同法等相关法律规定作出处理。如国土局利用其土地出让中的支配地位迫使原告签订《收储补偿协议》交出用地，其收地行为无效①；如合同代理方王某未经原告的委托授权以原告代理人的名义与政府签订征收补偿安置协议，事后也未得到原告韩某某的追认，系无权代理，征收补偿安置协议不能体现原告的真实意思，协议无效②。

四是事实不能。吴尔夫提出的“不可能理论”认为行政处分所规制内容倘属事实不能，或无须观察其所规范的事实，其本身即抵触法律时，应为无效。新法颁布实施一年内尚无此类案例。但在境外，基本将“事实不能”作为无效行政行为的判定情形之一。如1955年意大利《行政程序法》第42条第2款“客体为不可能之行为”、1976年德国《行政程序法》第44条第2款第4项“基于事实理由不能实施的行政行为”；1991年葡萄牙《行政程序法》第133条第2款第3项“标的属不能、不可理喻或构成犯罪的行为”；1991年奥地利《行政程序法》第68条第4款第3项“事实上不能执行者”；1999年中国台湾地区“行政程序法”第111条第3项“内容对任何人均属不能实现者”；1999年西班牙《行政程序法》第62条第1款第3项“含有不可能内容

① 安徽省安庆市中级人民法院（2015）宜行初字第15号行政判决书。

② 内蒙古自治区牙克石市人民法院（2016）内0782行初第8号行政判决书。

的行为”。

五、完善无效行政行为判定标准的司法解释建议

《行政诉讼法》第七十五条规定的“行政行为实施主体不具有行政主体资格”是指行政行为的实施主体非行政机关或法律、法规和规章授权的组织，或其实施的行政行为明显超越法定专属业务职权。

《行政诉讼法》第七十五条规定的“行政行为没有依据”主要指：

（1）行政相对人故意隐匿事实、提供虚假材料或陈述致使行政行为认定的法律事实与客观事实严重错位，但涉及善意第三人的除外；

（2）行政行为作出的基础依据客观上不存在或被有权机关撤销；

（3）行政相对人错误且非笔误；

（4）行政行为内容违反法律法规的强制性规定或实施该行政行为会构成犯罪。

除上述两大情形外，下列情形亦属《行政诉讼法》第七十五条所规定的“重大且明显违法情形”，应依法判决确认无效：

（1）不能由行政行为确定行政主体或行政相对人；

（2）行政行为未加盖公章或所加盖公章非专用公章；

（3）行政行为未按法定强制载体形式作出；

（4）行政行为程序违反法律法规的强制性规定，给相对人的合法权益造成了不可逆的损失，无法通过变更、补正或转换等方式得以弥补；

（5）行政行为前后矛盾，前行政行为合法有效的确认后行政行为无效；

（6）行政协议内容非双方真实意思表示；

（7）事实上不能实施的行政行为。

（作者单位：北京市东城区人民法院）

可请求审查的“规范性文件”的条件界定

管　征

新修改的行政诉讼法（以下简称新行诉法）规定原告有权对规范性文件合法性一并提出审查请求[①]的同时，规定了人民法院有权审查规范性文件的合法性[②]。“规范性文件”已经成为连接原告请求权与人民法院审查权之间的必然媒介。对某一“文件”是否构成规范性文件，进而可以提出请求以接受人民法院审查，需作进一步的梳理、筛选与界定。

一、不同法律规范层面对规范性文件的不同界定

（一）法律层面

法律层面首次使用“规范性文件”用语，出自1989年通过的《行政诉讼法》，该法规定“被告对作出的具体行政行为负有举证责任，应当提供作出该具体行政行为的证据和所依据的规范性文件”[③]。但该法并未明确“规范性文件”的具体所指，是否包括法律、法规、规章，或是仅指效力在规章以下的规范性文件，司法实践中掌握的标准并不统一明确。1996年颁布的《行政处罚法》在明确了法律、法规、规章可以设定的行政处罚的行为、种类、幅度后，明确“其他规范性文件不得设定行政处罚”[④]。从语义的角度看，似有意将法律、法规、规章纳入“规范性文件”；2003年颁布的《行政许可法》沿用了这一立法用语与方法[⑤]。2004年最高人民法院印发《关于审理行政案件适用法律规范问题的座谈会纪要》，称“行政审判实践中，经常涉及有关

① 《行政诉讼法》第五十三条。
② 《行政诉讼法》第六十四条。
③ 修订前的《行政诉讼法》第三十四条。
④ 《行政处罚法》第十条至第十四条。
⑤ 《行政许可法》第十四条至第十七条。

部门为指导法律执行或者实施行政措施而作出的具体应用解释和制定的其他规范性文件，主要是：国务院部门以及省、市、自治区和较大的市的人民政府或其主管部门对于具体应用法律、法规或规章作出的解释；县级以上人民政府及其主管部门制定发布的具有普遍约束力的决定、命令或其他规范性文件”①，虽采用“其他规范性文件”，但又将其与“具体应用解释”并列。2011年公布的《行政强制法》，虽然采用“其他规范性文件”的用语，但自相关条款观察②，规章也被纳入。2000年通过的《立法法》通篇未使用“规范性文件”一词，但在2015年修正时，增加了“有关的专门委员会和常务委员会工作机构可以对报送备案的规范性文件进行主动审查”的内容③，但结合该法条的上下文④，此处所用“规范性文件”应理解为“行政法规、地方性法规、自治条例和单行条例、规章”以及“最高人民法院、最高人民检察院作出的属于审判、检察工作中具体应用法律的解释”，与此前法律所使用的“规范性文件”的内涵与处延均迥异。即使是与《立法法》密切相关的2006年通过的《各级人民代表大会常务委员会监督法》，对“规范性文件”的使用前后亦不一致。《各级人民代表大会常务委员会监督法》，虽单独用一章节规定了“规范性文件的备案审查”⑤，但自该章节的相关规定⑥而言，该法所指称的规范性文件不仅包括“行政法规、地方性法规、自治条例和单行条例、规章”，也包括“最高人民法院、最高人民检察院作出的属于审判、检察工作中具体应用法律的解释”，还包括“人民代表大会及其常务委员会作出的决议、决定和本级人民政府发布的决定、命令”。

（二）行政法规层面

自行政法规层面观察，最早使用“规范性文件”一语的是1990年国务院原《法规规章备案规定》，该规定明确“本规定所称规章包括部门规章和地方人民政府规章。部门规章是指国务院各部门根据法律和国务院的行政法规、决定、命令在本部门的权限内按照规定程序所制定的规定、办法、实施细则、

① 《最高人民法院关于审理行政案件适用法律规范问题的座谈会纪要》第一章节。
② 《行政强制法》第十条。
③ 《立法法》第九十九条。
④ 《立法法》第九十八条、第一百条、第一百零四条。
⑤ 《各级人民代表大会常务委员会监督法》第五章。
⑥ 《各级人民代表大会常务委员会监督法》第二十八条、第二十九条、第三十一条。

规则等规范性文件的总称。地方人民政府规章是指由省、自治区、直辖市以及省、自治区人民政府所在地的市和经国务院批准的较大的市的人民政府根据法律和行政法规按照规定程序所制定的普遍适用于本地区行政管理工作的规定、办法、实施细则、规则等规范性文件的总称"①，实系将规范性文件界定为国务院部门、省级以及较大市人民政府制定的"普遍适用"规则的总称（2001 年国务院《法规规章备案条例》已经不再使用该语）。至 2004 年国务院《全面推进依法行政实施纲要》中，将"规范性文件"与"法律、行政法规、规章"并列使用②，2008 年国务院《关于加强市县政府依法行政的决定》要求"建立健全规范性文件监督管理制度"，规定"市县政府及其部门制定规范性文件要严格遵守法定权限和程序，符合法律、法规、规章和国家的方针政策"，并进而区分"作为行政管理依据的规范性文件"以及"涉及公民、法人或者其他组织合法权益的规范性文件"等类型规范性文件；至 2010 年国务院下发《关于加强法治政府建设的意见》，继续沿用"规范性文件"一语，将规范性文件与"行政法规、规章"并列，明确"地方各级行政机关和国务院各部门要严格依法制定规范性文件"③。

（三）部门规章层面

自部门规章观察，在上述原《国务院法规、规章备案规定》公布后不久即出台的原《财政部地方财政规范性文件备案办法》，将规范性文件界定为"省、自治区、直辖市和计划单列市的财政厅、局（以下简称财政厅、局）根据国家现行财政法律、法规和规章，按照规定程序单独制定以及与其他部门联合制定的普遍适用于本地区财政管理工作的规定、办法、规则和通知等规范性文件的总称"。④ 此后，多部委均下发涉及规范性文件管理的部门规章，距今最近涉规范性文件管理的部门规章系《农业部规范性文件管理规定》，其中规定"本规定所称规范性文件，是指农业部在履行职责中，为执行法律、行政法规、规章和国务院文件所制定的，直接涉及公民、法人和其他组织的权利、义务，具有普遍约束力并可以反复适用的文件"。同时将

---

① 原《法规规章备案规定》第二条。
② 《全面推进依法行政实施纲要》第十四条、第十六条。
③ 《国务院关于加强法治政府建设的意见》第八条至第十条。
④ 《财政部地方财政规范性文件备案办法》第二条。

"农业部规章、单纯转发的文件、农业部与部属单位其他国家机关之间的行文、工作部署和行业发展规划计划、标准规程等技术性文件、规范人事、财务、外事、保密、保卫等机关内部事务的文件以及对具体情况的通报和对具体事项的处理决定"等七项具体文件排除出"规范性文件"的范畴①。

（四）浙江省层面

自我省层面观察，1990 年宁波市人民政府印发《宁波市规范性文件备案规定》，将"规范性文件"界定为"包括市人民政府部门规范性文件和县（市、区）人民政府规范性文件。市人民政府部门规范性文件是指市人民政府各部门为贯彻实施法律、法规和规章，在本部门的权限内所制定的具有普遍约束力的规定、办法、实施细则、通告等行政措施的总称。县（市、区）人民政府规范性文件是指县（市、区）人民政府为贯彻实施法律、法规和规章以及本级人民代表大会及其常务委员会的决议所制定的在地区内具有普遍约束力的规定、办法、实施细则、通告等行政措施的总称"。② 1991 年，杭州市人民政府出台《杭州市规范性文件备案规定》，明确"本规定所称规范性文件，系指各县（市）、区人民政府和市政府各部门为贯彻实施法律、法规、规章以及上级机关的规定，针对不特定的人或不特定的事而制定的在一定时间内反复适用的规定、办法、实施细则、通告、布告、决定、命令、指示等文件"。③ 至 2000 年浙江省政府发布《浙江省行政规范性文件备案审查规定》，采用"行政规范性文件"的用法并明确"行政规范性文件，是指各级人民政府和县级以上人民政府工作部门、直属机构制定的，涉及公民、法人和其他组织的权利、义务，有明确的法律责任，在一定时期内反复适用，在本行政管辖区域内具有普遍约束力的行政文件"。④ 2007 年浙江省人大常委会通过的《浙江省各级人民代表大会常务委员会规范性文件备案审查规定》明确，"本规定所称规范性文件，是指对本行政区域内公民、法人和其他组织具有普遍约束力的下列文件：（一）各级人民代表大会及县级以上人民代表大会常务委员会的决议、决定；（二）省人民政府和较大的市的人民政府制定

---

① 《农业部规范性文件管理规定》第二条。

② 《宁波市规范性文件备案规定》第二条。

③ 《杭州市规范性文件备案规定》第二条。

④ 《浙江省行政规范性文件备案审查规定》第二条第二款。

的规章；（三）县级以上人民政府公布的决定、命令；（四）其他应当报送备案的规范性文件”。[①] 2010年浙江省人民政府发布现行有效的《浙江省行政规范性文件管理办法》中沿用“行政规范性文件”的用法，并明确其是“指除政府规章以外，行政机关依照法定权限和规定程序制定的，涉及不特定的公民、法人或者其他组织的权利义务，在一定时期内反复适用，在本行政区域内具有普遍约束力的各类行政文件”。[②]

（五）其他层面

此外，“规范性文件”还被用于党的文件，如《中国共产党党内法规和规范性文件备案规定》就采用了“规范性文件”用法，并明确“本规定所称规范性文件，是指中央纪律检查委员会、中央各部门和省、自治区、直辖市党委在履行职责过程中形成的具有普遍约束力、可以反复适用的决议、决定、意见、通知等文件，包括贯彻执行中央决策部署、指导推动经济社会发展、涉及人民群众切身利益、加强和改进党的建设等方面的重要文件”。[③]

从上述法律、法规及规章层面的梳理，可见对于“规范性文件”：1. 在法律、法规、规章以及司法解释等层面至今均未作过明确且统一适用的界定；2. 法条中使用“规范性文件”具体何指，必须视不同的背景与语境而定；3. “规范性文件”的制定主体、表现形式与效力级别均呈现多样化；4. 无论在何种层面适用“规范性文件”，其核心所指实际上是“可以普遍且反复适用具有普遍约束力的规则”；5. 人大、行政机关已渐趋形成一定的识别与管理不同类型、层级“规范性文件”的机制。

二、新行诉法中规定的“规范性文件”的识别标准

鉴于实践中规范性文件的制定主体、效力等级以及表现形式多元的现状，根据新行诉法“公民、法人或者其他组织认为行政行为所依据的国务院部门和地方人民政府及其部门制定的规范性文件不合法，在对行政行为提起诉讼时，可以一并请求对该规范性文件进行审查。前款规定的规范性文件不含规

① 《浙江省各级人民代表大会常务委员会规范性文件备案审查规定》第三条。

② 《浙江省行政规范性文件管理办法》第三条。

③ 《中国共产党党内法规和规范性文件备案规定》第二条第二款。

章”的规定[①]，允许请求审查的“规范性文件”一词的具体内涵与外延，亦需结合相关法律、法规、规章等作较为全面的解读。笔者认为，判断原告请求审查的某一规则是否属于该法规定的“规范性文件”，可出以下筛选标准：

（一）“制定机关”标准

1. “行政机关”标准，即必须是对具有行政管理职能的行政机关、行政机构制发的规范性文件方可申请，因此，单独以人大、政协、社会团体、党的组织、司法机关等不具有行政管理职能的主体制发的规范性文件被排除。2. “国务院部门”标准，即以国务院部门为制发主体标准。（1）以国务院名义制发的规范性文件被排除；（2）根据《国务院组织法》中“国务院秘书长在总理领导下，负责处理国务院的日常工作”“国务院设立办公厅，由秘书长领导”的规定[②]，以国务院办公厅名义制发、转发的规范性文件，应可排除；（3）载明“经国务院批准”，以国务院部、委名义制发的规范性文件，应可排除；（4）以国务院组成部门包括部、委名义制发的规范性文件，属于范围；（5）以国务院直属机构如海关部署、税务总局、工商行政管理总局等名义制发的规范性文件，应属范围；（6）国务院部委管理的国家局如国家烟草专卖局、国家海洋局等名义制发的规范性文件，应属范围。3. 地方各级人民政府标准。根据《宪法》以及《地方各级人民代表大会及地方各级人民政府组织法》等法律规定，结合我省情况：（1）省人民政府名义制发的规范性文件，属于范围；（2）设区市人民政府名义制发的规范性文件，属于范围；（3）市辖区、不设区的市、县、自治县名义制发的规范性文件，属于范围；（4）乡、民族乡人民政府名义制发的规范性文件，属于范围。4. 地方人民政府部门标准。（1）省政府下属厅、局、委员会等工作部门名义制发的规范性文件，属于范围；（2）设区市、市辖区、不设区市的局、科等工作部门名义制发的规范性文件，属于范围；（3）街道办事处作为市辖辖区、不设区的市人民政府的派出机关[③]，以其名义制发的规范性文件，应属范围；（4）经国务院、省政府等批准的各类开发区的管理委员会名义制发的规范性文件，应属范围；（5）各级政府部门、内设机构名义制发的规范性文件，应属范围。

---

① 《行政诉讼法》第五十三条。

② 《国务院组织法》第七条。

③ 《地方各级人民代表大会和地方各级人民政府组织法》第六十八条第三款。

（二）“效力等级”标准

根据新行诉法第五十三条规定，即使某一规范性文件的制定机关符合标准，但属“规章”的将被排除，结合新行诉法、立法法等法律规定，可以进一步明确的是：

1. 规章排除。对于规范性文件是否属于规章的判断，可考虑区分时间节点：（1）2000 年 7 月 1 日《立法法》施行后出台的，按照《立法法》规定的规章制定程序通过的认定规章；（2）1990 年 2 月原国务院《法规规章备案规定》发布后至《立法法》施行前出台的，按照该规定程序通过备案的认定规章；（3）1990 年 2 月原国务院《法规规章备案规定》前已出台的，根据国务院及相关部门的清理文件并结合个案所涉情形判断。

2. 涉行政法规解释的应综合判断。根据国务院《行政法规制定程序条例》《国务院办公厅关于行政法规解释权限和程序问题的通知》的有关规定[①]，应区分解释针对的对象（如行政法规条文或者行政工作中具体应用行政法规的问题）、制发主体（如国务院及相关部门）、审批机关（如是否经国务院批准）等，综合予以认定判断，如属于法定行政解释的，具有与行政法规同等效力，应排除出请求范围。

3. 涉地方性法规解释的应综合判断。地方性法规系地方人大或其常委会制定，根据《浙江地方立法条例》《杭州市制定地方性法规的规定》《宁波市制定地方性法规程序规定》的有关规定[②]，省或地方人大常委会作出的立法解释与地方性法规具有同等效力，均不属于可请求范围。但相关行政机关就地方性法规制发的解释，应属于可请求范围。

4. 涉规章解释的综合判断。根据《规章制定程序条例》的规定[③]，依照该条例规定公布的规章解释，具有与规章的同等效力，应排除出请求范围；但非依该条例制发的涉规章条款的解释意见不具有规章同等效力，均应在可请求范围内。

---

① 《行政法规制定程序条例》第三十一条、第三十三条；《国务院办公厅关于行政法规解释权限和程序问题的通知》第一、二、三条。

② 《浙江地方立法条例》第七十一条；《杭州市制定地方性法规的规定》第四十二条；《宁波市制定地方性法规程序规定》第四十条。

③ 《规章制定程序条例》第三十三条。

（三）“表现方式”标准

法律、法规、规章有相对统一的名称、程序，识别较易，“规范性文件”并无统一称谓，判断是否属于规范性文件，并不能“望文即知义”。借助现有机制，可考虑几种方法予以识别：1. 种类识别。20 世纪 80 年代以来，国务院就国家行政机关公文种类已先后下发五次通知①，以规范公文种类。现行有效的《党政机关公文处理工作条例》将公文区分为 15 个种类②：即决议、决定、命令（令）、公报、公告、通告、意见、通知、通报、报告、请示、批复、议案、函、纪要。上述公文种类及其适用范围可见，依规定发出的公文（俗称“红头文件”）并非均能构成规范性文件，如有的决议、通报、报告、请示、批复、议案等针对特定事项，均不属于规范性文件；多数属于规范性文件的公文往往集中在公告、通告、意见、通知，有的纪要会具有普遍约束力，自可归入规范性文件。2. 形式识别。2010 年国务院《关于加强法治政府建设的意见》中规定“县级以上地方人民政府对本级政府及其部门的规范性文件，要逐步实行统一登记、统一编号、统一发布”③，2012 年 12 月 10 日浙江省人民政府下发《关于推行行政规范性文件“三统一”制度的意见》，同年 12 月 25 日，浙江省人民政府法制办公室下发《浙江省行政规范性文件统一编号规定》以及《浙江省行政规范性文件管理文书参考格式》，进一步细化了有关操作细则。同时，按照《浙江省行政规范性文件管理办法》

① 分别是：1981 年 2 月 27 日《国务院办公厅关于发布国家行政机关公文处理的通知》；1987 年 2 月 18 日《国务院办公厅国家行政机关公文处理办法》；1993 年修正的《国务院办公厅国家行政机关公文处理办法》；2001 年施行的《国务院国家行政机关公文处理办法》；2012 年 4 月 16 日中办、国办《党政机关公文处理工作条例》。

② 《党政机关公文处理工作条例》第八条，该条确定的公文各类包括：（1）决议（适用于会议讨论通过的重大决策事项）；（2）决定（适用于对重要事项作出决策和部署、奖惩有关单位和人员、变更或者撤销下级机关不适当的决定事项）；（3）命令、令（适用于公布行政法规和规章、宣布施行重大强制性措施、批准授予和晋升衔级、嘉奖有关单位和人员）；（4）公报（适用于公布重要决定或者重大事项）；（5）公告（适用于向国内外宣布重要事项或者法定事项）；（6）通告（适用于在一定范围内公布应当遵守或者周知的事项）；（7）意见（适用于对重要问题提出见解和处理办法）；（8）通知（适用于发布、传达要求下级机关执行和有关单位周知或者执行的事项，批转、转发公文）；（9）通报（适用于表彰先进、批评错误、传达重要精神和告知重要情况）；（10）报告（适用于向上级机关汇报工作、反映情况，回复上级机关的询问）；（11）请示（适用于向上级机关请求指示、批准）；（12）批复（适用于答复下级机关请示事项）；（13）议案（适用于各级人民政府按照法律程序向同级人民代表大会或者人民代表大会常务委员会提请审议事项）；（14）函（适用于不相隶属机关之间商洽工作、询问和答复问题、请求批准和答复审批事项）；（15）纪要（适用于记载会议主要情况和议定事项）。

③ 此要求，当为行政规范性文件“三统一”制度的起源。

的规定[①]，行政规范性文件应自发布之日起15日内均需报送相关人民政府备案，各级政府应定期公布报备的备案审查的行政规范性文件目录。因此，编号与备案可作为识别判断某一文件是否属于规范性文件的方法。3. 内容识别。虽有上述方法，但判断某一规则是否属于规范性文件仍显不足，困难在于一些规则的表现形式并不仅是书面或纸质的，典型如《道路交通安全法》中确定的交通信号灯、交通标志、交通标线，系以物理、立体的方式呈现出的“普遍适用”规则；一些规则的表现方法不限于文字的，如《城乡规划法》中具有普遍约束力的“修改性”及“控制性”详细规划的具体内容需要结合图纸判断。遇有类似情形，需要借助“规范性文件”内涵核心即“具有普遍约束力、能够普遍适用”这一判断标准，以便准确界定。

三、可请求审查的规范性文件中“行为依据”解读

即使某一涉案规范性文件同时符合上述条件，原告如提出审查请求的，仍需要满足该规范性文件系被诉行政行为的“依据”的条件。对此准确理解需要考虑如下情况：

（一）“依据”需要判断

规范性文件是否能够构成被诉行政行为的“依据”往往并非一目了然、不容争议。因此，原告提出规范性文件审查请求时需要说明其认为该规范性文件系被诉行政行为“依据”的理由；同理，被告在诉讼中对此请求权亦应享有对应的答辩权利，以抵御原告行使此项权利。进而，人民法院应对是否构成“依据”作出最终判断，如属于“依据”的需要行使“排除适用”审查权[②]。

（二）“依据”表现形式

从行政审判实践看，可以区分出“依据”的三种表现形式。一是直接在行政决定中载明所适用的规范性文件；二是虽未在行政决定中载明，但为回应原告的诉称意见，被告在答辩时主张援引某一规范性文件作为其行政行为

---

① 《浙江省行政规范性文件管理办法》第二十条。

② 《行政诉讼法》第六十四条以及《最高人民法院关于适用〈中华人民共和国行政诉讼法〉若干问题的解释》第二十一条，典型地反映了这一审查权的表现方式。

的依据；三是既不载明也不在辩论中主张，仅为回应人民法院裁判前就行政行为合法性提出的相关问题，提供某一规范性文件予以印证。前两种情形，应列为原告在一审庭审结束前可请求审查的规范性文件的范围；第三种情形，如人民法院经初步审查拟援引该规范性文件作为判断行政行为合法性的必需依据的，应在此前告知原告可就该规范性文件提出审查请求。

（三）“依据”指向内容

一个完整的行政行为往往由行为主体、行政相对人、认定事实、行为程序及决定内容等五部分组成，人民法院对被诉行政行为的审查，也主要围绕上述内容。正因由此，被诉行政行为的依据并非仅指向“决定内容”部分的依据，而应据此分类指向上述各个方面；而允许原告提起审查请求的规范性文件自不应限定于“决定内容”，只要涉及被诉行政行为上述内容合法性的规范性文件，均在可请求范围。

综上，案涉文件是否能构成新行诉法规定的“规范性文件”，以及原告请求审查的规范性文件是否构成被诉行政行为的依据，均需人民法院经层层梳理后审查确定，才能既充分回应、依法保障原告的请求权，也确保人民法院审查权在新行诉法规定的框架内依法行使。

（作者单位：浙江省高级人民法院）

学术争鸣

论《政府信息公开条例》第十三条的法律解释及适用

李瑰华

法治政府建设的目标之一是实现透明政府和服务政府。2007 年制定、2008 年实施的《中华人民共和国政府信息公开条例》（以下简称《条例》）无疑是我国法治政府建设的重要步骤之一，对于实现透明政府和服务政府具有里程碑式的意义。《条例》实施已近十年，实施效果可谓是喜忧参半。喜的是政府主动公开政府信息的工作得以有序推进，不少行政机关能有效地将政府信息公开与推行电子政务结合起来，方便了群众，发挥了政府信息对群众的服务作用。忧的是申请公开政府信息的工作陷入困境。行政机关常常以“不存在生产、生活、科研等特殊需要”“信息不存在”“不属于公开范围”等理由拒绝公开政府信息，特别是以“不存在生产、生活、科研等特殊需要”为由拒绝公开，更是引起媒体和公众的热议，无形之中损害和降低了政府的公信力。在行政救济和行政法制监督层面，如何解释和适用《条例》第十三条所规定的“根据自身生产、生活、科研等特殊需要”往往成为处理该类案件的关键所在。学界对《条例》第十三条的理解与申请主体资格问题的认识也有分歧。目前，《条例》正在修改过程中，从适用解释层面对《条例》第十三条重新进行反思，无疑有利于《条例》有关申请条件的修改和完善。

一、司法解释对行政解释的尊重与保留

《条例》第十三条规定：除本条例第九条、第十条、第十一条、第十二条规定的行政机关主动公开的政府信息外，公民、法人或者其他组织还可以

根据自身生产、生活、科研等特殊需要，向国务院部门、地方各级人民政府及县级以上地方人民政府部门申请获取相关政府信息。行政执法和司法实践中，对于该条款的解读分歧较大。正因如此，国务院办公厅和最高人民法院分别对该条款作出了相关行政解释和司法解释。

行政解释方面，《国务院办公厅关于施行〈中华人民共和国政府信息公开条例〉若干问题的意见》（国办发〔2008〕36号）第十四条规定：行政机关对申请人申请公开与本人生产、生活、科研等特殊需要无关的政府信息，可以不予提供；对申请人申请的政府信息，如公开可能危及国家安全、公共安全、经济安全和社会稳定，按规定不予提供，可告知申请人不属于政府信息公开的范围。《国务院办公厅关于做好政府信息依申请公开工作的意见》（国办发〔2010〕5号）第一大点关于准确把握《条例》第十三条内涵部分，除了重申国办发〔2008〕36号文第十四条的规定外提到：《条例》还设置了依申请公开制度，以满足公民、法人或者其他组织自身生产、生活、科研等特殊需要。可以看出，作为政府信息公开最高行政主管部门的国务院办公厅对《条例》第十三条的解释逻辑是：依申请公开制度就是为了满足公民、法人或者其他组织自身生产、生活、科研等特殊需要的，故此，在个案中，申请人申请公开与本人生产、生活、科研等特殊需要无关的政府信息时，行政机关可以不予提供。实质上，将《条例》第十三条所规定的“可以根据自身生产、生活、科研等特殊需要”解释为：一是所申请的信息须与申请人自身生产、生活、科研等特殊需要有关，这是依申请公开能够获得公开的基本条件之一；二是所申请的信息与申请人自身生产、生活、科研等特殊需要无关的话，行政机关“可以”不予提供，并不是“应当”不予提供。可以想象，行政机关提供的话也不违法。这是国务院办公厅基于最高行政主管部门立场所作出的行政解释的内容。

司法解释方面，2011年《最高人民法院关于审理政府信息公开行政案件若干问题的规定》（以下简称《规定》）对《条例》第十三条也进行了解释。《规定》第五条第六款规定：被告以政府信息与申请人自身生产、生活、科研等特殊需要无关为由不予提供的，人民法院可以要求原告对特殊需要事由作出说明。《规定》第十二条第一款第六项规定，原告不能合理说明申请获取政府信息系根据自身生产、生活、科研等特殊需要，且被告据此不予提供的，被告已经履行法定告知或说明理由义务的，应判决驳回原告的诉讼请求。

即在政府信息公开行政诉讼案件中，当被告以政府信息与申请人自身生产、生活、科研等特殊需要无关作为抗辩事由时，人民法院可要求原告对特殊需要事由作出说明。原告不能合理说明申请是基于自身生产、生活、科研等特殊需要的，法院不支持原告的诉讼请求。可以看出，司法解释对行政解释予以了充分尊重，当被告以申请信息与自身生产、生活、科研等特殊需要无关为理由拒绝提供时，法院查明后尊重行政机关的解释和处理。但很显然，司法解释同时也是有所保留的，法院在程序上并不必然主动审查原告申请信息与其自身生产、生活、科研等特殊需要之间有无关系。即原告申请信息与其自身生产、生活、科研等特殊需要之间有无关系并不构成行政行为是否合法的刚性要求。这一点与国办发〔2008〕36号第十四条所规定的“可以不予提供”而非“应当不予提供”具有内在的契合。而且原告对申请信息与其自身生产、生活、科研等特殊需要之间有无关系并不必然承担举证责任，司法解释中只是规定法院可要求原告作出说明，而并非要求原告进行“举证”。这是最高人民法院基于最高审判机关立场所作出的司法解释的内容。更准确地说，司法解释并没有真正独立的解释，只是对行政解释作出了一些消极回应。必须谨慎地意识到，在行政执法和司法实践中，司法解释对行政解释的尊重逐渐演变成依申请公开的刚性条件之一，而司法解释对行政解释的保留却有着被越发弱化的趋势。导致行政执法和司法实践中申请人所申请信息与自身生产、生活、科研等特殊需要有关成为依申请公开的必要条件之一。

在行政解释和司法解释中，很难找到最高行政主管部门和最高司法审判机关对《条例》第十三条作出解释所基于的依据。唯一可能存在的依据是，国办发〔2010〕5号提到：《条例》还设置了依申请公开制度，以满足公民、法人或者其他组织自身生产、生活、科研等特殊需要。国务院办公厅实质上以一种规范制定者的口吻阐述依申请公开制度设立的目的。无论从《条例》的制定主体是国务院，还是从其是政府信息公开最高行政主管部门来说，最高人民法院想完全摆脱这种影响而另起炉灶独立地进行司法解释，不仅是不现实的，而且还极易导致行政执法和司法实践的混乱。“尽管这一要求被认为是对《政府信息公开条例》关于政府信息公开范围的限缩解释。但毕竟是有权解释，司法解释无视这一规定亦有难处。”因此，司法解释对行政解释的尊重和保留不仅是非常符合实际和法院自身角色处境，而且本身也体现出对司法技艺的深刻把握。

二、学界对行政解释的认同与分歧

显然，在目前的行政执法和司法实践中，国务院办公厅所作出的行政解释是对《条例》第十三条最主流也是最权威的解释。这种主流和权威一方面来自于其代表的最高行政主管部门的立场，另一方面可能源于其满足了行政管理部门“丑媳妇怕见公婆”的部门利益的现实需要。在学界，这种行政解释获得了部分学者的认同，但也有不少学者持相反观点。

学界对《条例》第十三条的解释，主要有两种观点。

一种观点认为，该条款只是规定了公民、法人或者其他组织有申请获取政府信息的权利，并没有设定实质的申请资格条件。“《政府信息公开条例》第十三条也是遵循了这一原则，该条中不仅列举生产、生活的需要，而且还列举了科研的需要，科研需求是一个相当宽泛的条件。这本身也意味着立法者对信息公开持开放的态度，并不着意于对申请信息公开予以限制。”该种观点的主要依据：一是从《条例》第十三条的文义解释出发，认为含义宽泛，体现不出限制之意；二是从美日等域外的相关立法考察出发，认为多数国家政府信息公开立法对有权获得政府信息的主体不作申请资格上的限制，甚至不少国家立法规定，外国人也可以申请公开政府信息；三是从知情权的性质来看，当事人无须对“知的需要“进行举证。该观点证成的主要依据是来自文义解释，属于援引法律内因素的解释思路。域外立法例和知情权理论起到的是补强论证的效果，是一种援引法律外因素的解释思路。

另一种观点认为，该条款不仅规定了公民、法人或者其他组织有申请获取政府信息的权利，而且还规定了申请资格限制，即申请政府信息公开须存在生产、生活、科研等特殊需要。这种观点的理由：一是从一些国家政府信息公开制度发展初期来看，往往是要对申请主体资格进行限制的；二是建制初期，条件不具备；三是有限的政府信息公开范围决定有限制的申请者资格条件；四是在知情权并没有明确规定为法律权利的前提下，申请政府信息公开只能借助于已有的合法权益受到侵害为理由，获得司法救济。并且对申请政府信息公开进行资格条件限制，不是一个方向和未来，只是一个暂时安排，是一个过渡方案。有人在主张申请主体资格限制的基础上，对存在“特殊需要”作出了解释。排除了将《条例》第十三条适用于“虽与自身无关，但为了满足自己参与国家事务、管理经济和文化事务，管理社会事务”的需要及为行使“对任何国家机关和国家工作人员提出批评、建议和对任何国家机关和工作人员违法失职行为申诉、控告或检举”的权利的需要，而将该条的适用范围限定于一部分特定的人和事，即“特定主体的特殊需要”，换言之，仅出于自身特殊的生产、生活、科研等的需要，才可以适用《条例》第十三条。

分析该种肯定观点的主要理由可以看出，认同行政解释观点的主要论据基本上属于法律外因素，鲜有来自于法律内因素对该种论点的证成依据。似乎可以认为，学界对行政解释的认同与分歧，更多不是针对《条例》第十三条本身的解释，而是制度上应否建立申请主体资格限制的理论争鸣。因此，对行政解释的理论认同与分歧在理论价值层面上显得更为有意义，但在法律制度已经有具体规定的前提下，对条款的法律解释应当更多地从援引法律内的因素去进行解释，如此方能充分彰显法律思维自身的严谨和法律解释所应具有的谦抑。

三、两种解释方法对行政解释的检讨

援引法律内因素的一般解释方法主要有文义解释、目的解释、体系解释等方法。其中，用文义解释和体系解释方法对行政解释进行理论检讨也不失为一种认识思路。

（一）文义解释方法对行政解释的检讨

所谓文义解释，又称语义解释，指按照法律条文用语之文义及通常使用方式，以阐释法律之意义内容。“文义解释是直接依照立法者设计的法律条文来确定其含义，充分体现了裁判者对立法者价值判断的尊重，因而应当处于最为优先的地位。”文义解释在法律解释方法中具有基础意义，无论解释出的规则内容有多大差异，也不能否认文义应是法律解释的起点和落点。

对于《条例》第十三条所规定的“公民、法人或者其他组织还可以根据自身生产、生活、科研等特殊需要”，从文义解释的角度来看，公民、法人或者其他组织只要是根据自身生产、生活、科研等特殊需要而作出的申请就符合法律规定的条件，法律所要表达的意义很明确。从通常语境而言，此处的“特殊需要”是针对政府信息主动公开所要满足的“普遍需要”或“一般需要”而言的。该条规定还明确了依申请公开所要满足的需要内容是生产、生活、科研等方面的需要。显然，生产、生活、科研三个方面几乎涵盖了所有可能的需要，在这种情况下，还有“等”字作为兜底，显然，《条例》通过“生产、生活、科研”+“等”字的立法方式对外传达的意思是：对依申请公开所要满足的需要内容是不作限定的。只是从依申请公开与主动公开所要满足的需要性质不同而作出的一种法律语言表达。实务中，申请人只要提出申请，一般不是基于生产需要，就是基于生活或科研等需要。所以，从生活常识来看，内容上不作限定的“需要”就是一种主观判断，申请人一申请，就必然说明是存在这种主观需要的。所以，行政机关常常以“不存在自身生产、生活、科研等特殊需要”为由拒绝提供政府信息则容易陷入“子非鱼”的逻辑悖论中。“一般而言，个人自身的特殊需要只有他自己才会真正了解，人们通常无法对另一个人的特殊需要进行界定，并进而判断是否应该提供政府信息。……总而言之，对所谓‘特殊需要’的审查只会造成政府机构在处理政府信息公开申请时的擅断与专横。”

严格从《条例》第十三条及其他条款检视，所申请的信息与这种需要是否有关以及能否真正满足这种需要，《条例》并没有作出这方面的限定。也正因为如此，如果将《条例》第十三条减缩为以下两种表述并不会改变其原意。一种是：除本条例第九条、第十条、第十一条、第十二条规定的行政机关主动公开的政府信息外，公民、法人或者其他组织还可以根据需要，向国务院部门、地方各级人民政府及县级以上地方人民政府部门申请获取相关政府信息。另一种是：除本条例第九条、第十条、第十一条、第十二条规定的行政机关主动公开的政府信息外，公民、法人或者其他组织还可以根据自身特殊需要，向国务院部门、地方各级人民政府及县级以上地方人民政府部门申请获取相关政府信息。

可见，行政解释并不能获得文义解释的补强论证效果，甚至二者之间在内容和解释结论实质上是相互背离的。

（二）体系解释方法对行政解释的检讨

所谓体系解释，一般认为，是以立法者所制定的法律体系之间应当是相互协调、相互不矛盾为基本前提，若按照某种解释会导致法律体系之间不协调甚至是相互矛盾，那么这种解释就是不成立的。“在所谓的体系解释（systematische Auslegung）中，并不是单独地孤立观察某个法律规范，而是要观察这个规范与其他规范的关联；这个法律规范和其他的规范都是共同被规定在某个特定法领域中，就此而言，它们共同形成了一个‘体系’。”体系解释一般包括无矛盾、不赘言、完整性和体系秩序的要求。体系解释对于达成一种理解，意义有限，但往往对否定一个解释却是具有较强说服力的。

按照行政解释的逻辑，申请政府公开的信息须与申请人自身生产、生活、科研等特殊需要有关才不会因此被拒绝提供信息。那么，只要行政机关坚持这样认为，申请人就必须要说明其所申请的信息与其自身生产、生活、科研等特殊需要有关，否则就不可能获取信息。从公民、法人或其他组织而言，申请的信息必须与其自身生产、生活、科研等特殊需要有关是依申请公开信息的基本条件之一。如果此种行政解释成立的话，则会造成《条例》第十三条与《条例》第二十条、第二十一条之间的不协调，甚至是相互矛盾。《条例》第二十条规定：公民、法人或者其他组织依照本条例第十三条规定向行政机关申请获取政府信息的，应当采取书面形式（包括数据电文形式）；采用书面形式确有困难的，申请人可以口头提出，由受理该申请的行政机关代为填写政府信息公开申请。政府信息公开申请应当包括下列内容：（一）申请人的姓名或者名称、联系方式；（二）申请公开的政府信息的内容描述；（三）申请公开的政府信息的形式要求。根据第二十条规定，有两点内容是明确的：一是该条所规范的就是《条例》第十三条所规定的依申请公开；二是信息公开申请所包含的内容是刚性的，不存在兜底条款所规定的模糊情形。依据该规定，行政机关无权要求申请人出示其他性质内容的材料。可以想见，若申请的信息必须与其自身生产、生活、科研等特殊需要有关是依申请公开信息的基本条件之一的话，那么，如此重要的一个条件显然应当是被包括在申请书中的。按照行政解释的逻辑，《条例》第十三条和第二十条之间不仅不协调，第二十条的规定显然是不完整的。同理，《条例》第二十一条对政府信息依申请公开的答复中，也难以找到对不存在特殊需要的信息公开的相应答复。《条例》第二十一条压根就没有提及到特殊需要的问题。《条例》第二十条、第二十一条所规定的是依申请公开政府信息的两个最重要的程序环节：申请和答复，在这两个重要环节均未明确对“特殊需要”条件进行呼应的程序规定。“因此，结合《政府信息公开条例》的上下文进行分析，可以认为，第十三条的主要意旨，在于规定除了政府机关主动公开信息之外，公民、法人或者其他组织还可以通过申请获取政府信息，难以得出‘三需要’是刚性规定的结论。”若前述行政解释成立的话，《条例》第二十条、第二十一条的规定实在是挂一漏万了。

四、回归服务立场的行政解释修正和适用

（一）行政解释存在的问题

1. 不符合严格解释的规则

行政机关将第十三条所规定的“公民、法人或者其他组织还可以根据自身生产、生活、科研等特殊需要”解释为“申请的信息要与申请人自身生产、生活、科研等特殊需要有关”。申请的信息要与申请人自身生产、生活、科研等特殊需要有关成为判定申请人的申请是否是根据自身生产、生活、科研等特殊需要的标准。文本显示出作出上述解释的可能依据是：《条例》设置依申请公开制度的目的就是为了满足公民、法人或者其他组织自身生产、生活、科研等特殊需要。行政解释从立法目的导出对依申请公开的基本条件的设定，使本来在文义上并无实质限定作用的条款具有了限定的规范作用。实质上增加了申请人的法定义务。对于属于公开范围的政府信息，构成了第二层次的免除行政机关公开的法定事由。从严格解释的规则来看，不同解释之间存在争论时，应选择一种对私权利有利的解释更符合法治精神，尤其是行政机关对涉及免除自身义务的事项，更应自觉接受自然公正原则的约束。只有这样，才能使得政府信息公开对提升依法行政水平的倒逼效应不至于落空。

2. 是行政救济中“利害关系人”思维惯性的结果

行政救济程序在制度层面是要为利害关系人提供救济。当公民、法人或者其他组织与行政机关的行为无关时，是无权寻求行政复议或行政诉讼的。即无关时，就不存在对公民、法人或其他组织权益的法律保护问题。因此，在政府信息公开行政案件处理过程中，我们可能更习惯于用传统“利害关系人”的思维去考虑如何处理。在依申请公开政府信息案件中，若申请的信息与其自身生产、生活、科研等特殊需要无关时，可能就会认为申请人无值得法律保护的权益存在。如果以“利害关系人”思维设定这种限制，所谓的“服务”，门槛未免有些高。“其实，纠缠于特殊需要的解释无异于钻进行政

机关编织，暂为法院所支持的陷阱。《条例》第一条规定：为了保障公民、法人和其他组织依法获取政府信息，提高政府工作的透明度，促进依法行政，充分发挥政府信息对人民群众生产、生活和经济社会活动的服务作用，制定本条例。也就是说，条例所确立的立法宗旨是政府信息公开而不是限制政府信息公开。由此，行政机关和法院不审查所申请公开事项是否涉及秘密或隐私，而审查申请人的特殊需要，利用《条例》第十三条所规定的特殊需要来限制相对人申请政府信息公开，是与条例的立法宗旨背道而驰的。"

3. 知情权克减的理由难以成立

从知情权的角度分析，公民知情权克减是由政府信息公开范围的相关制度加以规定。知情权克减一般是为了保护另外一种更为值得保护的法益而不得已作出的一种制度安排，是解决法益冲突时的一种立法选择。如知情权与隐私权、国家秘密、商业秘密、社会安全和社会稳定等之间存在冲突时，对隐私权、商业秘密等的保护就会构成知情权克减的法定事由。在政府信息公开范围已经进行了克减的基础上，又以信息与其自身生产、生活、科研等特殊需要有关作为第二次克减的理由，在当代文明国家信息公开专门立法中是很难找到相关立法例的。"与我国《条例》要求信息有'特殊需要'不同的是，各国在规定信息申请时，不仅没有就信息对申请人自身的有用性作要求，换句话说，法律只是赋予任何公民有向政府申请信息公开的权利，至于该信息对于申请人是否有用、有何种用途，法律则在所不问；甚至在美国，立法还特别说明任何人有权不以特定利益为基础向政府提出公布信息申请。"

行政解释所造成的知情权克减所要保护的另一种法益到底是什么，显然是模糊的。"在处理行政法上的诸问题时，要求我们始终进行对公益和私益的比较衡量，并且，在这种情况下，不得仅偏袒于任何一方的利益。对于学习行政法来说，均衡感显得尤为重要。"在行政执法和司法实务中，行政机关以申请信息与申请人自身生产、生活、科研等特殊需要无关为理由拒绝提供信息的，除了能为行政机关提供暂时性庇护外，几乎对任何一种法益都没有起到保护作用，反而损害政府的公信力。

4. 对存在"特殊需要"本身的解释具有较大弹性，必然导致不予公开范围的扩大

行政解释一旦成立，那么即使属于政府信息公开的范围，存在"特殊需要"也构成了申请政府信息公开的基本条件之一。意味着在具体适用中，当

事人所申请公开的政府信息必须与其生产、生活、科研等特殊需要有关。然而，“有关”还是“无关”显然属于不确定法律概念。当事人既然申请公开，必然是认为“有关”，而行政机关基于自身的部门利益及其他现实因素，极易认为是“无关”。对于当事人而言，存在“特殊需要”实质上构成了免于公开之外的第二次限制。对免于公开范围需采取列举式规定的理论共识而言，这一解释具有釜底抽薪的消解作用，必然导致不予公开范围呈扩大趋势。毕竟，法院以自己对“有无关”的看法来代替或说服行政机关的认识难度还是很大。

（二）回归服务政府立场的行政解释修正与适用

从《条例》的制定主体和具体内容来看，《条例》是行政机关基于建设透明政府和服务政府所作出的一项行政立法创举，是行政机关谋求社会文明进步过程中的自觉行动和自我约束，《条例》的制定和实施对于建设和实现法治政府具有重要的价值。《条例》第一条规定：为了保障公民、法人和其他组织依法获取政府信息，提高政府工作的透明度，促进依法行政，充分发挥政府信息对人民群众生产、生活和经济社会活动的服务作用，制定本条例。如果说政府信息公开范围为透明政府建设确立了主要原则和边界，那么，“服务政府”建设应是行政机关对《条例》其他制度进行解释的出发点和最终归宿。从前述种种论据看来，对《条例》第十三条的行政解释中的“服务”程度明显不够，大有推倒重来的势头。行政解释中的部门利益凸显，导致实践中依申请公开有异化成依申请不公开的危险。或许一味要求行政机关在政府信息公开方面更加自觉不免显得幼稚。行政机关在作此类解释中难以遏制不予公开的内在冲动。也许正因为如此，日本行政法中规定，公开请求人可以对公开请求的拒绝决定，向处分厅进行异议申诉或向其直接上级行政厅进行审查请求。接受了不服申诉的行政机关的首长，必须向相对独立的信息公开、个人信息保护审查会进行咨询。

因此，在目前我国尚未建立相对独立的政府信息公开及个人信息保护审查委员会的当下，行政解释必须加以修正，回归基于自律立场的解释路径，回归到《条例》文本，进一步缩小和弥合行政解释与社会公众普遍理解之间的认识鸿沟，可能更加忠实于立法初衷。

退一步说，行政解释在没有被修正之前，此种行政解释的适用范围也理应有所节制。节制的范围至少包括以下两个方面：第一，对于政府应主动公开的信息事项，申请人申请公开的，不应适用此种行政解释。否则，就会将行政机关违法不主动公开信息的行为最终演化为不予公开。第二，对申请与自身有关的税费缴纳、社会保障、医疗卫生等政府信息的，无须说明申请信息与自身生产、生活、科研等特殊需要有关。否则，违背个人信息保护的法理基础。

总之，无论是文义解释还是体系解释，《条例》第十三条只是规定了公民、法人或其他组织有申请获取政府信息的权利。以存在自身生产、生活、科研等特殊需要作为申请的资格条件是行政解释的添加和扩大。只有行政解释回归到服务政府立场，对解释的内容作出修正，或对解释的适用作出限制，司法解释的修正和适用也才可能会作出积极呼应。从而使得《条例》所倡导的信息对公民、法人或其他组织的服务目的不至于旁落。

目前，《条例》正处于修改讨论中，无论将“特殊需要”作不作为申请条件加以明确，“存”“废”之间不仅要作法律价值的抉择，同时也需要充分考虑法律文本及其制度体系之间的逻辑严密，为政府信息公开法律制度的统一解释和适用奠定制度基础。

（作者单位：西北政法大学）

未说明“三需要”并非行政机关拒绝信息公开的正当理由

谷昔伟　鲍蕊

【裁判要旨】

依申请公开的政府信息，申请人对所申请信息“根据自身生产、生活、科研等特殊需要”（即“三需要”）的理由仅负有形式说明义务。《政府信息公开条例》第十三条的“三需要”并非行政机关拒绝信息公开的正当理由，行政机关应当就申请信息属于法定豁免公开或滥用申请权等拒绝公开的例外情形承担举证责任。

【案号】

一审：江苏省南通市如东县人民法院（2015）东行初字第00112号。

二审：江苏省南通市中级人民法院（2016）苏06行终第10号。

【案情】

原告：申某

被告：江苏省如皋市国土资源局（以下简称如皋国土局）

2014年9月28日，原告申某以邮寄方式向如皋国土局提出信息公开申请，要求公开“皋征告［2011］第434号文件中涉及的《征地调查结果确认表》（含续表中征地涉及农民签名）”，如皋国土局于次日收悉。同年10月23日，如皋国土局作出［2014］皋国土资依告第117号政府信息公开延期答复告知书并于同日邮寄给申某，告知申某延长答复期限15个工作日。同年11月6日，如皋国土局作出［2014］皋国土依复第397号政府信息公开申请答复书，答复称“经审查，现将与您本人生产、生活相关的如城街道大明村3

组的《征地调查结果确认表》和您本人拒绝签字的《拒绝签字情况说明》复印件提供给您，供参考。您提供的证明材料不能说明征地范围内其他农户签字确认与你本人生产、生活、科研等特殊需要有关，故不予公开”。11月11日，如皋国土局向申某邮寄送达了上述答复书及征地调查结果确认表、拒绝签字情况说明。申某不服，提起行政诉讼。

另查明，申某户系皋征告［2011］第434号征地告知书所涉地块的被征地农民。

【审判】

江苏省如东县人民法院经审理认为，申某不负有证明对所申请的信息存在特殊需要的义务，如皋国土局在答复中称因申某提供的证明材料不能说明“征地调查结果确认表续表”与其特殊需要相关而不予公开属于理由不当。但申某与“征地调查结果确认表续表”存在特殊需要的主张亦不能成立，因此对于其要求撤销涉诉答复并责令如皋市国土局公开其所需信息的诉讼请求，不予支持。如东县人民法院判决驳回申某的诉讼请求。

一审宣判后，申某不服，向江苏省南通市中级人民法院提起上诉。申某认为，如皋国土局应当依法全面公开《征地调查结果确认表》。其作为被征地农户，申请公开续表（征地涉及的农户签字）与其生产、生活息息相关，如皋国土局对续表部分不予公开的答复于法无据。故请求二审法院支持其诉讼请求。

南通中院二审认为，《政府信息公开条例》（以下简称《条例》）第二十二条规定，申请公开的政府信息中含有不应当公开的内容，但是能够作区分处理的，行政机关应当向申请人提供可以公开的信息内容。《最高人民法院关于审理政府信息公开行政案件若干问题的规定》（以下简称《规定》）第八条规定：“政府信息涉及国家秘密、商业秘密、个人隐私的，人民法院应当认定属于不予公开范围……”可见对信息进行区分处理是以信息中含有不应当公开的内容为前提，司法实践中更多的是判断申请人申请公开的信息是否属于《条例》第十四条规定的国家秘密、商业秘密及个人隐私等免予公开的情形。案涉《征地调查结果确认表》（含续表）作为一个整体，是征地报批的必备要件和制定征地补偿安置方案的依据。不同于分户确认表，它是被征地农村集体经济组织、农户和地上附着物产权人对拟征土地的权属、地类、面积以及地上附着物权属、种类、数量总体数目的确认，涉及农村集体经济组织和该地块全部被征地农民的合法权益，与群体利益挂钩，不存在秘密或个人隐私问题，因此表格（含续表）不属于不应当公开的情形。申请人申某系皋征告［2011］第434号征地告知书所涉地块的被征地农民，从如皋国土局所持的拒绝签字情况说明也可看出，申某申请公开的信息与其自身利益相关，其以申请人申请公开的政府信息与本人生产、生活、科研等特殊需要无关为由不予公开，有故意设置障碍、增加义务之嫌。

据此，南通中院二审判决：一、撤销一审判决；二、撤销［2014］如皋国土依复第397号政府信息公开申请答复；三、责令如皋国土局于判决生效后十五个工作日内重新作出答复。

【评析】

《条例》第十三条规定："除本条例第九条、第十条、第十一条、第十二条规定的行政机关主动公开的政府信息外，公民、法人或者其他组织还可以根据自身生产、生活、科研等特殊需要，向国务院部门、地方各级人民政府及县级以上地方人民政府部门申请获取相关政府信息。"该条明确除行政机关主动公开的信息外，对于依申请公开的信息应具备"三需要"前提要件。国务院办公厅2008年出台《意见》第十四条进一步明确行政机关可以以"三需要"为由拒绝公开信息。由此，大量的政府信息公开申请被行政机关以不符合"三需要"为由拒之门外。对于"三需要"是否应当作为申请政府信息公开的必要前提，实践中存在争议，各地行政机关和司法机关对该问题的认识存在明显不同。

一、"知的需要"向"知的权利"之理念转变——"三需要"功能的弱化

政府信息公开的目标在于打造透明政府，充分保障公民的知情权和监督权，推进依法行政。根据《条例》第十三条以及《意见》第十四条的规定，政府信息主要为主动公开、依申请公开、豁免公开三类情形，对于依申请公开的信息，应当具备三个条件：不属于主动公开的信息；不涉及国家秘密、商业秘密及个人隐私的信息；根据本人生产、生活、科研等特殊需要。从前述条文的字面意义分析，《条例》并没有直接体现保障公民知情权的功能，而是保障公民、法人和其他组织依法获取政府信息，即依申请公开的信息以“知的需要”作为限制性条件。

但是，根据《条例》第二十条的规定，依据第十三条申请信息公开的，政府信息公开申请应当包括下列内容：（1）申请人的姓名或者名称、联系方式；（2）申请公开的政府信息的内容描述；（3）申请公开的政府信息的形式要求。该条并没有要求申请人就“三需要”提供证据予以证明，然而，随着《意见》的颁布，通常行政机关要求当事人就“三需要”说明理由并提供证据，且对该理由进行实质性审查。申请人究竟是依需要申请还是依权利申请，值得探讨。笔者认为，应当将依申请公开视为“知的权利”，即依权利申请。

其一，从《条例》的立法目的而言，政府信息公开在于打造透明政府、推进依法行政，国务院制定《条例》体现了“以公开为原则，不公开为例外”原则，除《条例》中法定豁免公开情形，原则上，所有的政府信息都应当予以公开，如果行政机关可以“三需要”为由不予公开信息，将导致行政权的恣意，并变相将政府信息公开变为“以不公开为原则，以公开为例外”。我国几千年历史传统中一直存在“民可使由之，不可使知之”的行政文化，行政机关对于秘密行政具有天然偏好，使得部分行政机关在实践中不当限制信息公开范围。同时，由于“生产、生活、科研等特殊需要”为不确定法律概念，容易被行政机关不当限缩解释。公民基于《条例》所取得的监督权和对公共行政的知情权无法保障，与打造透明政府和推进依法行政的立法本旨相悖。

其二，行政法律关系中，行政权的行使必须有法律法规的明确授权，《条例》第十三条规定公民可以根据“三需要”申请政府信息公开，但不能据此反推公民不根据“三需要”就无法获取政府信息。就条文之间的逻辑体系而言，《条例》第十四条规定了法定豁免公开的情形，对于该类信息，行政机关有权不予公开。但是，对于既不属于法定豁免事项，也不具备“三需要”要件的政府信息，行政机关能否拒绝公开并没有明确规定。尽管《意见》第十四条规定：“行政机关对申请人申请公开与本人生产、生活、科研等特殊需要无关的政府信息，可以不予提供；对申请人申请的政府信息，如公开可能危及国家安全、公共安全、经济安全和社会稳定，按规定不予提供，可告知申请人不属于政府信息公开的范围。”但《条例》并未赋予行政机关拒绝公开的权力，该《意见》系对《条例》具体适用的解释，解释不应超越文本的含义范围。对于可以不予公开的情形，应当严格控制“可以”的范围，即只有在申请人滥用申请权且无法就“三需要”合理说明理由时，行政机关才可以拒绝公开，但该情形的拒绝公开主要原因在于申请人目的的不正当性，即其多次滥用申请权的目的并不在于依法获取政府信息，而在于故意刁难，以此发泄不满，肆意占用公共资源。

其三，就社会发展的变迁而言，美国、德国、日本等行政法比较发达的国家，对于政府信息公开的态度均由保守向开放转变，都将政府信息公开作为保障公民知情权和监督权的重要举措，并通过立法和判例形式确定了除例外情形外无须任何理由申请信息公开的权利。从我国行政法的发展和社会变革的进程来看，即便在2007年制定《条例》时规定了“三需要”，但随着政府透明化、法治化进程的推进，再以“三需要”为由限制公民“知的权利”已不适应社会的发展趋势。

其四，就法律概念的解释角度分析，有观点主张修改《条例》并删除“三需要”条款。但是，修改《条例》并非虚化“三需要”的最佳途径，实际上，无论是行政机关还是司法机关，完全可以通过目的性扩张的解释方法弱化“三需要”的功能，让其适应社会变迁，回归其功能本位，将《条例》第十三条作为赋权性的任意性条款而不是附义务的强制性条款。且一般而言，“特殊需要”包括直接关联的需要和间接关联的需要，“工作、生活、科研等特殊需要”的申请人可扩大解释为任何人，因为“工作、生活、科研”作为开放性的不确定法律概念，几乎涵盖个体的全部活动领域，公民都享有从事该类活动的自由，行政机关不应限缩解释以拒绝申请人的请求。

二、拒绝信息公开的正当理由及举证责任

既然申请信息公开属于“知的权利”，行政机关以“三需要”为由拒绝公开政府信息不具有正当性。但是，随着社会的发展，行政事务日渐繁杂，行政机关掌握了大量的信息，过度保护公民“知的权利”，超越权利的边界，可能危害他人权益和损害社会公共利益。在社会转型期，准确界定政府信息公开的范围，有利于社会整体的健康有序发展。就行政机关拒绝公开的正当理由而言，可通过法定豁免情形、不正当目的审查及举证责任分配平衡申请人与行政机关之间的利益。

其一，根据《条例》第十三条、《意见》第十四条、《规定》第八条规定，对于涉及国家秘密、商业秘密、个人隐私的信息不属于公开的范围，对于可能危及国家安全、公共安全、经济安全和社会稳定的，由行政机关进行实质性审查后予以界定。行政机关以法定豁免情形及“三安全一稳定”拒绝公开的，对该类情形其不享有判断余地，受到司法机关的合法性审查，行政机关应当就申请事项符合以上不予公开情形充分举证。

其二，当前，“三需要”的前提要件具备一定的现实意义，主要在于我国现阶段处于矛盾凸显期，政府信息公开除收取复印等成本费用外，不得收取其他费用，实际上近乎免费，而行政诉讼的收费标准一律为50元，确有少数当事人基于不正当目的，滥用申请权，多次、反复就政府各类信息申请公开，并多次提起行政诉讼。该行为实际上扰乱了行政机关正常的管理秩序，不当占用有限的社会资源。对于当事人滥用申请权的情形，行政机关可以要求当事人就其符合“三需要”进行必要的说明，否定其具有不正当目的，并随着申请人次数及申请事项的数量递增要求当事人增加说理义务。但需要注意的是，当事人所负的依然是说明理由的义务，而不是举证证明的责任，对于滥用申请权的例外情形，行政机关应当在拒绝信息公开时充分举证并全面说理，以证明当事人不具备“三需要”的合理理由。

其三，区分申请人的说明义务和行政机关的举证责任，就“三需要”的要件而言，申请人只需要合理说明理由，行政机关仅进行形式审查，原则上无需实质性审查申请人的主观动机和目的。申请人仅需从形式上合理说明理由，即推定理由成立。尽管《规定》第五条第六款规定：“被告以政府信息公开行政案件与申请人自身生产、生活、科研等特殊需要无关为由不予提供的，人民法院可以要求原告对特殊需要作出说明”，但由于说明义务并非举证责任，即便当事人没有就“三需要”进行必要的说明，亦不可当然认定申请人未尽举证责任而驳回其申请。根据《规定》第十二条第一款第六项的规定，只有在行政机关以“三需要”为由拒绝公开政府信息，诉讼中申请人又确实不能合理说明申请获取政府信息符合“三需要”要件的，法院形式审查后认定原告确未尽到形式上的说明理由义务，才可以驳回原告的诉讼请求。如果行政机关并非以“三需要”拒绝公开的，法院不得主动审查“三需要”问题。换言之，无论当事人是否合理说明理由，拒绝信息公开的举证责任始终在于行政机关，只有在行政机关举证证明当事人申请事项属于法定豁免公开或滥用申请权时，申请人就其提出的反驳理由负有举证责任。如当事人申请的部分事项不属于依申请公开范围的，根据《条例》第二十二条，采取区分处理原则，行政机关向申请人提供部分应当公开的信息，并就拒绝公开的部分政府信息说明理由并承担举证责任。

三、基于本案的进一步分析

如前文所述，“三需要”并非限制公民申请资格（或者原告资格）的正当理由，“三需要”的审查应当限于滥用申请权情形。这种资格限制可以与申请人申请公开的信息数量、申请内容进一步关联。一般而言，申请人申请的信息量越大，意味着占用的公共资源越多，就负有更重的说明理由义务。行政机关可以通过申请人说明理由的程度来判断应否拒绝公开，并就此负有充分举证责任和说理义务。

而本案中，申请人申某系皋征告［2011］第434号征地告知书所涉地块的被征地农民，申请公开的《征地调查结果确认表》（含续表中征地涉及农民签名）与其自身利益相关，其亦不存在滥用申请权的情形，如皋国土局以不符合“三需要”为由拒绝公开部分信息，属于不当的限缩性解释。同时，一审法院一方面认定如皋国土局以“三需要”为由拒绝信息公开理由不当，另一方面以申请人未能举证证明其符合“三需要”而拒绝当事人的部分公开申请，从实质上审查当事人是否符合“三需要”，将当事人的说明义务认定为提供证据的举证责任，并据此驳回申某的申请，显非妥当。

案涉《征地调查结果确认表》作为制定征地补偿安置方案的依据，涉及农村集体经济组织和该地块全部被征地农民的合法权益，与群体利益挂钩，不涉及国家秘密、商业秘密或个人隐私问题。因此该表格（包括有其他农户签字的续表）不属于“含有不应当公开内容”的情形，如皋国土局根据《条例》第二十二条的区分处理原则，仅公开与申某具有直接关系的部分信息，对于于申某拆迁利益间接关联的续表信息拒绝公开，属于适用法律错误。

（作者单位：江苏省南通市中级人民法院）

实务探索

“冒用他人身份结婚”案件的裁判思路解析

——以统一类案裁判尺度为视角

胡丽群

结婚登记，是婚姻登记机关依照法定程序对当事人的结婚申请进行审查并出具结婚证的行政行为。在现实生活中，因未达到婚龄或者其他原因而冒用或借用他人身份证户口簿进行婚姻登记的情形时有出现。因这种错误登记给当事人的生活带来障碍，在距婚姻登记机关进行婚姻登记的行为已过去十余年甚至更长时间后，当事人请求行政机关予以撤销，行政机关往往以“除受胁迫结婚外，以任何理由请求撤销婚姻或者宣告婚姻无效，均不受理”① 为由拒绝予以撤销。当事人遂以民事诉讼或以行政诉讼诉之于法院。这类案件事实并不复杂，但由于当事人选择的诉讼路径不同，法院从不同的角度考量，所作出的裁判结果亦多样，甚至出现同案不同判的情形。这在一定程度上影响了司法权威，也不利于平等保护当事人合法权益。因此，本文从中国裁判文书网随机选取了2016—2017年206件冒用他人身份结婚案件的一审生效裁判文书，结合几起典型案例，分析此类案件在司法实践中存在的问题及原因，提出解决之策，并以当事人的诉讼请求为出发点，提炼出不同诉讼请求类型的裁判规则，以期对司法实践有所裨益。

---

① 《婚姻登记工作规范》（民发［2015］230号）第五十三条：“除受胁迫结婚之外，以任何理由请求宣告婚姻无效或者撤销婚姻的，婚姻登记机关不予受理。”

一、从典型案例和数据分析看裁判现状

案例一：钟彬与钟君系兄弟关系，1997 年 5 月 30 日，钟彬与王英登记结婚时因钟彬户籍信息中记载的出生年月未满婚龄，钟彬使用了钟君的身份信息与王英办理了结婚登记，之后钟彬一直与王英共同生活。2007 年 1 月 10 日钟君与马冬梅办理了结婚登记并共同生活。2016 年底，王英请求被告市民政局撤销其与钟君的结婚登记，市民政局答复其不符合撤销的条件。王英于 2017 年 1 月 12 日向法院提起行政诉讼，请求判令市民政局撤销其与钟君的结婚登记。①

案例二：吴友清 1997 年 11 月 14 日与钟红英结婚时，尚未达到法定结婚年龄。办理结婚登记时，吴铨君未到场，吴友清持村社出具的证明，以吴铨君的名义在相关文件上签名、捺印后，与钟红英办理了结婚登记，之后钟红英一直与吴友清共同生活。吴铨君实质上未婚。后钟红英与吴友清产生矛盾遂分居并要求离婚，吴友清不同意离婚。钟红英提起要求离婚的民事诉讼未果，遂于 2017 年 1 月 12 日向法院提起行政诉讼，请求人民法院撤销结婚登记。②

案例三：原告李东琴与一名自称"夏高付"的男子恋爱并于 2010 年 11 月 12 日登记结婚。婚后，二人生育了子女。后因"夏高付"涉嫌 1998 年 10 月的一起故意伤害案案发，李东琴方知"夏高付"的真实身份为蔡正和，其冒用了夏高付的身份信息与李东琴登记结婚，而真正的夏高付下落不明。李东琴以夏高付为被告向重庆市潼南区人民法院提起离婚之诉，重庆市潼南区人民法院认为假名登记结婚的婚姻登记瑕疵应首先通过行政途径解决，不属于民事案件的受理范围，于 2016 年 6 月 23 日裁定驳回李东琴的起诉。③ 2017

---

① 详见四川省简阳市人民法院（2017）川 0180 行初字第 1 号行政判决书。法院经审理后认为，钟彬与王英申请结婚登记时，钟彬并未提供自己真实的身份信息，而是冒用了钟君的身份信息，虽然当事人应当履行如实告知并保证证件和证明材料的真实性，但并不能因此免除被告婚姻登记机关对原告王英和钟彬所提供材料及陈述的真实性进行充分审查的义务。本着严格执法、有错必纠的原则，行政机关在执行行政事务过程中，发现确有错误的，应当积极予以纠正。因此，判决被告市民政局撤销石川（2007）资简阳结字第 1000012 号婚姻登记。

② 详见四川省简阳市人民法院（2017）川 0180 行初字第 2 号行政裁定书。法院经审理后认为，钟红英请求撤销的婚姻登记行为发生在 1997 年 11 月 14 日，其在该行政行为作出近 20 年后才申请撤销，已超过法定起诉期限，故裁定驳回原告钟红英的起诉。

③ 详见重庆市潼南区人民法院（2016）渝 0152 民初字第 322 号民事裁定书。

年3月9日，李东琴向笔者所在法院提起行政诉讼，请求人民法院确认李东琴与夏高付的婚姻登记行政行为无效。①

以上三个案例涵盖了司法实践中大部分冒用他人身份登记结婚的案件情况，对于此类案件的处理，司法实践存在着不一样的裁判。

（一）诉求的多样化

206件案件中，行政裁判181件，占88%，民事裁判25件，占12%。行政诉讼中，当事人的诉讼请求主要包括请求撤销婚姻登记的行政行为（如案例一和案例二）、请求撤销结婚证、请求确认婚姻登记的行政行为无效（如案例三）、请求确认结婚证无效四种类型。其中，请求撤销婚姻登记的行政行为132件，占64.08%；请求撤销结婚证的31件，占15.05%；请求确认婚姻登记的行政行为无效的15件，占7.28%，请求确认结婚证无效的1件，占0.49%。民事诉讼的诉讼请求均为请求离婚。（见图1）

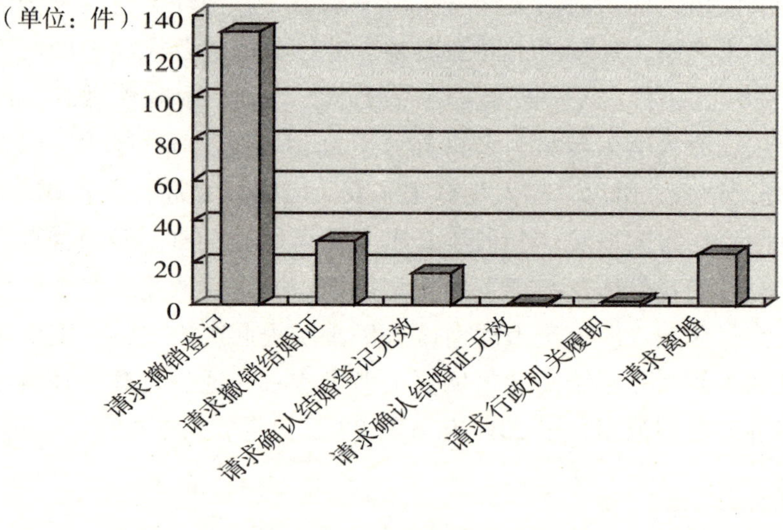

图1　诉求的多样化

① 详见四川省简阳市人民法院（2017）川0180行初第56号行政判决书。法院审理后认为本案涉及的婚姻均不符合我国婚姻法规定的无效或可撤销的情形。但现已查明与李东琴登记结婚的确实不是夏高付本人，李东琴与夏高付之间不存在真实的婚姻关系，根据基本的法理，应确认李东琴与夏高付之间未发生任何法律行为，不构成任何法律关系。在此基础上产生的虚假的行政登记行为必然是无效的。本着有错必纠的原则，对本案涉及的婚姻登记应确认为无效。故判决确认婚姻登记行为无效。

（二）判诉不一致较为普遍

判诉不一致的情况又主要表现在两个方面，一是判非所诉，二是判项超过诉讼请求。集中体现在请求撤销婚姻登记、请求撤销结婚证、请求确认婚姻登记无效三类诉讼请求案件。请求撤销婚姻登记行政行为的132案中，作出实体判决91件，出现了8种不同的裁判内容，高达31.9%的案件判决内容与诉讼请求不相应，其中判决内容超过诉讼请求的占28.6%，判非所诉的占3.3%；请求撤销结婚证的行政案件，判非所诉的比例达35.3%；请求确认婚姻登记行为无效的案件判非所诉的比例达13.3%。（见表1）

表1　判诉不一致类型统计表

<table>
<tr><th>诉讼请求</th><th>裁判内容</th><th>数量</th><th>比照请求</th><th>比例</th></tr>
<tr><td rowspan="8">请求撤销婚姻登记（实体判决91件）</td><td>判撤销婚姻登记</td><td>61</td><td rowspan="2">与诉讼请求对应</td><td rowspan="2">68.1%</td></tr>
<tr><td>判驳回诉讼请求</td><td>1</td></tr>
<tr><td>判撤销婚姻登记和结婚证</td><td>24</td><td rowspan="3">超出诉讼请求</td><td rowspan="3">28.6%</td></tr>
<tr><td>判撤婚姻登确认婚姻登记违法</td><td>1</td></tr>
<tr><td>判撤婚姻登记确认结婚证无效责令收回结婚证</td><td>1</td></tr>
<tr><td>判决确认婚姻登记违法</td><td>1</td><td rowspan="3">判非所诉</td><td rowspan="3">3.3%</td></tr>
<tr><td>判决撤销结婚证</td><td>1</td></tr>
<tr><td>判撤销婚姻登记责令补办结婚证</td><td>1</td></tr>
<tr><td rowspan="3">请求撤销结婚证（31件）</td><td>判决撤销结婚证</td><td>20</td><td>与请求对应</td><td>64.5%</td></tr>
<tr><td>判决确认结婚证无效</td><td>9</td><td rowspan="2">判非所诉</td><td rowspan="2">35.5%</td></tr>
<tr><td>判决撤销婚姻登记行为</td><td>2</td></tr>
<tr><td rowspan="2">请求确认婚姻登记无效（15件）</td><td>判决确认婚姻登记无效</td><td>13</td><td>与请求对应</td><td>86.7%</td></tr>
<tr><td>判决撤销婚姻登记</td><td>2</td><td>判非所诉</td><td>13.3%</td></tr>
</table>

（三）同案不同判突出

在检索的206件案件中，同案不同判普遍存在。如超过起诉期限申请撤销婚姻登记的行政案件，有的为了纠正错误的婚姻登记绕过起诉期限直接从实体判撤销，有的则以超过起诉期限为由驳回起诉；相同类型的行政案件从程序上处理也存在五种不同的裁定，76.19%的案件以超过起诉期限为由裁定驳回起诉（如案例二），11.9%的案件以原告主体不适格为由裁定驳回起诉，4.76%的案件以被告不适格为由裁定驳回起诉，2.38%的案件以重复诉讼（民事离婚之诉未审结）为由裁定驳回起诉，2.38%的案件以证据不足为由裁定驳回起诉[①]，2.38%的案件以超过起诉期限为由裁定不予受理。民事案件中同样是冒用他人身份登记结婚，被冒用者提起离婚之诉，存在四种不同的判决，48%以不属于民事案件受案范围为由裁定驳回起诉，44%以离婚对象主体不适格为裁定驳回起诉，4%以构成重婚为由宣告婚姻无效，4%以夫妻感情破裂为由直接判决离婚。（见图2）

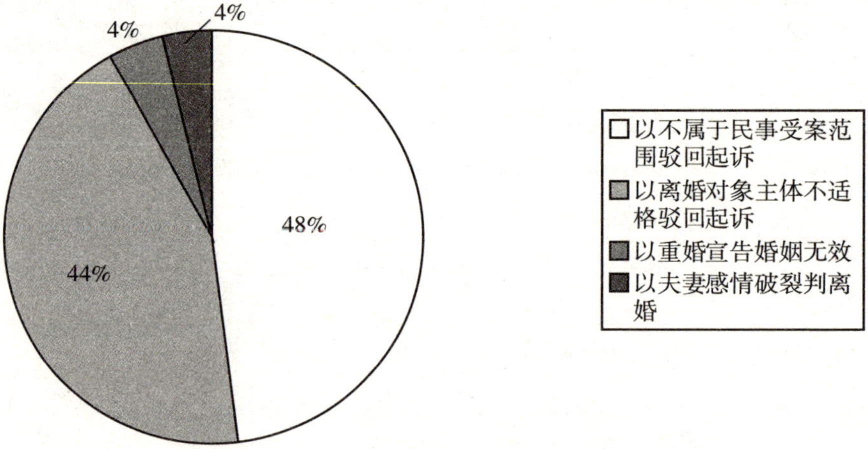

图2　民事离婚诉讼同案不同判情形图

（四）不当裁判值得关注

行政裁判方面，一是对起诉超过法定期限且无正当理由的案件进行了实体裁判，从统计情况来看，68.18%的案件无论被告是否抗辩起诉期限问题，均作出了实体判决，其中大部分选择在裁判文书中不对起诉期限做任何表态，个别案件表述诸如为实质处理争议、因错误的行政登记无效不受起诉期限限制等原因，而作出实体判决。二是裁判理由不当，如以当事人已提起民事离婚之诉未审结，再行提起行政诉讼属于重复诉讼而驳回起诉，而此类情形明显不属于重复诉讼的情形。

① 证据不足应判决驳回诉讼请求，裁定驳回起诉不当。

民事裁判方面，一是以婚姻登记虽然存在瑕疵，冒用了他人身份信息，但办理结婚登记时双方到场，有结婚的意愿，双方实际共同生活，不影响夫妻关系的成立为由，按照有效的婚姻关系实体判决准予或者不准予离婚。这样裁判，相当于将冒用他人身份登记结婚的案件等同于正常登记结婚的情形，而事实上冒用他人身份登记结婚的情形，既不属于事实婚姻，也缺乏符合规定的婚姻登记，故这样的判决缺乏法理依据。二是以原告或被告主体不适格裁定驳回起诉值得斟酌，原告以结婚证登记身份信息的当事人为被告起诉离婚，法院则以“结婚证登记的当事人与原告没有婚姻关系”认为被告主体不符，原告以与其共同生活的当事人为被告起诉离婚，法院则以“双方之间没有进行结婚登记”认为被告主体不符，被冒用身份信息的一方提起离婚之诉，同样被认为原告主体不符，此类案件若向当事人释明后，其仍坚持不变更诉讼请求，再以此种理由驳回并无不当，但在没有向当事人释明的情况下，作出这样的裁定，值得商榷。

二、裁判尺度不统一由多种因素造成

（一）未遵守法律和司法解释关于起诉期限的规定

行政诉讼法司法解释对起诉期限有明确规定，法院应当主动审查起诉期限，对超过起诉期限且无正当理由提起行政诉讼的，应当裁定不予受理，已经受理的应裁定驳回起诉。但司法实践中仍有相当比例的案件没有严格按照司法解释的规定裁判，除了法官重实体轻程序的观念外，值得重视的因素是该类案件中行政机关往往存在两个行政行为，一是确认婚姻关系的行政行为，二是当事人申请撤销婚姻登记，行政机关不予受理的行政行为，当事人也会选择两种不同的诉讼路径。如以上案例中，案例一系对行政机关不纠正错误登记的行政行为不服而提起的诉讼，实际上是对行政机关不履行法定职责提起的不作为之诉，案例二则是直接对婚姻登记的行政行为提起的诉。选择诉先行政行为还是诉后行政行为，即提起撤销之诉还是对要求纠正婚姻登记瑕疵不服而提起行政诉讼，直接关乎是否超过法定起诉期限。案例一在庭审过程中，原告陈述其2016年底口头向被告提出过申请，被告予以认可，并在庭审中承认电话答复原告不予受理。因此，法院认为，根据行政诉讼法和司法解释的规定，对行政机关不履行法定职责提起诉讼的，应当在行政机关履行法定职责期限届满之日起6个月内提出，故本案未超过法定起诉期限。案例二是直接请求撤销婚姻登记的行政行为，起诉时距婚姻登记日已近20年。因此，已超过法定起诉期限且当事人无法说明正当理由，应当被驳回起诉。

（二）未对婚姻关系的成立与生效进行区分

从《婚姻法》及相关法律法规来看，婚姻关系的效力只有三种情形，即有效、无效、可撤销。《婚姻法》第十条列举了无效婚姻的四种情形，即重婚、有禁止结婚的亲属关系、婚前患有医学上认为不应当结婚的疾病且婚后尚未治愈、未到法定婚龄的，明确了可撤销的婚姻仅限一种情形，即胁迫结婚的情况。如果除了法律列举的五种情形外，其余均属于有效婚姻，则明显与客观实际不符。如案例二中，钟红英与吴友清共同生活近20年，是名副其实的“夫妻”，但二人之间并没有结婚证，在法律已经不承认事实婚的情形下，钟红英与吴友清、吴铨君之间的关系如何评价。可见，冒用他人身份信息登记结婚的这种情形，既不包含在无效婚姻的范围内，也不属于可撤销的婚姻，也不能直接承认其婚姻的效力。

出现这种悖论的原因在于，无论理论界还是实务界，均忽略了对婚姻登记效力的认定标准。婚姻登记具有双重属性，一方面具有行政确认的效力，另一方面具有结婚的双方当事人是否达成“结婚并共同生活”合意，且在这两种属性中，以民事行为为基础，行政行为为确认，类似于经批准生效的合同法律关系，只是在婚姻关系具有人身依附性，而经批准生效的合同不具有这一特殊属性而已。在判断合同效力时，须对合同是否成立做出判断，参照民事合同审判的思路，我们在判断婚姻效力时也应先对婚姻是否成立做出判断，对婚姻关系的成立和生效不加区分是导致目前在婚姻登记纠纷解决途径上出现混乱的重要原因。

（三）未对行政诉讼与民事诉讼的界限进行区分

案例三中，从民事诉讼的角度，无论其提起对夏高付的离婚之诉，还是对蔡正和的离婚之诉，都面临“被告”不明确的问题，若起诉夏高付，则其与夏高付之间并无结婚合意，夏高付也未亲自到婚姻登记机关办理结婚登记；若起诉蔡正和，存在结婚证上登记的人并非蔡正和本人，缺乏真实有效的婚姻登记。人民法院认为李东琴的起诉不属于民事诉讼受案范围，并指明其通过行政途径解决，但很显然，如果李东琴的诉讼请求人民法院撤销婚姻登记，明显超过了起诉期限，如果李东琴在提起行政诉讼前先行要求行政机关撤销，然后起诉行政机关不予撤销的这个行政行为，请求法院判令行政机关撤销，虽然规避了起诉期限，但实际上法律关于起诉期限的立法本意不符。事实上，李东琴向法院提起的确为撤销之诉，后在诉讼中将诉讼请求变更为确认之诉，即请求确认婚姻登记行政行为无效。

三、解决路径：司法裁判中应考量的因素

（一）起诉期限——正义与秩序的法律价值平衡

事实上，对请求撤销婚姻登记的行政行为和请求行政机关履行撤销婚姻登记的法定职责的两个行政行为提起诉讼并无本质不同，行政诉讼之所以要由法院主动审查起诉期限①，是为了促使权利人及时行使自己的权利，保证法院能够收集到与案件相关的证据，也是为了避免行政行为处于不确定状态，维护社会关系的稳定。如果当事人直接起诉撤销行政行为受阻，随即向行政机关提出撤销婚姻登记的要求，随后以行政机关不作为提起要求行政机关撤销婚姻登记的诉讼，则从事实上规避了行政诉讼法及司法解释关于起诉期限的规定，如果行政机关作出一个行政行为，行政相对人未申请复议也未提起诉讼，超过法定起诉期限后向行政机关提出纠正申请，随后向法院起诉，则让丧失起诉条件的行政相对人进入司法审查，使行政行为的效力永远处于一种不稳定状态，显然与行政行为的性质不符，与行政诉讼关于起诉期限的立法本意不符。但法律的目的是创设一种正义的社会秩序。本文所列举的三个案例，基本案情似乎并无实质差异，法院支持了案例一中原告的诉讼请求，驳回了案例二中原告的诉讼请求，从表面来看，根据同案同判的原则，似乎这样的裁判对案例二的原告不公，婚姻登记存在错误就应当予以撤销，以体现法律维护正义的要求，但从社会秩序的层面来看，如果为了维护个案的正义而致正常的社会秩序于不顾，破坏法律关系，则不但不能使个案中的当事人得到公正，反而会导致公共利益受损，造成新的不公正。因此，为了维护

---

① 与民事诉讼不同，行政起诉期限期间届满后，原告即丧失了程序意义上的诉权即起诉权，如其提起诉讼，人民法院应以超过起诉期限为由裁定不予受理，即使受理了，也要裁定驳回起诉；而民事诉讼时效届满后，原告丧失的是胜诉权，对于原告的起诉，人民法院应予受理，但判决驳回诉讼请求，使之承担败诉的后果，若当事人未提出诉讼时效抗辩，人民法院不应主动适用诉讼时效。

社会的正常秩序，不能对现有法律的明文规定视而不见，对超过起诉期限的案件，应当按照现有法律之规定予以裁定驳回，由当事人另择救济途径主张自己的权益。

（二）婚姻效力——实体瑕疵与程序瑕疵的考量

《婚姻法司法解释（三）》第一条对结婚登记瑕疵的处理作了规定，在司法实践中，当事人一旦以婚姻登记瑕疵提起民事诉讼，法院往往以此条为依据，认为婚姻登记瑕疵应当通过行政诉讼解决，不属于民事诉讼受案范围，故驳回当事人的诉讼请求。然而，仔细研读《婚姻法司法解释（三）》第一条第二款可知，告知当事人申请行政复议或者行政诉讼的情形仅限婚姻登记程序存在瑕疵，而婚姻登记实体存在瑕疵的情形不包含这些。因此，有必要对婚姻登记瑕疵的内涵进行明晰。结婚登记瑕疵并不是一个法律概念，从目前使用的特定语境看，主要是指在结婚登记中存在程序违法或者欠缺必要形式要件等。比如，一方或者双方当事人未亲自到场办理结婚登记、借用或者冒用他人身份证件进行结婚登记、婚姻登记机关越权管辖、当事人提交的婚姻登记材料有瑕疵等。[①] 婚姻法并未规定程序违法是婚姻无效的法定事由，虽然对结婚登记瑕疵的处理规定不甚明了，但该条司法解释规定通过行政途径解决的婚姻登记瑕疵无疑仅限程序存在瑕疵的情形，因为程序上的瑕疵并不必然影响婚姻的效力，并不必然导致婚姻无效。而婚姻无效是欠缺结婚实质要件的婚姻在民事法律关系上的后果。如果婚姻登记不是一般的程序上的瑕疵，而是重大的实质瑕疵，则完全可能对婚姻的效力产生影响。所以，在审判实践中，应当区分是程序瑕疵还是实体瑕疵。由于婚姻关系是一种身份关系，也是一种要式的民事法律行为，可以适用民事法律关系成立及生效的理论进行评价，对婚姻的成立与生效进行严格区分。对婚姻是否有效的判断隐含了对婚姻是否成立的先判断因素，只有在婚姻成立的前提下，才对婚姻是否有效做认定，若婚姻未成立，自然谈不上婚姻的效力。根据婚姻法的精神，婚姻成立一般包括三个要件，一是存在异性的双方当事人，二是双方达成了结婚的合意，三是履行了登记手续。案例三中，李东琴以夏高付为被告提起离婚之诉，但其与夏高付根本不认识，更谈不上达成结婚的意识表示和

---

① 杜万华、程新文、吴晓芳：《关于适用〈中华人民共和国婚姻法〉若干问题的解释（三）的理解与适用》，载《人民司法》2011 年第 17 期。

共同生活，因此，其与夏高付的婚姻不成立；若李东琴以蔡正和为被告提起离婚之诉，则其与蔡正和之间因缺乏登记这一结婚的特殊成立要件，因而婚姻不成立。人民法院应向当事人释明，并作出双方结婚登记不成立的确认判决，而非必须通过行政途径解决。

（三）救济——赋予当事人选择权

如果将冒用他人身份证件进行结婚登记归入婚姻登记瑕疵的话，那么这种瑕疵属于重大瑕疵、实质瑕疵。由于婚姻登记兼具民事和行政两者的性质，且对第三人权利可能产生影响，具体如何解决这类纠纷，不应限制当事人只能通过行政途径或者民事途径救济。考虑到现实生活中情形各异，在启动救济的渠道上，应充分尊重当事人的意愿，由当事人根据其实际情况进行选择，比如案例一，钟君拥有两份“合法”的结婚证，其可以重婚为由，请求人民法院宣告其与王英的婚姻无效，也可以不具备结婚实质要件（无结婚合意）为由，请求确认其与王英的婚姻不成立，当然，如果未超过起诉期限，也可以提起行政诉讼，请求法院判决撤销其与王英的婚姻登记，或者请求人民法院判决行政机关撤销婚姻登记（前提仍是未超过起诉期限的情况下），也可以请求确认婚姻登记无效。在当事人依据自己的真实意愿选择不同救济渠道时，法院应当根据当事人的诉讼请求为出发点区别选择不同的裁判方式，最大限度实现裁判尺度的统一。

四、结语

司法实践中案件往往复杂多变，对无效行政行为是否必然不受起诉期限限制，提起民事离婚之诉仍不变更诉讼请求是裁定驳回起诉还是判决驳回诉讼请求等观点仍然存在较大争议。本文中，笔者提出的观念与思路为抓住当事人的诉讼请求这条主线，以其诉讼请求为出发点，找出法律基础规范，比照法条要件，归入裁判内容，尽量避免判非所诉、同案不同判等情形，以期最大限度实现裁判尺度的统一。

（作者单位：四川省简阳市人民法院）

行政机关不得以其他规范性文件为依据限制已经提起民事诉讼的公民、法人或其他组织寻求行政救济

夏文浩

【裁判要旨】

行政机关依据法律、法规、规章行使行政职权，具有法效性的行政行为，尤其是增加行政机关权力、减少行政机关义务或者减少当事人权利、增加当事人义务的行为，不能以其他规范性文件为依据。除法律别有规定外，其他规范性文件规定行政机关不予受理已经提起民事诉讼的公民、法人或其他组织的投诉举报，行政机关以此为依据作出不予受理决定的，人民法院不予支持。

【案号】

南京铁路运输法院（2017）苏8602行初第828号。

【案情】

原告：李明柏

被告：南京市江宁区建筑工程局（以下简称江宁建工局）

原告李明柏诉南京金陵置业发展有限公司商品房预售纠纷，南京市中级人民法院经审理作出终审民事判决。此后，原告李明柏于2017年4月19日向江宁建工局下属南京市江宁区建设工程质量监督站（以下简称江宁质监站）投诉，反映南京市江宁区秣陵街道美仕别墅辣椒街区58幢1室房屋（以下简称涉案房屋）存在质量问题。江宁质监站于2017年4月21日向李明柏作出答复（以下简称被诉答复），称涉案房屋质量问题已进入司法诉讼程序，

根据《南京市建筑工程施工质量投诉处理暂行办法》第十条的规定，不属于施工质量投诉受理范围。李明柏不服提起行政诉讼。

【审判】

南京铁路运输法院经审查认为：依法行政是行政机关履行法定职责的基本原则。本案中，江宁建工局具有履行辖区范围内建设工程质量监督管理的法定职责，江宁质监站是隶属于江宁建工局并受其委托的建设工程质量监督机构。江宁质监站收到李明柏关于涉案房屋质量问题的投诉后，以《南京市建筑工程施工质量投诉处理暂行办法》为依据，作出不属于施工质量投诉受理范围的处理决定。但是，《南京市建筑工程施工质量投诉处理暂行办法》不属于法律、法规、规章，江宁建工局及其委托的江宁质监站以该规范性文件作为依据作出行政行为，适用法律错误。因此，被诉答复应予撤销，江宁建工局应当受理李明柏的投诉并作出相应处理。至于江宁建工局受理李明柏的投诉后应当如何处理，尚需该机关履行行政程序后作出意思表示，在行政机关仍保有首次判断权，裁量空间未限缩至零的情况下，司法机关尚不宜介入代为判断。

依据《行政诉讼法》第七十条第二项之规定，南京市铁路运输法院判决撤销涉案答复，责令江宁建工局对李明柏的投诉履行法定职责。

本案宣判后，双方当事人均未上诉，现已生效。

【评析】

一、行政机关应当行依据法律、法规、规章行使行政职权

法律优先和法律保留是依法行政的重要组成部分。国务院《全面推进依法行政实施纲要》规定：“行政机关实施行政管理，应当依照法律、法规、规章的规定进行；没有法律、法规、规章的规定，行政机关不得作出影响公民、法人和其他组织合法权益或者增加公民、法人和其他组织义务的决定。”《江苏省行政程序规定》第三条规定：“行政机关应当根据法律、法规、规章，在法定权限内，按照法定程序行使行政职权。”根据上述规定，行政机关行使行政职权的依据，只能是法律、法规、规章。具有法效性的行政行为，尤其是增加行政机关权力、减少行政机关义务或者减少当事人权利、增加当事人义务的，不能以其他规范性文件为依据。《行政诉讼法》第六十三条规定：

"人民法院审理行政案件，以法律和行政法规、地方性法规为依据。地方性法规适用于本行政区域内发生的行政案件。人民法院审理民族自治地方的行政案件，并以该民族自治地方的自治条例和单行条例为依据。人民法院审理行政案件，参照规章。"因此，人民法院审理行政案件，只以法律、法规为依据，参照规章，其他规范性文件对人民法院没有拘束力。

二、其他规范性文件无权对当事人公法请求权作出限制性规定

行政事务复杂多变，行政法律、法规甚至规章总是处于滞后状态。为满足行政管理的需要，大量的规范性文件在行政管理中产生。少数行政机关在法律、法规、规章授予其相应法定职责的情况下，自行制定其他规范性文件（红头文件），减少自身及其下级机关应当履职的情形。其中一种较为典型的样态是：通过红头文件规定当事人已经向人民法院提起民事诉讼的，行政机关不再受理相同起因事件的投诉举报。本案既属此种情形。虽然李明柏通过民事诉讼从开发商处获得了部分赔偿，弥补了一定的损失，但其房屋质量问题仍然存在。与其等到因房屋质量产生新的损失后再提起民事诉讼，不如通过建筑质量行政监管使问题得到彻底解决。《建筑法》第六十三条规定："任何单位和个人对建筑工程的质量事故、质量缺陷都有权向建设行政主管部门或者其他有关部门进行检举、控告、投诉。"《建设工程质量管理条例》第五十三条规定："任何单位和个人对建设工程的质量事故、质量缺陷都有权检举、控告、投诉。"可见，法律和法规均未对建设工程质量的投诉范围进行限定。在此情况下，设区的市级人民政府组成部门自行制定的《南京市建筑工程施工质量投诉处理暂行办法》第十条规定，房屋质量问题已进入司法诉讼程序的就不属于施工质量投诉受理范围，没有上位法律、法规依据。

本案强调，除法律有特别规定外（例如行政复议和行政诉讼的选择适用），当两种以上公法请求权同时存在的时候，当事人既可以选择其一，也可以同时提出。当事人循民事诉讼途径寻求救济，并不影响其再向行政机关投诉、举报的权利，行政机关不得以其他规范性文件为依据拒绝履行自己的法定职责。行政机关拒绝履行职责，当事人不服向人民法院起诉且理由成立的，人民法院应当适用课予义务之诉判决责令行政机关履行法定职责。如有必要，还可以向规范性文件的制定机关发送司法建议。

（作者单位：南京铁路运输法院）

涉上海市女性灵活就业人员养老保险待遇相关规定的正确理解与适用

——杜某诉市社保中心劳动和社会保障案

黄自耀

【裁判要旨】

上位法与下位法相冲突得以成立的前提是两者之间的适用对象具有一致性。该案判决以我国社会保险制度的发展为切入点，结合《社会保险法》的规定，认为职工和灵活就业人员是两类不同的基本养老保险参保主体。关于灵活就业人员领取基本养老金的下位法规定与职工退休制度的上位法规定之间适用对象并不一致，不存在法律冲突。上海市女性灵活就业人员申领基本养老金的，行政主管部门依据上海市灵活就业人员养老保险制度所作的行政决定应认定合法有效。

【案号】

一审：上海市黄浦区人民法院（2015）黄浦行初字第62号。

二审：上海市第三中级人民法院（2015）沪三中行终字第59号。

再审：上海市高级人民法院（2016）沪行再2号。

【案情】

抗诉机关：上海市人民检察院

再审申请人（一审原告、二审上诉人）：杜某

被申请人：（一审被告、二审被上诉人）：上海市社会保险事业管理中心（以下简称“市社保中心”）

杜某出生于1959年5月，其原在某单位工作，之后离职从事自由职业至

令，市社保中心认定其在1992年底我国社会养老保险改革时具有工龄3年5个月。杜某于2009年3月以自由职业者身份参加城镇职工基本养老保险。《社会保险法》第十六条第一款规定："参加基本养老保险的个人，达到法定退休年龄时累计缴费满十五年的，按月领取基本养老金。"中华人民共和国人力资源和社会保障部令第13号《实施〈中华人民共和国社会保险法〉若干规定》（以下简称《人社部13号令》）第二条规定："参加职工基本养老保险的个人达到法定退休年龄时，累计缴费不足十五年的，可以延长缴费至满十五年，社会保险法实施前参保、延长缴费五年后仍不足十五年的，可以一次性缴费至满十五年。"2015年1月21日，杜某向市社保中心提出申请，以上述规定为依据，申请一次性补缴社会保险费至满十五年，并提交了相关的申请材料。市社保中心经审查认为，《上海市人力资源和社会保障局关于本市灵活就业人员参加本市城镇职工基本养老、医疗保险若干问题的通知》（沪人社养发［2013］22号，以下简称《市人社局22号通知》）第七条规定："灵活就业人员男性年满60周岁，女性年满55周岁，缴费年限（含视同缴费年限，下同）满15年，可以提出按月领取养老金申请……；缴费年限未满15年的，可以继续缴费至满15年后申请按月领取养老金……"，杜某作为灵活就业人员年满55周岁后延长缴费期限尚未满5年，目前不符合办理一次性补缴社会保险费至满15年的条件，遂于2015年2月17日作出流水号为BB15150217S001的办理情况回执，告知杜某的申请不符合办理条件。杜某不服，诉至上海市黄浦区人民法院，要求撤销被诉回执。

杜某诉称，《国务院关于工人退休、退职的暂行办法》（国发［1978］104号，以下简称《国务院104号文》）是我国目前关于退休年龄最高位阶的法律规定，其中规定的男年满60周岁、女工人年满50周岁、女干部年满55周岁退休的规定就是《社会保险法》所称的法定退休年龄。现市社保中心依据《市人社局22号通知》认定其退休年龄应为55周岁故而对其回复称不能办理属适用依据错误，被诉行政行为应予撤销。

市社保中心辩称，《市人社局22号通知》规定本市女性灵活就业人员年满55周岁且实际缴费达到15年的，可申请领取养老金，如年满55周岁但实际缴费不满15年的，可延长缴费5年，延长缴费后仍不满15年的可按照13号令的规定申请一次性缴费至满15年。杜某提出本案申请时未满延长缴费5年，不符合13号令第二条规定的一次性缴费至满15年的办理条件，故市社保中心作出被诉回执并无不当。《国务院104号文》是对工人退休年龄的规定，不适用于再审申请人，请求驳回杜某的诉讼请求。

【审判】

上海市黄浦区人民法院一审认为，市社保中心受理杜民萍申请后，根据相关法律法规和本市灵活就业人员的政策规定，认定某作为灵活就业人员在达到55周岁退休年龄后未满延长缴费期限5年，故不符合一次性补缴社会保险费至满15年的条件，被诉回执在认定事实、适用法律和执法程序方面并无不当，判决驳回杜某的诉讼请求。杜某不服一审判决，向上海市第三中级人民法院提出上诉。

上海市第三中级人民法院二审查明的事实与一审法院认定的事实一致，予以确认。

上海市第三中级人民法院二审认为，《市人社局22号通知》结合本市实际，就灵活就业人员参加本市城镇职工基本养老保险若干问题作出相应规定，符合《社会保险法》的相应规定。《国务院104号文》有特定的适用范围，即全民所有制企业、事业单位和国家机关、人民团体的工人。而杜某作为灵活就业人员不属于《国务院104号文》中界定的工人范围，其要求单独适用《国务院104号文》第一条第（一）项中“女年满五十周岁”的诉讼理由，缺乏事实根据和法律依据，遂判决驳回上诉，维持原判。杜某仍不服，向上海市人民检察院申请法律监督。

上海市人民检察院抗诉认为，市社保中心依据《市人社局22号通知》认为杜民萍作为灵活就业人员的法定退休年龄为55周岁，法律依据不足。第一，我国《社会保险法》及其实施条例关于基本养老保险的规定中，对于灵活就业人员的退休年龄未作出规定。因此，目前我国对“法定退休年龄”相关规定的法律法规中位阶最高的仍是《国务院104号文》，虽然该文对于法定退休年龄的规定仅针对全民所有制企业、事业单位和国家机关、人民团体的工人，但是随着我国改革开放和市场经济不断发展，各级劳动行政部门在劳动行政执法中，都直接适用了《国务院104号文》“男年满60周岁、女工人年满50周岁、女干部年满55周岁”的退休标准。第二，劳动和社会保障部所作的劳社厅（2001）125号《关于企业职工“法定退休年龄”涵义的复函》明确指出：“国家法定的企业职工退休年龄，是指国家法律规定的正常退休年龄，即男年满60周岁，女工人年满50周岁，女干部年满55周岁。”劳动和社会保障部作为国家劳动和社会保障管理的最高行政职能部门，作出上述函复表明对于企业职工“法定退休年龄”的涵义在劳动和社会保障行政机构中的认识是统一的，执行标准也是统一的。第三，在司法实践中，法院对于涉及退休年龄的劳动关系纠纷，也是依据“男年满60周岁、女工人年满50周岁、女干部年满55周岁”的标准，没有按企业性质和就业形式的不同进行区分。因此，对于《社会保险法》中“法定退休年龄”的涵义，在没有作出特别立法解释的情况下，应当同样适用《国务院104号文》规定的“男年满60周岁、女年满50周岁”。因此，市社保中心依据《市人社局22号通知》，认定杜民萍作为灵活就业人员的法定退休年龄为55周岁，缺乏法律依据，原审判决未依法审查行政机关行政行为依据的规范性文件的合法性，适用法律有误。上海市人民检察院遂向上海市高级人民法院提起抗诉。

上海市高级人民法院经再审认为，第一，《社会保险法》并未规定灵活就业人员的退休年龄。《社会保险法》第十条第一款规定：“职工应当参加基本养老保险，由用人单位和职工共同缴纳基本养老保险费。”该条第二款规定：“无雇工的个体工商户、未在用人单位参加基本养老保险的非全日制从业人员以及其他灵活就业人员可以参加基本养老保险，由个人缴纳基本养老保险费。”根据该条规定，职工和灵活就业人员是两类不同的基本养老保险参保主体，职工的参保方式为强制参保，缴费方式为用人单位和职工共同缴纳基本养老保险费，而灵活就业人员则由个人自愿参保，且由个人缴纳基本养老保险费。《社会保险法》第十六条第一款规定：“参加基本养老保险的个人，达到法定退休年龄时累计缴费满十五年的，按月领取基本养老金。”上述规定对参保个人的法定退休年龄如何划分及界定标准等问题并未作出明确规定。第二，《国务院104号文》的适用对象并不包括灵活就业人员。在法律、法规未对灵活就业人员的法定退休年龄进行明确规定的情况下，《市人社局22号通知》以《社会保险法》为依据，结合本市实际作出的女性灵活就业人员年满55周岁可提出领取养老金的规定，于法不悖。再审申请人及抗诉机关认为女性灵活就业人员应当适用《国务院104号文》关于女工人退休年龄的规定享受领取养老保险金的主张，依据不足，本院难以支持。再审申请人杜民萍以灵活就业人员身份于2009年3月参加本市城镇职工基本养老保险，系在《社会保险法》实施前参保，在年满55周岁时实际缴费年限未满15年的情况下，其延长缴费期限未满5年，故不符合《人社部13号令》第二条所规定的可一次性补缴社会保险费至满15年的申请条件，被申请人市社保中心据此作出被诉回执，并无不当。原一、二审判决认定事实清楚，适用法律正确，应予维持。再审申请人杜民萍的再审请求及抗诉机关的抗诉理由不能成立。依照《中华人民共和国行政诉讼法》第八十九条第一款第（一）项、第一百零一条、《中华人民共和国民事诉讼法》第二百零七条第一款的规定，判决维持原终审生效判决。

【评析】

一、我国职工和灵活就业人员养老保险制度的演变过程

本案为一起典型的社会保障领域行政案件。社保行政案件具有牵涉面广、政策性强的特点，案件处理结果不仅事关当事人切身利益，更将对制度运行产生重大影响。故法院在处理社保类行政案件时，除了仔细梳理相关法律法规和政策规定，厘清法律关系外，还应以发展和辩证的眼光审视案件涉及的法律和经济问题，如此方能妥善处理社保行政争议，实现法律效果和社会效果的统一。就本案而言，争议焦点涉及灵活就业人员养老保险待遇问题，而这一问题又涉及我国社保相关法律规范及本市养老保险制度的诸多规定，需要厘清灵活就业人员是否具有明确的法定退休年龄、女性灵活就业人员能否适用女工人55周岁退休的规定以及本市关于灵活就业人员领取养老保险金的规定是否符合上位法规定等问题，在分析上述问题之前，还需要了解职工和灵活就业人员养老保险制度的演变过程。

（一）改革开放后我国职工退休及养老保险制度的演变

对于退休职工的养老问题，原先我国长期实行的是单位养老制度，主要依据就是1978年国务院颁布的104号文。这一制度有两个特点：一是职工在职时无需缴费，退休后由国家和单位按照规定支付职工退休工资。二是覆盖范围小，仅有全民所有制企业、事业单位和党政机关、群众团体的职工能够按照《国务院104号文》的规定享受养老保险待遇。之后，随着我国改革开放和经济体制改革的逐步深入，企业的所有制形式和用工方式逐步呈现多元化趋势，原先的单位养老的制度模式已逐渐不能适应经济社会形势的发展。因此，我国从20世纪八、九十年代起开始了养老保险社会统筹模式的改革，探索建立由国家、企业和个人共同负担的资金筹集方式，确定了社会统筹和个人账户相结合

的基本模式。2005年，国务院制定了《关于完善企业职工基本养老保险制度的决定》，进一步完善了企业职工基本养老保险制度。之后，随着2011年《社会保险法》的出台实施，职工的社会统筹养老模式正式由立法的形式确定下来。

（二）灵活就业人员参加基本养老保险的制度由来

改革开放前及改革开放后的一段时期，由于我国尚处于计划经济时代，除全日制劳动方式以外基本不存在其他劳动形式，也就不存在所谓的灵活就业人员。随着我国改革开放和经济结构的调整，尤其是国有企业改革力度的加大，社会上渐渐出现了一批不与用工单位建立固定的劳动关系，而是以非全日制、临时性、季节性等灵活方式提供劳动，实现就业的群体。随着灵活就业群体数量的日益增加，这一群体的养老保障问题也逐渐引起关注。国务院于1997年发布《国务院关于建立统一的企业职工基本养老保险制度的决定》（国发［1997］26号），其中首次提到要扩大养老保险的覆盖范围，将城镇个体劳动者纳入养老保险的范围。之后，上海率先进行了制度探索。原上海市劳动和社会保障局与原上海市医疗保险局于1998年8月27日出台了《关于本市从事自由职业人员养老、医疗保险若干问题试行意见的通知》（沪劳保业一发［1998］39号），对灵活就业人员的参保范围、缴费方式进行了规定，其中明确规定自由职业人员男性满60周岁，女性满55周岁，符合退休条件的，可按规定按月领取养老金。在上海试点的基础上，原劳动和社会保障部于2001年12月22日正式发布《关于完善城镇职工基本养老保险政策有关问题的通知》（劳社部发［2001］20号）（以下简称《劳社部20号文》），对城镇个体工商户等自谋职业者以及采取各种灵活方式就业的人员参加养老保险的问题在全国范围内进行了明确，其中第三条明确规定，男年满60周岁、女年满55周岁时，累计缴费年限满15年的，可按规定领取基本养老金，实际上肯定了上海的试点政策。2011年《社会保险法》将灵活就业人员与职工一起列入基本养老保险的参保范围。

二、法律、法规对于灵活就业人员的退休年龄未作明确规定

首先，《社会保险法》并未规定灵活就业人员的退休年龄。《社会保险法》第十六条是关于享受基本养老保险待遇条件的规定，其中第一款规定："参加基本养老保险的个人，达到法定退休年龄时累计缴费满十五年的，按月领取基本养老金"，从该条规定可以看出，参加基本养老保险的个人要享受基本养老保险待遇，必须符合两个条件，一是达到法定退休年龄，二是累计缴费满十五年。但什么是法定退休年龄？标准究竟是多少？《社会保险法》并未作出明确规定。《社会保险法解读》对此解释是，我国企业职工的退休年龄目前仍然按照《国务院104号文》的规定执行，但在立法的过程中有观点认为该文所规定的退休年龄标准偏低，应当根据人口老龄化的趋势，逐步延迟退休年龄。但由于延迟退休年龄涉及的问题比较复杂，因此，《社会保险法》没有明确规定法定退休年龄，给今后的改革留下空间。其次，《国务院104号文》的适用对象并不包括灵活就业人员。《国务院104号文》第一条明确规定了该文的适用对象为全民所有制企业、事业单位和党政机关、群众团体的工人。当然之后随着我国经济社会的发展，各类市场经济主体的职工的退休年龄实际都参照《国务院104号文》所确立的标准执行，但从实践情况看，上述标准仅适用于职工。至于能否适用于灵活就业人员，现行法律法规并无相关规定。至于抗诉机关提到的劳动和社会保障部于2001年所作的（2001）125号《关于企业职工“法定退休年龄”涵义的复函》，但该复函的适用对象为企业职工，也不能得出复函中明确的“法定退休年龄”适用于灵活就业人员。因此，再审申请人主张《国务院104号文》也应适用于灵活就业人员，缺乏法律依据。最后，灵活就业人员的职业特点决定了不宜直接适用《国务院104号文》所确立的退休年龄标准。灵活就业人员具有工作时间自由、工作地点可选、工作强度可调等显著特点，这与传统的建立在工厂制度基础上，有固定劳动关系约束的职工的劳动特点有很大不同。国家设置退休制度的作用在于保障传统意义上的职工到龄后的休息权，而灵活就业人员由于其本身可自由支配工作时间和工作强度，因此退休制度对于保护他们的休息权就显得不那么必要，或者说灵活就业人员的职业特点决定了无法界定一个准确统一的的退休年龄标准。

三、市人保局22号通知关于女性灵活就业人员领取养老保险金的规定符合国家相关政策精神及经济社会发展规律且不与上位法相抵触

在行政法渊源中，法律、行政法规、部门规章和地方政府规章是最重要也是位阶较高的法律渊源，规章以下的规范性文件虽然位阶较低，但同样是非常重要的行政法渊源。规范性文件不仅在数量上十分庞杂，而且因其制定程序简便、调整方式灵活，规定具体且可操作性强等特点，成为行政机关布政施策的主要依据。但规范性文件也同时存在着较易发生与高位阶法律规定相冲突的可能。因此，加强对规范性文件的法律冲突审查正日益成为行政审判的一项重要内容，同时也是确保法院准确适用法律的重要方面。在审查方式上，不仅要准确判断高低位阶的法律规定之间是否确实存在实质的无法回避的冲突点，更要审查低位阶规定的实质内容是否违背上位法的立法精神，避免机械理解法律规定。就本案而言，第一，本案争议的市人保局22号通知关于女性灵活就业人员年满55周岁且缴费年限满15年可以领取基本养老金的规定，其实质并非是划定女性灵活就业人员的退休年龄，而是根据本地实际，确定女性灵活就业人员享受养老保障待遇的条件。因此，抗诉机关认为市人保局22号通知将本市灵活就业人员法定退休年龄确定为55周岁的说法并不准确。故本案事实上并不存在两处规定实质的冲突点。第二，从国家政策层面看，国务院于1997年发布的《国务院关于建立统一的企业职工基本养老保险制度的决定》（国发［1997］26号）明确提出："进一步扩大养老保险的覆盖范围……城镇个体劳动者也要逐步实行基本养老保险制度，其缴费比例和待遇水平由省、自治区、直辖市人民政府参照本决定精神确定。"而劳社部20号文除了提到女性灵活就业人员需年满55周岁方可申领养老金外，也提到由省级人民政府确定缴费基数和比例。因此，市人保局作为省级人民政府所属的社会保险管理职能部门，在不与上位法的规定相冲突的情况下，有权根据本市实际制定相应的政策。第三，市人保局22号通知中关于灵活就业人员养老保险问题的规定并非新创设的制度。早在1998年，当时市人保局机构改革前的上海市劳动和社会保障局、上海市医疗保险局即已出台本市女性灵活就业人员年满55周岁方可领取养老金的政策，这一政策已平稳运行了近20年，市人保局于2013年发布的22号通知不过是对此政策的重申和延续。第四，我们应当看到，近年来，在人口老龄化日益严重，养老保险基金支付压力不断增加的情况下，《国务院104号文》所确立的退休年龄标准显得不合时宜，我国延迟退休政策的出台已是大势所趋，《市人社局22号通知》将本市女性灵活就业人员领取基本养老金的起始时间确定为年满55周岁，是符合社会经济发展的一般趋势的，也有利于本市社会保险事业的健康发展。而从全国范围看，目前绝大多数省市对于女性灵活就业人员领取基本养老金的起始时间均规定为55周岁，也从侧面印证了这一政策的合理性。

（作者单位：上海市高级人民法院）

不可移动文物认定决定合法性的审查

——刘某某诉天津市文物局、天津市津南区文化体育局撤销行政决定、行政复议案

刘　琳

【裁判要旨】

不可移动文物认定决定审查时应当根据《文物认定管理暂行办法》进行审查，由县级以上地方文物行政部门负责，重点审查文物认定过程中是否进行了调查研究、收集资料、听取专家意见、召集专门会议研究等程序。

【案号】

一审：天津市津南区人民法院（2016）津0112行初70号。
二审：天津市第二中级人民法院（2017）津02行189号。
再审：天津市高级人民法院（2017）津行申379号。

【案情】

再审申请人：（一审原告、二审上诉人）刘某某
被申请人：（原审被告、二审被上诉人）天津市津南区文化体育局
被申请人：（原审被告、二审被上诉人）天津市文物局

原告刘某某诉称，其不服被告津南文体局作出的认定决定书，因为被告津南文体局未将原告提供的资料和墓地的真实情况提供给评议专家。评议专家未见真实的坟头和棺木，津南文体局是在事实不清、专家评估没见到实物，对墓地人物和棺木没有做考古研究的情况下作出的决定，是不负责任的态度，其意见无效。原告亦不服被告市文物局作出的复议决定书，因为复议决定书

只是作了形式审查，未作实体审查，属于将错就错。故诉请：1. 撤销被告津南文体局作出的津南文认［2016］第一号不可移动文物认定决定书；2. 撤销被告市文物局作出的复议决定书（津文物复决字［2016］01 号行政复议决定书）；3. 重新组织专家评定（刘氏墓地、刘俊墓）为不可移动文物；4. 由二被告承担本案诉讼费。

天津市津南区文化体育局一审时辩称，其具有作出认定决定书的主体资格。在依法受理原告的申请后，进行了调查并组织现场踏勘、专家评估论证，在完成实地踏勘、申请人陈述、当场质询等程序后，专家得出论证意见为：1. 原告指认的四座坟头，地表没有明确的身份等级和年代标记，应为近代平民墓葬，不具有历史、艺术、科学价值。2. 原告未能提供此墓地始于明代的证据，所提供的佐证材料和墓地现在状况不存在对应关系。3. 从原告所提供的“刘氏先茔”墓地界桩的照片看，该界桩不具有明代特征，且不见于所指认的四座坟头附近，和墓地的关系不明确。专家们一致认为，刘氏墓地不属于不可移动文物。另外，被告履行了听取公众意见等程序后进行集体研究，在上述工作的基础上作出的认定决定书，程序合法。被告作出的认定决定书事实清楚、证据充分，原告提出的诉讼理由不能成立，无事实依据。请求驳回原告的诉讼请求。

天津市文物局一审时辩称，在受理了原告的复议申请后，对复议申请和被告津南文体局提交的答复材料进行了审查，在审查期间就有关案件事实向原告和被告津南文体局进行了询问，被告严格依照《行政复议法》等相关法律规定作出的复议决定符合法律规定，请求驳回原告的全部诉讼请求。

一审经审理查明，被告津南文体局称，2014 年 5 月 9 日接到市文物局转交的原告以天津市西青区小金庄村刘氏全体家族代表人之名提出的《关于刘氏墓地申请文物保护登记的函》。被告津南文体局于 2014 年 5 月 13 日到达刘氏墓地现场，对相关情况进行核实并拍摄了现场照片。2014 年 5 月 15 日分别向市文物局和天津市津南区人民政府报送了《关于“郊野公园”内刘氏墓地情况的调查报告》，说明了刘氏墓地的相关情况。2015 年 5 月 9 日，被告津南文体局收到原告的《文物保护鉴定申请书》，因没有刘氏家族成员签字确认以及委托书等相关佐证材料，被告于 2015 年 5 月 20 日对原告刘某某作出《关于文物保护鉴定申请的答复》，将相关注意事项告知原告。此后，津南文体局对刘氏墓地进行了踏勘，拍摄了现场照片，取得了东大河坟图及刘氏家族成员刘启尧所签的针对刘氏墓地的拆迁补偿协议。2016 年 4 月 6 日，被告津南文体局收到原告提交的《（刘氏墓地）认定文物保护单位申请书》及授权委托书、情况说明等材料，被告津南文体局受理了原告的申请。受理该申请后，津南文体局向天津市文物管理中心提出申请，邀请了 5 位专家，组织现场踏勘，召开了文物认定专家评估论证会，专家经过现场踏勘，听取原告意见，查阅了原告提供的材料，一致认为刘氏墓地不属于不可移动文物。被告津南文体局又听取了相关单位和公众意见，在上述工作的基础上被告津南文体局于 2016 年 7 月 18 日作出认定决定书，认定刘氏墓地不属于不可移动文物。原告对该认定决定书不服，向被告市文物局提出复议申请，市文物局审查了原告和津南文体局提交的材料并就相关事实进行了询问，于 2016 年 9 月 28 日作出复议决定书，维持了被告津南文体局的认定决定书。原告对二被告作出的认定决定书和复议决定书不服，诉至本院，提出如上诉请。

【审判】

一审法院经审理认为，依据《文物认定管理暂行办法》第三条规定“认定文物，由县级以上地方文物行政部门负责”。被告津南文体局具有作出文物认定的行政主体资格和职权。《文物认定管理暂行办法》第八条第一款规定“县级以上地方文物行政部门认定文物，应当开展调查研究，收集相关资料，充分听取专家意见，召集专门会议研究并作出书面决定”。本案中，原告向被告津南文体局提交申请材料，被告受理后，组织相关单位和专家，听取原告的陈述、进行实地踏勘核查、讨论、听取专家和公众意见，作出认定决定书，送达原告。被告津南文体局作出的行政行为事实清楚，证据充分，适用法律正确，程序合法。被告市文物局在收到原告的复议申请及相关材料后，对被告津南文体局作出的行政行为进行了审查，作出的复议决定书符合法律规定，原告诉请没有事实和法律依据。故对原告请求撤销被告津南文体局作出的认定决定书及被告市文物局作出的复议决定书、重新组织专家评定（刘氏墓地、刘俊墓）为不可移动文物的诉讼请求，本院不予支持。

一审法院依照《中华人民共和国行政诉讼法》第六十九之规定，判决驳回原告刘某某的全部诉讼请求，案件受理费 50 元由原告承担。

刘某某不服，提起上诉，请求：1. 要求二审法院撤销一审行政判决书，撤销被诉津南文认［2016］第1号不可移动文物认定决定书和津文物复决字［2016］01号行政复议决定书。2. 重新组织专家评定为不可移动文物。3. 判决二被上诉人承担诉讼费用。理由为：1. 被上诉人天津市津南区文化体育局组织的专家认定程序不合法、其聘请的专家均不具有相应职称和资质，所聘请的专家没有批准注册的机构主体代为专家团体个人签字，无承担法律责任人，认定程序不合法。2. 文物认定事实不清，专家到现场踏勘没有见到实物，所拍照片也没有拍到原有的慈禧御赐的金丝楠棺木和刻有碑文的墓地界桩，与事实严重不符。3. 被上诉人天津市津南区文化体育局没有到西青区王稳庄小金庄属地查找刘氏家族的历史资料，没有尽到将事实调查清楚的法定职责。4. 被上诉人天津市津南区文化体育局拖延认定时间，造成申请认定文物的坟墓被盗、被破坏，违反了应当保护文物的法定职责。5. 应当以天津市艺术家学会出具的《（刘氏墓地）申请文物保护单位认定结论书》作为认定依据，认定刘氏墓地属于不可移动文物。6. 被上诉人天津市文物局没有尽到复议职责，维持了错误的文物认定。故原审判决认定事实不清、适用法律错误，依法应予撤销。

二审法院查明的事实与一审一致。二审法院的裁判理由和一审法院基本一致。二审法院依照《中华人民共和国行政诉讼法》第八十九条第一款第（一）项的规定，裁定驳回上诉，维持原裁定。

刘某某不服提出了再审申请，请求撤销津南区文体局津南文认（2016）第1号行政不可移动文物决定书，天津市文物局做出的津文复答字（2016）01号行政复议书、津南（2016）津0112行初70号行政判决书，（2017）津02行终189号行政判决书。理由为：一审、二审事实不清，适用法律不当。根据新《文物法》规定，该文物具备保护条件。北京博玩雅集文物鉴定中心和天津市文化艺术学会做出的评估意见合法有效，津南区文体局采信非法不实的评估意见非法无效，该意见违反上述法律规定。1. 津南文体局采信的是专家意见和上报材料中提供的迁移后的贫民棺材板，而不是申诉人申请的金丝楠棺木，这是本案的错误焦点。2. 刘氏墓地中的棺木和墓中文物符合新《文物法》第一、二、三条、《天津市文物保护条例》第二十一条之规定，该墓葬属于存在历史和艺术价值和历史重大事件的人和物品，1970年平坟头运动中，申诉人亲眼所见墓中物品存在历史和艺术性，墓中人物正像文化艺术学会针对墓中人进行的人文历史评价一样，墓葬具备《文物法》规定的文物保护条件。申诉人有县志、乡志、家谱、坟茔图、照片、棺木为有效的依据。3. 天津文化艺术学会具备人文历史评价的法定资格，北京博雅玩集鉴定中心具备文物鉴定的法定资格，均有国家批准注册的合法资质，有专家的论述意见，其意见具有真实性、合法性。4. 两被申诉人采纳的专家意见不具有合法性。当时正赶上下雨，专家全跑了，没有见到实物，未做调查考证，没有找到四座历史名人棺木，其所采用的贫民棺木照片与所申报的金丝楠木不符，故意把墓地界桩上有碑文与刘氏墓地区别开来，津南文体局提供的照片与申诉人提供的实景照片不符，津南文体局故意掩盖事实，在卷宗档案中添加假材料，该意见不具备事实法律依据的合法性，不符合法定程序，根据证据规则，专家未见实物做出的意见人民法院不应采信。5. 二审法院已经查清了全部事实证据，出现了人情案，二审维持一审判决，裁定驳回上述，让申诉人到高级法院去解决。

天津市高级人民法院经审理认为：被申请人天津市津南区文化体育局向原审法院提交的证据可以证实，其作出本案被诉津南文认［2016］第1号《不可移动文物认定决定书》符合《文物认定管理暂行办法》第八条的规定，事实清楚，证据充分，行政程序合法。被申请人天津市文物局经审查后作出被诉津文物复决字［2016］01号《行政复议决定书》，维持了津南文认［2016］第1号《不可移动文物认定决定书》，所履行的行政复议程序合法。原审法院判决驳回再审申请人的诉讼请求正确。再审申请人以其向原审法院提交的天津市艺术学会出具的《（刘氏墓地）申请文物保护单位认定结论书》和北京博雅玩集鉴定中心的文物鉴定报告中的意见，否定被诉行政行为的合法性，缺乏法律依据。再审申请人其他申请再审理由亦没有事实根据和法律依据，裁定驳回了刘某某的再审申请。

【评析】

本案是天津第一起不可移动文物认定案件。在此之前，天津市文物相关部门没有对不可移动文物进行过认定，对不可移动文物决定的合法性审查如何进行，是本案需要明确的问题。

一、本案的可诉性问题

对此问题在申诉复查中有不同观点。第一种观点认为不可移动文物认定是一种行政确认行为，认为不可诉。首先，因《文物保护法》《文物保护实施细则》《天津市文物保护条例》均未规定文物认定行为可以进行行政诉讼。而行政诉讼法对受案范围有明确规定，第十二条兜底条款规定行政诉讼的受案范围为“法律、法规”可以提起诉讼的其他行政案件，本案当事人起诉及法院裁判适用法律的依据《文物认定管理暂行办法》系部门规章，法律位阶不够，其上位法均未规定对文物认定行为不服可提起行政诉讼。其次，目前文物认定的依据就是专家结论，具有极高的专业性，法院司法审查主要为程序审，且不同于其他如教育行政类案件等行政行为直接涉及当事人的“私”权益，是否认定为文物更多的意义在于是否应由国家予以保护管理，“公”益的性质更明显，故纳入行政审判范围的司法实践意义及对当事人权益救济的意义都不大。最后，由于此类案件成讼极少，是否应纳入行政诉讼的受案范围可待日后情况发展，不影响本案的复查结论。第二种观点认为该行为可诉，理由如下：第一，《最高人民法院关于执行〈中华人民共和国行政诉讼法〉若干问题的解释》第一条第一款规定：“公民、法人或者其他组织对具有国家行政职权的机关和组织及其工作人员的行政行为不服，依法提起诉讼的，属于人民法院行政诉讼的受案范围。”新行政诉讼法的适用解释，亦对受案范围作出了排除性的规定，对那些不属于受案范围的行政行为作出了明确规定，不可移动文物认定的行政确认行为不在不属于行政诉讼受案范围的规定内。第二，行政机关的鉴定行为不属于行政诉讼受案范围基本能够确认，但不可移动文物认定不仅仅是鉴定行为。其他的行政机关的鉴定行为包括交通事故责任认定，火灾事故责任认定、医疗事故责任认定明确不属于行政诉讼的受案范围，原因第一是专业性，第二是不具有终局性，只是作为诉讼中的证据，理论上法院可以采纳，也可以不采纳，本身不确认当事人的权利和义务。而文物的认定行为，行政机关的认定行为不仅包括专家认证，还包括一系列调查、听证等其他程序，行政机关的认定结果就是判断是否属于文物的结论，如果没有司法救济，直接影响当事人的权利和义务。第三，其他省市包括福建、安徽、湖北均有相关类似案件受理。最终采纳了第二种观点，即认为不可移动文物认定的行政行为可诉。

二、关于被告主体资格

《文物认定管理暂行办法》（中华人民共和国文化部令第46号）第三条规定：“认定文物，由县级以上地方文物行政部门负责……”该办法第七条规定："公民、法人和其他组织书面要求认定不可移动文物的，应当向县级以上地方文物行政部门提供其姓名或者名称、住所、有效身份证件号码或者有效证照号码……"同时，根据国家文物局《关于贯彻实施〈文物认定管理暂行办法〉的指导意见》中"关于认定工作的程序"部分的规定，"申请人依法要求认定不可移动文物的，应向认定对象所在地的县级以上地方文物行政部门提出"，申请人向天津市津南区文化体育局提出了认定申请，所认定对象墓地的所在地为天津市津南区，因此，天津市津南区文化体育局具有认定不可移动文物的行政职权和主体资格。需要说明的是天津市津南区文化体育局原来是天津市津南区文化广播局，后因天津市机构改革与津南区体育局合并，并承担文物保护的相关工作。

三、关于认定程序

根据《文物认定管理暂行办法》第七条的规定，认定不可移动文物的，"县级以上地方文物行政部门应当通过听证会等形式听取公众意见并作出决定予以答复"。因此，"听取公众意见"是文物认定的法定程序。根据《关于贯彻实施〈文物认定管理暂行办法〉的指导意见》"关于听取公众意见"的规定："听取公众意见可根据需要采取不同形式，如书面调查、实地走访、座谈会、听证会、网络征求意见等。听证会是听取公众意见的方式之一，可根据实际需要决定是否召开。"根据《文物认定暂行办法》第八条的规定，县级以上地方文物行政部门认定文物，应当开展调查研究，收集相关资料，充分听取专家意见，召集专门会议研究并作出书面决定。

通过在案证据可以确认，天津市津南区文化和体育管理局收到再审申请人的认定申请后，进行了受理，组织相关单位和专家，进行实地踏勘核查，召开文物认定专家评估论证会，听取原告的陈述、查阅原告提供的相关资料，专家们一致认定刘氏墓地不属于不可移动文物，后被申请人又听取了相关单位和公众意见，作出认定决定书，符合上述规定。

《天津市文物保护条例》第九条规定的由市文物行政管理部门设立由专家组成的文物鉴定委员会，负责文物和文物级别的鉴定、评估，该条规定的文物鉴定程序与本案的行政机关进行文物认定系不同概念、不同程序，这里的文物鉴定是指已经认定为文物的，对其等级、历史价值等方面的鉴定，不同于非文物认定时的鉴定。

四、关于再审申请人自行进行的鉴定

再审申请人提供了天津市艺术学会出具的《（刘氏墓地）申请文物保护单位认定结论书》和北京博雅玩集鉴定中心的文物鉴定报告，其中后者没有该中心的印章。根据国家文物局《关于贯彻实施〈文物认定管理暂行办法〉的指导意见》“关于文物认定的机构和人员”的规定：“文物认定的决定由县级以上地方文物行政部门作出。县级以上地方文物行政部门可以直接进行文物认定，也可以设置专门机构或委托有条件的文物、博物馆事业单位开展认定工作，但是不得委托社会中介机构。”根据上述规定，被申请人津南区文化体育局作为法定的文物认定部门，其依据法定职权，按照法定程序组织专家认定的论证结论，其效力高于再审申请人提供的两份认定结论，这两份结论不是法定的认定不可移动文物的依据，只能作为其认定不可移动文物过程中的参考资料，因此再审申请人依据该两份结论认为应当认定为不可移动文物没有事实和法律依据。

（作者单位：天津市高级人民法院）

类案研究

行政裁量合法性的审查

——谭英诉涪陵区公安局行政处罚案

陈立洋

【裁判要旨】

1. 行政拘留可以适用听证程序。

2. 行政机关对行政调查方式享有裁量权，但是一旦选择以听证形式实施调查，则其裁量权限缩为零，行政机关必须保证相对人的听证权。

【案号】

一审：重庆市涪陵区人民法院（2012）涪法行初字第79号。

二审：重庆市第三中级人民法院（2013）渝三中法行终第8号。

【案情】

原告（被上诉人）：谭英

被告（上诉人）：涪陵区公安局

2012年5月18日，涪陵区公安局以谭英扰乱单位秩序为由将谭英传唤到涪陵区公安局龙桥派出所询问。同日，涪陵区公安局告知谭英：拟对其作出的处罚决定及所依据的事实、理由和依据；对前述告知事项谭英有权进行陈述、申辩；对拟作出的行政处罚谭英有权要求听证，如要求听证，应在被告知后三日内提出，逾期视为放弃听证。同日，涪陵区公安局即作出渝涪公（治安）决字［2012］第320号公安行政处罚决定，决定给予谭英治安拘留十日的行政处罚。涪陵区公安局于当日17时2分将处罚决定书送达谭英后，将谭英送重庆市涪陵区拘留所执行拘留。次日，涪陵区公安局向谭英之子黄啸澜送达了被拘留人家属通知书。谭英不服，拘留期满后于2012年6月15日向重庆市公安局申请行政复议。重庆市公安局于2012年7月26日作出渝公复决字［2012］092号行政复议决定，对该公安行政处罚决定予以维持，于2012年7月31日将复议决定书送达谭英。谭英不服，于2012年8月9日向重庆市涪陵区人民法院提起行政诉讼，请求人民法院判决撤销渝涪公（治安）决字［2012］第320号公安行政处罚决定。

【审判】

根据审理查明的上述事实，重庆市涪陵区人民法院于2012年11月16日依法以（2012）涪法行初字第79号判决撤销被告涪陵区公安局于2012年5月18日作出的渝涪公（治安）决字［2012］第320号公安行政处罚决定。涪陵区公安局不服提起上诉，重庆市第三中级人民法院于2013年3月22日依法以（2013）渝三中法行终第8号判决驳回上诉，维持原判。

生效裁判认为，根据涪陵区公安局提供的公安行政处罚告知笔录中载明的内容可见，该局在作出处罚决定前曾告知谭英，对拟作出的行政处罚有权在被告知后三日内要求听证，逾期视为放弃听证，涪陵区公安局称在作出处罚决定前未告知谭英听证权的上诉理由不成立。

《中华人民共和国治安管理处罚法》第九十四条第一、二款规定："公安机关作出治安管理处罚决定前，应当告知违反治安管理行为人作出治安管理处罚的事实、理由及依据，并告知违反治安管理行为人依法享有的权利。违反治安管理行为人有权陈述和申辩。公安机关必须充分听取违反治安管理行为人的意见，对违反治安管理行为人提出的事实、理由和证据，应当进行复核；违反治安管理行为人提出的事实、理由或者证据成立的，公安机关应当采纳。"涪陵区公安局在告知谭英可通过听证的方式进行陈述、申辩的当日就作出了处罚决定，在诉讼过程中，又没有提供证据证明依法保障了谭英对前述权利的行使，故作出的处罚决定程序违法。原审法院判决撤销该行政处罚决定，并无不当。

【评析】

一、背景情况介绍

本案焦点为被告在告知原告有权申请听证之后，并未给予其申请听证的时间和机会，如何认识其行政拘留的合法性？

关于行政拘留能否适用听证程序似乎还是一个存有争议的问题，学界普遍呼吁行政拘留应引入听证程序，而行政机关则认为行政拘留不适用听证程序，其实，两种观点属于同一问题的两个方面。前者从应然角度出发强调必要性，实际上隐含着对后一观点的认同，即现行法律没有为行政拘留适用听证程序留下空间，因此，学者们将很大的精力放在论证立法不合理以及呼吁修改法律上来。

那么，立法是否如学者们所说那样，表现为明显的形式不合理呢？本案对这一问题作出了独到的回答，指出从立法文本来看，法律并没有明确排除行政拘留适用听证程序的可能性，至于实际适用与否，则属于行政机关的裁量权范畴，但行政裁量也并非漫无边际，作为一种行政调查方式，行政机关对是否适用听证程序享有裁量权，但是一旦选择以听证方式进行调查，则其裁量权限缩为零，行政机关必须保证相对人的听证权。

二、本案属于法律开放结构或语言模糊性导致的疑难

卡尔·拉伦茨指出："没有人再能够严肃的宣称法律规则的应用只不过是在抽象表达的大前提之下的逻辑涵摄。"这一带有法律现实主义色彩的论断是法律方法论中少有的几个共识之一。它意味着人们普遍承认法官审理案件并不总是简单的在法律规则与案件事实之间进行逻辑推理而得出判决结论，而疑难案件就存在于纯粹的逻辑思维所不及的领域。霍姆斯的"法律的生命不在于逻辑，而在于经验"的论断之所以说是普遍适用于司法裁判的基本原则，其原因即在于法官裁判的真实过程往往是直觉经验在先，逻辑验证在后，换言之，法官在遇到案件尤其是疑难案件时，往往是先有谁是谁非的经验直觉，然后才通过找法条述理由去检验校正或印证，直至最终形成内心确信和裁判结论。

本案就是上述难以直接诉诸逻辑推理做出判决的疑难案件，其原因就是哈特所谓的法律存在“开放结构”，或阿列克西所说因法律语言模糊性导致法律规则局限。立法者总是力图制定一部完善的法律，他们会认真考虑法律所涉及的所有可能的常规情况，为实现这一目标，他们字斟句酌，甚至不厌其烦地一遍遍启动法律修改，但社会生活作为远超人类理性预见和表达的活的事实，总是不断涌现出让立法者始料不及、前所未有的非常规事件。[①] 此时，立法语言的模糊性和社会生活规范性的现实需要就出现了裂痕，司法者理应担当弥合这一裂痕的使命。

三、确立裁判要旨的理由

生效裁判背后的逻辑是：《治安管理处罚法》不排斥在行政拘留中适用听证程序，换言之，行政拘留可以适用听证程序是立法能够推导出的一个结论，并且根据行政裁量权限缩论，行政机关一旦选择以听证形式实施行政调查，则其裁量权即限缩为零，倘若行政机关在未保障相对人听证申请权的情况下即作出拘留决定，有违法定程序。

1.《行政处罚法》对行政拘留并没有排除适用听证程序

《行政处罚法》第四十二条第二款规定，当事人对限制人身自由的行政处罚有异议的，依照治安管理处罚条例有关规定执行。有学者据此认为，《行政处罚法》武断的将行政拘留的听证可能性拒之门外。但我们认为，这种理解本身即是武断和值得商榷的。从法条能够确凿无疑推导出的结论是：《行政处罚法》将行政拘留的听证问题规定在整部法律第五章“行政处罚的决定”第三节“听证程序”当中，从立法文本的结构来分析，该章第一节为“简易程序”，第二节为“一般程序”，不难看出，立法者将行政拘留这一处罚种类在听证程序中用单独条款加以说明，并非如上述观点认为的那样旨在把听证程序排除在行政拘留之外，恰恰相反，从立法语言上能够看出立法者对行政拘留的听证并没有作出明确否定的姿态，而在文本结构位置中刚好规定在“听证程序”小节，这似乎暗示立法者对行政拘留听证程序持一种肯定的立场，当然，我们即便不做这种大胆的揣测，以下这种理解无疑是允当的：立法者深知行政拘留听证问题的重要性，因此在《行政处罚法》这部一般性的处罚程序规定中并没有明确表态，而是将该问题留由特别法加以解决，即是否适用听证程序要考查《治安管理处罚法》对此问题的立场。

---

① 季涛：《论疑难案件的界定标准》，载《浙江社会科学》2004 年第 5 期。

2.《治安管理处罚法》亦没有明确排除听证程序

《治安管理处罚法》第四章“处罚程序”中明确涉及行政拘留的规定分别位于第二节“决定”和第三节“执行”，具体法条分别为第九十二条：“对决定给予行政拘留处罚的人，在处罚前已经采取强制措施限制人身自由的时间，应当折抵。限制人身自由一日，折抵行政拘留一日。”以及第一百零三条：“对被决定给予行政拘留处罚的人，由作出决定的公安机关送达拘留所执行。”进言之，该法在第一节“调查”中对行政拘留并未明确禁止适用听证程序。

由于立法对行政拘留是否适用听证程序没有明确表态，也没有硬性规定，进言之，法律规范为行政执法预先留有空间，那么，如下所述，听证程序就属于行政机关在其职权范围内，基于法理或事理可以酌情处理的范围。

3. 行政机关对行政拘留是否适用听证程序有裁量权

《治安管理处罚法》第九十四条第一、二款规定：“公安机关作出治安管理处罚决定前，应当告知违反治安管理行为人作出治安管理处罚的事实、理由及依据，并告知违反治安管理行为人依法享有的权利。违反治安管理行为人有权陈述和申辩。公安机关必须充分听取违反治安管理行为人的意见，对违反治安管理行为人提出的事实、理由和证据，应当进行复核；违反治安管理行为人提出的事实、理由或者证据成立的，公安机关应当采纳。”这是一个包含有羁束行政和裁量行政的综合性行政规范。

根据行政行为受到法律拘束程度的大小，可以区分出羁束行政行为和裁量行政行为两种。[①] 羁束行政是指行政主体之行为，被法律严格局限于极小范围之内，因为立法者不希望行政主体于此拥有太多的决定权限，以免侵犯公民基本权利，所以法律对行政行为的要件、行使之方式以及行使效果做了详尽规定。在上述法条中，立法者规定“公安机关作出治安管理处罚决定前，应当告知违反治安管理行为人作出治安管理处罚的事实、理由及依据，”从形式上来看，这是一个典型的“应为”条款，即条文中使用了“应当”的用语，这里的“应当”完全可以置换成“必须”。从性质上来看，这是一个典型的羁束行政的例子，主要对治安管理处罚的行为方式提出了明确要求，即必须履行告知义务，对违反这一程序义务作出的治安管理处罚决定，《行政处

① 参见陈新民：《中国行政法学原理》，中国政法大学出版社2002年版，第31、145－155页。

罚法》第四十一条规定了决定不能成立的严重法律后果，换言之，如果违反上述程序义务，即便有处罚决定，但在法律上并无效力，相对人无须服从，如果因这一问题产生讼争并进入司法领域，则属于标准的违反法定程序行为。

至于“并告知违反治安管理行为人依法享有的权利”这一表述的分析则要复杂一些。它表面上为情态副词“应当”的谓语，即看上去属于强制性的“应为条款”而非非强制性的“任意条款”（得为条款），但由于该条文使用了不确定法律概念“依法享有的权利”，可以理解为立法者授权公安机关可以在各种不同的具体案件中，依专业知识和经验做最恰当的解释与判断，换言之，就为公安机关是否告知相关权利以及如何告知留下了判断余地（裁量空间）。根据司法和行政二权分工的宪法构造，司法权有必要对行政机关的判断余地予以尊重，因此，这里的“告知……依法享有的权利”用语实际上是裁量权的授予。

4. 行政机关选择听证作为调查形式后裁量权限缩为零

由上述分析可知，行政机关在履行了告知处罚的事实、理由及依据的羁束义务之外，还可以自行斟酌是否告知相对人诸如申请听证等其他法律权利。如果行政机关选择了告知相对人申请听证权，那么，根据依法行政和信赖保护的基本原理，这种告知无疑会引发某种法律后果。问题的关键在于这种后果是否足够严重以致于需要通过法律来特别加以强调？众所周知，听证程序是一种准司法性质的行政程序，其严格程度在简易程序和一般程序之上，对此，《行政处罚法》和《治安管理处罚法》等行政基本法都作了具体规定。那么，《治安管理处罚法》对行政机关行使裁量权，选择告知相对人某项程序权利之后的法律后果有无规定呢？回答这个问题前我们需要界定另一个问题：听证属于什么性质的行政行为？

无论在常识、学理还是法条上，都可以得出一个不容置疑的结论：听证是一种行政调查行为。《治安管理处罚法》第九十五条明确规定，在治安案件调查结束后，公安机关才能根据不同情况，分别作出处理。公安机关及其人民警察对治安案件的调查，应当依法进行。本案中，涪陵区公安局在接到报案后，对谭英进行调查，并制作了公安行政处罚告知笔录，其行为符合法律规定。从公安行政处罚告知笔录中载明的内容可见，该局在作出处罚决定前曾告知谭英，对拟作出的行政处罚有权在被告知后三日内要求听证，逾期视为放弃听证。这说明涪陵区公安局在作出正式的处罚决定前，衡酌本案具体案情，对所要采取的行政调查手段作出了明确选择，即启动了听证程序，进言之，该局在裁量权许可的范围内，选择了一种更为严格的调查程序，那么，根据上述法律规定，除非调查程序终结，否则公安机关不能作出处理决定。这时其作出处罚决定就要根据听证程序的时间、次序和顺序等规定严格展开，即或终结，也要附具理由，即行政机关自己的选择将立法赋予的听证裁量权收缩至零，在这种情况下，行政机关对案件的处理，必须受到《治安管理处罚法》等程序强行法的约束，而没有其他考虑的余地，换言之，听证程序在本案中对涪陵区公安局而言成为羁束行为，不容忽视，更不容放弃或拒绝。

无独有偶，《治安管理处罚法》第九十四条对公安机关的审慎调查义务也做了强调："公安机关必须充分听取违反治安管理行为人的意见。"从语义上来看，"充分听取意见"主要是对调查强度的要求，它不同于"听取意见"之处就在于调查手段更多样、调查形式更完整。从手段上来看，充分听取意见的目标可以通过听取口头陈述、申辩来实现，也可以通过司法性的举证、质证等调查活动来实现。从形式上来看，"充分听取意见"既可以是一般程序，也可以是听证程序。无论哪种情形，一旦行政关系双方当事人对听取意见的形式发生了争议，那么，根据行政诉讼举证责任倒置的规定，证明履行了"充分听取意见"义务的举证负担就落在了行政机关身上。具言之，既然本案涪陵区公安局选择进入听证程序，那么对于其后擅自单方终结听证程序就必须给出合理的说明和解释，这是对"充分"内容上的要求，否则就必须完成听证程序，这是对"充分"形式完整性的要求。生效裁判指出：涪陵区公安局在告知相对人听证申请权、选择进入听证程序之后，"当日就作出了处罚决定，在诉讼过程中，又没有提供证据证明依法保障了谭英对前述权利的行使"，因此，其行政拘留决定不具有合法性。

行政裁量是法律赋予行政机关便宜行事的权力，自有其正当性，但行政便宜主义也应当被限制在合理的范围之内。它绝不是行政无责任甚或滥用法律信任的挡箭牌、遮羞布，这意味着在特定情况下有必要压缩行政裁量的空间，一旦符合特定情形的要求，则所谓的行政裁量乃至行政便宜主义就不能成立，行政权限的行使就变成了义务、变成了羁束。行政裁量收缩的一个重要原因或者说压缩行政裁量的一个重大压力就在于基本权利的保护需求。基本权利对立法权、行政权和司法权具有直接的约束力，可以作为法来直接适用。基本权利的存在，体现着社会的基本价值，它需要全面而周到的保护，行政机关对此负有尊重的义务。[①] 作为人身自由基本权利的保障，公民的听证权亦应被充分尊重。本案中公安机关告知相对人可对拟作出的行政拘留申请听证，这意味着其选择以听证形式来实施行政调查，则其本享有的行政裁量空间就要被压缩，听证就成为公安机关必须履行的作为义务，没有履行，即为违法，即要承担相应的法律责任。本案的判决立场是非常清楚的，那就是既承认行政裁量的价值，但也不放任行政机关为所欲为。

（作者单位：重庆市第三中级人民法院）

① 参见王贵松：《行政裁量收缩论的形成与展开》，载《法学家》2008 年第 4 期。

违反必要法定程序的税务行政处罚应予以撤销

——漳州市聚善堂药业有限公司诉福建省漳州市国家税务局稽查局税务行政处罚案

盖华丽　陈梅华

【裁判要旨】

税务机关作出的税务行政处罚决定应认定事实清楚、证据确凿，适用法律、法规正确，符合法定程序。重大税务案件的处罚前告知应在提请重大税务案件审理委员会审理之前送达。行政相对人有权进行陈述和申辩，税务机关必须充分听取当事人的意见，对当事人提出的事实、理由和证据，应当进行复核。税务机关对重大税务案件依法应按照重大税务案件审理意见书制作税务处理处罚决定。违反必要法定程序的税务行政处罚应予以撤销。

【案号】

福建省漳州市中级人民法院（2016）闽06行初90号。

【案情】

原告：聚善堂（福建）药业有限公司（以下简称聚善堂药业）

被告：福建省漳州市国家税务局稽查局（以下简称漳州市国税稽查局）

2010年1月至2014年12月间，原告取得陇西县徽鑫药业有限责任公司（以下简称徽鑫药业）及陇西县辰宏药业有限公司（以下简称辰宏药业）开具的增值税专用发票共计351份，计税金额53,354,135.23元，税额6,936,037.27元，价税合计60,290,172.5元。原告已向主管税务机关申报认证抵扣了进项税额6,936,037.27元。上述发票中部分开票方发票销售清单与受票方发票销售清单货物品名不符。原告在2010年1月至2014年12月期间，向甘肃省定西市国税局稽查局、安徽省安庆市岳西县国税局稽查局、内蒙古乌拉特前旗国税局稽查局、广西钦州市国税局稽查局、四川省彭州市国税局稽查局辖区内陈海元等共计44人开具农产品收购发票金额合计72,561,609.27元，被告认为原告不得申报抵扣增值税进项税额72,561,609.27×13% =9,433,009.21元。

2015年12月2日，被告经审批决定对原告涉嫌虚开增值税进项发票（农产品收购发票）的行为进行税务稽查立案。经调取原告账簿、查询原告相关账户及原告相关人员的账户、向相关农户所在辖区及徽鑫药业、辰宏药业所在辖区的国税局稽查局发函要求协查、向原告发出《税务事项通知书》、对原告相关人员进行调查询问等调查取证后，被告检查人员于2016年5月16日作出涉税案件稽查报告；被告审理人员于2016年5月23日作出偷税案件审理报告。2016年6月3日，被告作出《重大税务案件审理提请书》，将该涉税案件提交漳州市国家税务局重大税务案件审理委员会（以下简称“重审委员会”）审理。重审委员会于2016年6月12日受理，于2016年7月4日作出《中止审理通知书》，并将案卷退回被告。被告检查人员于2016年7月25日再次作出涉税案件稽查报告，被告审理人员于2016年7月29日再次作出偷税案件审理报告。被告于2016年8月2日又向重审委员会提交了《重大税务案件审理提请书》，其中载明：“该公司通过取得虚开增值税专用发票、虚开农产品收购发票、购进非农产品开具收购发票的行为，账上多列成本造成了少缴增值税17，809，528.64元，建议对该公司少缴税款处一倍罚款，即罚款17，809，528.64元。”重审委员会于2016年8月3日受理。2016年10月25日，被告对原告作出漳国税稽处［2016］44号《税务处理决定书》。2016年11月7日，重审委员会作出《漳州市国家税务局重大税务案件审理委员会审理意见书》，其中载明审理委员会意见为“（一）对该企业的行为应予以处罚；（二）根据《福建省国家税务局、福建省地方税务局关于发布〈福建省税务行政处罚裁量权基准适用规则〉和〈福建省税务行政处罚裁量权基准〉的公告》（2015年第4号）规定，同意你局提出的对该企业所偷税款处一倍罚款”，并要求被告根据上述意见制作相应的法律文书并送达执行。被告于2016年11月21日向原告送达了《税务行政处罚事项告知书》。2016年11月23日，原告向被告提交了《漳州市聚善堂药业有限公司关于对税务行政处罚事项告知书的陈述申辩意见》，庭审中被告确认其在行政程序中有收到原告提交的该书面陈述申辩意见，但被告在举证期限内未向法院提供。

2016年11月25日，被告作出漳国税稽罚［2016］35号《税务行政处罚决定书》，主要认定2010—2014年原告通过未发生农产品收购业务虚开农产品收购发票（发票金额共计72，561，609.27元）、取得徵鑫药业及辰宏药业无货虚开的增值税专用发票（发票共计351份，税额6，936，037.27元）的行为进行虚假纳税申报，造成了少缴增值税16，369，046.48元，构成偷税，根据《中华人民共和国税收征收管理法》第六十三条第一款规定对原告少缴税款处一倍罚款，即罚款16，369，046.48元。被告于2016年11月29日将该处罚决定书送达给原告。原告不服，以案件在本地区影响较大为由，向漳州市中级法院提起行政诉讼，请求撤销漳州市国税稽查局作出的上述行政处罚决定。

【审判】

漳州市中级人民法院一审认为，本案被告作出的行政处罚决定认定原告2010—2014年取得的徵鑫药业、辰宏药业开具的351份增值税专用发票均为原告让他人为自己开具与实际经营业务不符的增值税专用发票以及认定原告未发生农产品收购业务开具农产品收购发票（发票金额共计72，561，609.27元），均存在事实不清，主要证据不足。被告作出被诉行政处罚决定存在调取账簿资料未经依法批准、超过税务检查期限未经依法批准、未按《税务稽查工作规程》规定在提请重审委员会审理前向原告送达《税务行政处罚事项告知书》、未充分听取并复核原告陈述申辩意见、未按照重审委员会的审理意见作出处罚决定等违反法定程序情形。被告申请本案中止审理，理由不能成立。综上，被告作出的处罚决定存在认定事实不清、主要证据不足，违反法定程序等问题，依法应予撤销，原告诉讼请求应予支持，依照《中华人民共和国行政诉讼法》第七十条第（一）项、第（三）项之规定，判决撤销被告于2016年11月25日作出的漳国税稽罚［2016］35号《税务行政处罚决定书》。一审宣判后，双方当事人均未上诉。

【评析】

本案所涉发票金额巨大，罚款金额高达16，369，046.48元，属漳州市辖区内重大、复杂的税务行政处罚案件，故一审由漳州市中级人民法院管辖。案件所涉法律、行政法规、部门规章等法律规范众多，专业性较强，证据材料繁多复杂。本案最典型之处在于对以下几个问题进行研究探讨后，以判决的方式给出了明确的意见，对今后税务机关的行政执法具有指导性意义：一、在销售方所在地的国税局稽查局已出示《已证实虚开通知单》认定销售方虚开增值税专用发票的情况下，购货方（受票方）所在地的国税局稽查局能否对购货方取得虚开增值税专用发票的行为按偷税进行处理？二、重大税务案件罚前告知的送达时间应在提请重审委员会审理之前还是之后？三、行政机关在行政执法过程中应如何处理当事人的陈述申辩？四、在重审委员会已作出审理意见书同意其原先提请重大税务审理委员会审理时所提出的罚款金额后，税务机关能否擅自决定对情节较为轻微的违法行为不作认定和处罚，从而导致最终作出的处罚决定与重审委员会的审理意见书不一致？

关于问题一，首先要分析一下《已证实虚开通知单》的法律效力。根据《税收违法案件发票协查管理办法（试行）》第九条规定："已确定虚开发票案件的协查，委托方应当按照受托方一户一函的形式出具《已证实虚开通知单》及相关证据资料，并在所附发票清单上逐页加盖公章，随同《税收违法案件协查函》寄送受托方。通过协查信息管理系统发起已确定虚开发票案件协查函的，委托方应当在发送委托协查信息后5个工作日内寄送《已证实虚开通知单》以及相关证据资料。"第十五条规定："有下列情形之一的，受托方应当按照《税务稽查工作规程》有关规定立案检查：（一）委托方已开具《已证实虚开通知单》的；（二）委托方提供的证据资料证明协查对象有税收违法嫌疑的；（三）受托方检查发现协查对象有税收违法嫌疑的；（四）上级税务局稽查局要求立案检查的"。国家税务总局关于印发《税务稽查案源管理办法（试行）》的通知（税总发〔2016〕71号）第二十三条第（四）项规定："符合下列情形之一的，确认为需要立案检查的案源：（四）协查部门接收的协查案源信息涉及的纳税人状态正常，且存在下列情形之一的案源：委托方已开具《已证实虚开通知单》并提供相关证据的；委托方提供的证据资料能够证明协查对象存在税收违法嫌疑的；协查证实协查对象存在税收违法行为的"。由此可见，《已证实虚开通知单》仅是不同辖区的税务机关委托协查的内部函件，具有较强的证明力，可以证实销售方存在虚开发票的行为，但也仅是受委托方（正常为购货方所在地的税务机关）立案检查的案源，并不能对销售方或购货方产生直接的法律效力。购货方所在地的税务机关在立案后仍应进行充分的调查取证后才能根据相关证据材料进行事实认定并作出相应的处理。其次，即使销售方确实存在虚开增值税专用发票的行为，对购货方取得虚开的增值税专用发票的行为，在认定购货方是否构成偷税时，仍应区分购货方的主观是善意还是恶意。根据国税发［2000］187号《国家税务总局关于纳税人善意取得虚开的增值税专用发票处理问题的通知》规定："近接一些地区反映，在购货方（受票方）不知道取得的增值税专用发票（以下简称专用发票）是销售方虚开的情况下，对购货方应当如何处理的问题不够明确。经研究，现明确如下：购货方与销售方存在真实的交易，销售方使用的是其所在省（自治区、直辖市和计划单列市）的专用发票，专用发票注明的销售方名称、印章、货物数量、金额及税额等全部内容与实际相符，且没有证据表明购货方知道销售方提供的专用发票是以非法手段获得的，对购货方不以偷税或者骗取出口退税论处。但应按有关规定不予抵扣进项税款或者不予出口退税；购货方已经抵扣的进项税款或者取得的出口退税，应依法追缴。""如有证据表明购货方在进项税款得到抵扣、或者获得出口退税前知道该专用发票是销售方以非法手段获得的，对购货方应按《国家税务总局关于纳税人取得虚开的增值税专用发票处理问题的通知》（国税发［1997］134号）和《国家税务总局关于〈国家税务总局关于纳税人取得虚开的增值税专用发票处理问题的通知〉的补充通知》（国税发［2000］182号）的规定处理。"对购货方取得销售方虚开的增值税专用发票应按偷税处理的前提条件是有证据证明购货方在进项税款得到抵扣前知道该专用发票是销售方以非法手段获得的。就本案而言，虽然被告一再强调甘肃省定西市国家税务局稽查局就案涉351份增值税专用发票出具了《已证实虚开通知单》，但该《已证实虚开通知单》中仅载明："经查证，现将'7·03'专案涉案企业向漳州市聚善堂药业有限公司（纳税人识别号：350603764057680）已证实虚开的增值税专用发票351份，涉案发票金额53，354，135.23元告知你局，请按有关规定处理，并将有关情况及税务处理结果反馈我局"，从上述内容看，只能证明甘肃省定西市国家税务局稽查局认为"7·03"专案涉案企业向原告已证实虚开351份增值税专用发票的事实，至于原告与"7·03"专案涉案企业之间是否存在真实经营业务、是否知情等问题，《已证实虚开通知单》中并没有作出认定。因此，在本案被告提供的证据材料尚不足以证明原告与徽鑫药业、辰宏药业之间没有真实经营业务的情况下，仅凭甘肃省定西市国家税务局稽查局出具的该《已证实虚开通知单》，亦无法证明原告存在偷税违法行为。

关于问题二，也是本案双方当事人在本案被诉行政行为程序方面最大的争议焦点。原告主张根据《重大税务案件审理办法》第十四条规定及第十五条关于稽查局提请重审委员会审理案件，应当提交以下案件材料包括（五）听证材料的规定，将重大税务案件提请审理委员会审理前，必须先就拟作出的行政处罚事项进行告知，只有这样，纳税人才有机会陈述、申辩并申请听证，当纳税人依法申请听证时，才有听证材料可供提交，以便于重审委员会全面、公正地审理案件；但本案中，被告违反了前述规定，在重审委员会审理结束之后，才发出税务行政处罚告知书，执法程序违法，导致重审委员会审理时当事人的陈述、申辩意见完全缺失，从而对当事人的陈述、申辩权造成实质性侵害。被告则主张《重大税务案件审理办法》第十四条第二款规定，当事人要求听证的，由稽查局组织听证，这里的听证不是行政处罚法及税务行政处罚听证办法中的听证，这个听证程序是在税务稽查底稿给当事人签字后，当事人有异议的，当事人可以申请听证；当事人申请听证后，才会存在《重大税务案件审理办法》第十五条规定所涉听证材料的提交，而行政处罚法规定的听证程序是必经程序，是属于行政处罚决定作出前的听证；《重大税务案件审理办法》第十四条规定的听证不是必经的听证程序；关于处罚告知书的送达，法律没有规定处罚告知书要在提请重审委员会审理前向当事人发出。笔者认为，罚前告知制度的设立，主要是为了确保行政相对人依法享有的陈述申辩及要求听证的程序性权利得到保护。虽然相关法律法规、部门规章等均有明确的条款直接规定重大税务案件的处罚前告知应在提请重审委员会审理之前送达，但经分析《税务稽查工作规程》及《重大税务案件审理办法》的相关规定及其立法本意，仍然可以明确得出重大税务案件的处罚前告知应在上重审委员会之前送达的结论。具体分析如下：《税务稽查工作规程》第五十条规定，审理部门接到检查部门移交的《税务稽查报告》及有关资料后，应当在15日内提出审理意见。第五十一条规定，拟对被查对象或者其他涉税当事人作出税务行政处罚的，向其送达《税务行政处罚事项告知书》，告知其依法享有陈述、申辩及要求听证的权利。第五十四条第（三）项规定：“审理完毕，审理人员应当制作《税务稽查审理报告》，由审理部门负责人审核。《税务稽查审理报告》应当包括以下主要内容：（三）被查对象或者其他涉税当事人的陈述、申辩情况。”《重大税务案件审理办法》第十四条第一款规定：“稽查局应当在内部审理程序终结后5日内，将重大税务案件提请审理委员会审理。”第十五条第一款第（四）、（五）项规定：“稽查局提请审理委员会审理案件，应当提交以下案件材料：（四）税务稽查审理报告；（五）听证材料”。第二款规定：“重大税务案件审理提请书应当写明拟处理意见，所认定的案件事实应当标明证据指向。”根据上述规定可以看出，被告在提请重审委员会审理案件之前，在其内部审理程序环节就应当向原告送达《税务行政处罚事项告知书》，以便听取原告的陈述申辩意见，并将当事人的陈述、申辩情况在《税务稽查审理报告》中载明，《税务稽查审理报告》应提交重审委员会，由重审委员会依法审理并作出正确审理意见。被查对象或者其他涉税当事人有申请听证的，还应由稽查局组织听证后，将听证材料一同提请重审委员会审理，这里的听证与行政处罚法中的听证应该是同一含义。被告提出行政处罚法规定的听证与《重大税务案件审理办法》第十四条、第十五条规定的听证不同的主张，缺乏法律依据，不能成立。如果被告在重审委员会作出审理意见后才告知原告，原告提出的陈述申辩意见是否成立及听证情况则只能由被告作出判断，而重审委员会并不知晓，该情况显然与重大税务案件应经重审委员会审理的精神相悖。而且根据《重大税务案件审理办法》第三十四条第一款规定：“稽查局应当按照重大税务案件审理意见书制作税务处理处罚决定等相关文书，加盖稽查局印章后送达执行。”经过重审委员会审理后，稽查局应当按照重审委员会作出的审理意见书制作税务处理处罚决定书等最终的相关文书，此处的相关文书并不包括罚前告知书。因此，本案被告未按《税务稽查工作规程》的上述规定在提请重审委员会审理前向原告送达《税务行政处罚事项告知书》，应属严重违反法定程序。

关于问题三，也是本案双方当事人在本案被诉行政行为程序方面的争议焦点之一。陈述申辩权及申请听证权均是行政相对人重要的程序性权利。行政机关在进行罚前告知后，针对行政相对人提出的陈述申辩，要如何处理？原告主张被告作出的处罚告知书是在重大案件审理委员会出具审理意见之后才作出的，导致原告的陈述、申辩意见无法向重大案件审理委员会提交。在被告作出《行政处罚告知书》后，原告方还提交了相关的陈述、申辩意见。但被告在收到相关材料后，却未对相关陈述、申辩意见进行调查、复核，更未进行审理、判断，甚至未将陈述申辩材料和意见装订入卷。在相关审理文件中更明确载明原告方的意见和主张为：“对以上事实拒绝确认”，完全隐匿了原告方的陈述申辩意见以及提供的事实、理由和主张，应当认定被告的行为属于《行政处罚法》规定的拒不听取陈述、申辩的行为。被告则主张其2016年11月23日被告有收到本案原告的书面陈述申辩材料，由被告对原告提出的陈述申辩理由进行复核，被告认为原告的陈述申辩理由没有依据，对原告的陈述申辩不予采纳，后作出处罚决定。笔者认为，根据《行政处罚法》第三十二条第一款规定：“当事人有权进行陈述和申辩。行政机关必须充分听取当事人的意见，对当事人提出的事实、理由和证据，应当进行复核；当事人提出的事实、理由或者证据成立的，行政机关应当采纳。”《税务稽查工作规程》第五十二条第一款规定：“对被查对象或者其他涉税当事人的陈述、申辩意见，审理人员应当认真对待，提出判断意见。”本案被告于2016年11月21日向原告送达《税务行政处罚事项告知书》，原告于2016年11月23日向被告提交了《漳州市聚善堂药业有限公司关于对税务行政处罚事项告知书的陈述申辩意见》，认为原告与徽鑫药业、辰宏药业的交易过程真实、合法，增值税专用发票中的中药材名称、货物数量、金额及税额等全部内容均与实际交易相符合；对采购事宜，原告有完整的入库、领用、生产记录和产品销售记录；被告认定资金回流不是事实，原告没有141，886，226.10元的资金回流，被告不能把重复的数据重复计算；原告收到货物的品名、数量、金额与增值税专用发票所附销售清单中的品名、数量、金额是一致的，不存在销售清单与货品不符的情况；原告还派业务员到全国各地中药材的主产区或中药材集散市场收购中药材，由业务员看好药材后，向农户收购，由农户送货上门，货到付款，基本上都用现金；原告实际经营业务符合国家税务总局2014年第39号公告的规定，不应对原告进行处罚；鉴于供货方是否构成无货虚开增值税专用发票问题，尚在走法律程序，公安机关立案后也尚无调查结论性意见，要求被告不要急于对原告作罚款处理。被告在提交作出本案被诉行政行为的证据材料时，未向法院提供上述书面陈述申辩意见。虽在本案庭审中被告确认其有收到原告的书面陈述申辩意见，但被告在其审理部门审理后已拟对原告作出行政处罚，却未向原告进行处罚前告知要求原告就拟作出的行政处罚决定提出陈述申辩意见，在被告提供的两次《税务稽查审理报告》中，就“税务稽查对象或者其他涉税当事人的陈述、申辩情况”问题，均载明“该公司陈述意见：‘对工作底稿拒绝确认’”。被告在原告向其提交书面陈述申辩意见后2日内，即于2016年11月25日对原告作出行政处罚决定书，在行政处罚决定书中也没有任何内容体现被告对原告的陈述申辩意见是否依法进行了复核、是否采纳。因此，本案被告未提供证据证明其是否充分听取了原告陈述申辩意见、是否依法对原告陈述申辩意见中提出的事实、理由等进行了复核、原告的陈述申辩意见是否成立等，明显与《行政处罚法》第三十二条的规定相悖，属严重违反法定程序。

关于问题四，是本案的独特之处。本案中，税务机关提交给重审委员会的稽查报告、审理报告、重大税务案件审理提请书以及重审委员会作出的审理意见书中所载明的原告的违法行为均包含三项，即取得徵鑫药业、辰宏药业无货虚开的增值税专用发票、未发生农产品收购业务而虚开农产品收购发票、购进非农产品开具收购发票。稽查报告、审理报告、重大税务案件审理提请书中所建议的罚款金额也都一致，即建议对原告少缴税款处一倍罚款，即罚款17，809，528.64元。但税务机关最终作出的处罚决定认定的违法事实仅有两项，即取得徵鑫药业、辰宏药业无货虚开的增值税专用发票、未发生农产品收购业务而虚开农产品收购发票，最终罚款金额也相应的减少，对原告少缴税款处一倍罚款，即罚款16，369，046.48元。在诉讼中也未作任何说明，也未提供证据证明重审委员会的审理意见有提出对被告提请审理时认定的购进非农产品开具收购发票这一项违法事实不进行处罚。因被告作出的处罚决定相对于审理委员会的审理意见对原告的处罚较轻，原告在诉讼中也未提出异议。但法院审理过程中发现该问题，被告给出的解释是购进非农产品开具收购发票属情节较轻的违法行为，最终在处罚时未再对此进行处罚。但是笔者认为，根据《重大税务案件审理办法》第三十四条第一款规定：“稽查局应当按照重大税务案件审理意见书制作税务处理处罚决定等相关文书，加盖稽查局印章后送达执行。”被告于2016年8月2日向重审委员会提交的《重大税务案件审理提请书》中载明：“原告通过取得虚开增值税专用发票、虚开农产品收购发票、购进非农产品开具收购发票的行为，账上多列成本造成了少缴增值税17，809，528.64元，建议对该公司少缴税款处一倍罚款，即罚款17，809，528.64元。”重审委员会受理后作出的《漳州市国家税务局重大税务案件审理委员会审理意见书》中载明审理委员会意见为：对该企业的行为应予处罚，同意被告提出的对该企业所偷税款处一倍罚款。并要求被告根据上述意见制作相应的法律文书并送达执行。但在被告作出的被诉处罚决定书中却载明“对原告少缴税款处一倍罚款，即罚款16，369，046.48元”，该罚款金额明显与重审委员会的审理意见不一致。税务机关对重大税务案件依法应严格按照重大税务案件审理意见书制作税务处理处罚决定，而不应因违法行为的情节轻重，不按照重审委员会的审理意见作出处罚决定。因此，被告未按照重审委员会的审理意见作出处罚决定，违反了《重大税务案件审理办法》第三十四条第一款的规定，属严重违反法定程序。

（作者单位：福建省漳州市中级人民法院）

行政强制措施与行政处罚先后作出情况下仅起诉行政处罚案件的审理

——山西汽运集团侯马运业股份有限公司侯马经济开发区保税物流分公司诉襄汾县交通运输局行政处罚案

张俊青

【裁判要旨】

1. 行政强制措施不是法律规定的行政处罚应遵守的法定程序，其不具备行政机关作出行政处罚的程序价值，二者具有可分性，均具有独立的可诉性。

2. 行政机关对行政相对人先后作出行政强制措施和行政处罚行为，相对人仅起诉行政处罚行为的，如果所采取的行政强制措施旨在制止违法行为、避免危害发生、控制危险扩大，因该行政强制措施并不是作出行政处罚的法定先置程序条件，二者不具有直接因果关系，人民法院应当单独就行政处罚行为是否合法依法进行审查。

3. 如果在先行政强制措施的目的是为行政处罚收集证据并防止证据损毁，行政强制措施是否合法直接影响作出行政处罚的证据是否充分合法，此种情况下，应告知当事人就行政强制措施另行提起诉讼（或复议后诉讼），人民法院可将两案合并审理，也可裁定中止对行政处罚行为的诉讼，待行政强制措施案件审结后再行恢复审理。如行政相对人对行政强制措施拒不提起诉讼，则除重大且明显违法情形外，待起诉期限届满后，基于行政行为产生的公定力、确定力、拘束力等法律效力，人民法院可对通过行政强制措施所取得证据的合法性予以确认，作为认定行政处罚合法的依据。

【案号】

一审：山西省侯马市人民法院（2017）晋1081行初17号。

二审：山西省临汾市中级人民法院（2018）晋10行终2号。

【案情】

原告（被上诉人）：山西汽运集团侯马运业股份有限公司侯马经济开发区保税物流分公司（以下简称侯运物流分公司）

被告（上诉人）：襄汾县交通运输局（以下简称襄汾县交通局）

原审第三人王建保，男，1967 年 4 月 1 日出生，汉族，住翼城县桐封北路铁南六巷 18 号。

法院经审理查明，2017 年 5 月 6 日 0 时 30 分左右，登记在被上诉人侯运物流分公司名下的晋 LA3536 货车由司机杨爱胜驾驶从临汾万鑫达焦化有限公司装载货物后向晋城市运输，随车附临汾万鑫达焦化有限公司出库过磅单，显示毛重 48.8 吨，皮重 15.7 吨，净重 33.1 吨。司机杨爱胜驾驶该车辆驶出临汾万鑫达有限公司后即驶入临襄线县级公路，该县级公路限载为 30 吨。当时上诉人襄汾县交通局工作人员在该路段进行路政执法检查，现场检查过程中将停在路边的晋 LA3536 货车驶入离停车地点二百米左右的小梁停车场。该车驶入小梁停车场后经过磅检查该车毛重 48 吨，过磅单“司磅”处签名为胡，经庭审核实为胡秋芳。胡秋芳为襄汾县陶寺小梁路口秋芳交易磅房的实际经营者，该交易磅房经山西省襄汾县工商行政管理局依法登记。2017 年 5 月 6 日 0 时 30 分的现场笔录的相关内容由襄汾县交通局的临时工作人员记录，内容记载为“晋 LA3536 货车内磅单显示车货总重 48.8 吨，驾驶员承认该车辆毛重 48.8 吨”，“执法人员签名”处由执法人员李朋将、臧昌本人签字。2017 年 5 月 6 日 0 时 36 分至 0 时 50 分的勘验（检查）笔录内容同样由襄汾县交通局临时人员记录，内容记载“该车车号晋 LA3536（主），晋 LG026 挂（挂），车型为重型半挂牵引车，六轴，车上装载焦炭，过磅检测车货总重 48 吨”，“勘验（检查）人签名处”由李朋将、臧昌本人签字，记录人虽写明为李朋将，但实际并非其记录。“被邀请人签名处”姜艳丽的签名非本人所签，但经核实手印为其本人所捺。姜艳丽为小梁停车场门卫，本院于 2018 年 4 月 4 日对姜艳丽进行了询问，其对捺手印的事实予以确认。2017 年 5 月 6 日，襄汾县交通局作出晋交襄汾强审［2017］110 号交通运输强制审批表，决定责令晋 LA3536 车辆停驶，同日作出晋交襄汾责停［2017］0058 号责令车辆停驶通知书，该通知于当日早晨由停车场门卫姜艳丽向该车司机在停车场送达，司机杨爱胜未签收，在查看车辆后离开。2017年5月7日，襄汾县交通局作出晋交襄汾罚案［2017］110号立案审批表，案件来源为执法检查发现，案由为晋LA3536车辆涉嫌擅自超限运输，当事人为侯运物流分公司，联系电话系2017年5月15日查询后补充所列。2017年5月18日案件集体讨论决定给予该车：1. 责令卸载超限的18吨货物；2. 处于9000元罚款的行政处罚。案件处理意见书中所依据的证据材料包括：1. 询问笔录；2. 过磅单；3. 现场笔录；4. 勘验检查笔录；5. 襄汾县五条县道的确认的通知；6. 晋政发［2007］42号县乡道限载依据；7. 晋治超字［2007］1号县道限载依据；8. 临襄线县道限载标志牌；9. 停车场营业执照；10. 交易磅营业执照。承办人处理意见为责令停止、改正违法行为，并处罚款9000元的行政处罚，相关负责人签字同意。襄汾县交通局于2017年5月18日作出晋交襄汾违通［2017］110号违法行为通知书，先后通过两次邮寄未能送达，后于2017年6月9日向被上诉人直接送达，被上诉人在告知期限内未提出陈述、申辩，亦未提出听证申请。襄汾县交通局于2017年6月19日对侯运物流分公司作出晋交襄汾罚［2017］110号行政处罚决定，决定给予1. 立即停止违法行为；2. 处予玖仟元人民币罚款。同日该处罚决定书向侯运物流分公司送达。2017年7月3日，襄汾县交通局向侯运物流分公司送达通知，要求其接受处理。2017年7月12日，交通局作出晋交襄汾行解［2017］110号解除行政强制措施通知书，同日送达。2017年7月13日，襄汾县交通局作出行政处罚结案报告。

【审判】

一审法院经审理认为：根据《中华人民共和国公路法》第八条第二款“县级以上地方人民政府交通主管部门主管本行政区域内的公路工作”的规定，襄汾县交通局有公路交通管理的法定职权。襄汾县交通局工作人员没有给侯运物流分公司送达任何手续的情况下，将侯运物流分公司车辆开至襄汾县小梁停车场，当司机杨爱胜在上午8点左右找到小梁停车场后，该停车场门卫姜艳丽不具有执法主体资格，给司机发放责令停驶通知书属程序违法。2017年5月6日襄汾县交通局提交的现场笔录和勘验（检查）笔录中记录人“李鹏将”签名与执法人员签名、勘验（检查）人签名中“李朋将”的签名均不是本人所签，被邀请人“姜艳丽”的签名也不是本人所签，均属程序违法。同日作出责令停驶通知书，该责令停驶通知书适用的法律依据为：《中华人民共和国公路法》第八十五条第二款“对公路造成较大损害的车辆，必须立即停车，保护现场，报告公路管理机构，接受公路管理机构的调查、处理后方得驶离”。襄汾县交通局没有提供侯运物流分公司对公路造成较大损害的证据，属认定事实错误。2017年5月7日襄汾县交通局的立案审批表中当事人基本情况联系电话明确写为：13935763353，而襄汾县交通局主张不知道侯运物流分公司电话于2017年5月15日才查询到、于2017年6月9日将违法行为通知书送达侯运物流分公司属证据不足。2017年5月18日作出的案件处理意见书、违法行为通知书、2017年6月19日作出的行政处罚决定书均与2017年5月18日作出的案件集体讨论记录给予该车责令卸载超限18吨的货物相矛盾，属程序违法。依照《中华人民共和国行政诉讼法》第七十条第（一）、（二）、（三）项、《中华人民共和国国家赔偿法》第三十六条第（一）项的规定，判决：撤销被告襄汾县交通运输局2017年6月19日作出晋交襄汾罚（2017）110号行政处罚决定书，于判决生效后10日内返还第三人王建保已缴纳的罚款9000元。案件受理费50元，由被告襄汾县交通运输局负担。

二审人民法院生效裁判认为：本案主要涉及以下两大问题：一是审理对象的确定问题，涉及行政强制措施和行政处罚行为的关系；二是被诉行政行为的合法性问题。以下分述之。

一、本案审理对象的确定问题

本案中上诉人襄汾县交通局对被上诉人侯运物流分公司作出的行政行为有两个，其一是襄汾县交通局于2017年5月6日作出的晋交襄汾责停［2017］0058号责令车辆停驶通知书，此为行政强制措施；另一行为是襄汾县交通局于2017年6月19日作出的晋交襄汾罚［2017］110号行政处罚决定书，此为行政处罚行为。从侯运物流分公司的起诉状来看，其要求撤销的为襄汾县交通局作出的行政处罚行为，故在司法审查中存在的问题是，法院在审查被诉行政处罚行为合法性的同时，如何对待或者如何处理在先的行政强制行为，是否要将行政强制措施作为审理对象一并予以审查。

行政强制措施是指行政机关在行政管理过程中，为制止违法行为、防止证据损毁、避免危害发生、控制危险扩大等情形，依法对公民的人身自由实施暂时性限制，或者对公民、法人或者其他组织的财物实施暂时性控制的行为。而行政处罚是指具有行政处罚权的行政主体为维护公共利益和社会秩序，保护公民、法人或其他组织的合法权益，依法对行政相对人违反行政法律法规而尚未构成犯罪给予法律制裁的行政行为。根据《行政处罚法》的规定，行政处罚程序有简易程序、一般程序和听证程序，在行政处罚法律规范中并没有规定行政强制措施程序。行政处罚的程序应当是行政行为所依据的方式、步骤、时限和顺序等，该程序不能够单独存在，只能够依附于特定的行政行为，具有内部性特点，也就是说，行政处罚所规定的程序目的是保障行政行为的有效实施，主要体现的是一种内部程序价值；而行政强制措施的主要目的是制止违法行为、防止证据损毁、避免危害发生、控制危险扩大等，所限制的为行政相对人的实体权利，具有独立性、强制性和外化性特点。综上而言，行政强制措施并不是法律规定的行政处罚所必须遵守的程序，其不具备行政处罚的程序目的，不能被其他行政行为吸收为内部程序。行政机关对违法行为进行处罚之前，并不必然采取行政强制措施。也即，行政强制措施与行政处罚在行政机关进行行政管理过程中，有时存在先行后续的关系，但其为行政机关作出处理的两部分，具有可分性，也具有独立的可诉性，人民法院在司法审查过程中应当将二者的合法性进行分别审查后作出认定。

需要进一步考虑的问题是，如果行政机关对行政相对人先后作出行政强制措施和行政处罚行为，相对人仅起诉行政处罚行为的，人民法院在案件审理程序及审理过程中如何处理在先的行政强制措施，是否对在先行政强制措施不作任何形式的审查。本院认为，应当根据在先行政强制措施作出的目的不同而作出不同的处理。如果行政机关所采取的行政强制措施旨在制止违法行为、避免危害发生、控制危险扩大，因该行政强制措施并不是作出行政处罚的法定先置程序条件，二者不具有直接因果关系，人民法院应单独就行政处罚行为是否合法依法进行审查；如果在先行政强制措施目的是为行政处罚收集证据并防止证据损毁，因行政强制措施是否合法直接影响作出行政处罚的证据是否充分合法，此种情况下，应告知当事人就行政强制措施另行提起诉讼，人民法院可将两案合并审理，也可裁定中止对行政处罚行为的诉讼，待行政强制措施案件审结后再行恢复审理。如行政相对人对行政强制措施拒不提起诉讼，则除重大且明显违法情形外，待法定起诉期限届满后，基于行政行为产生的公定力、确定力、拘束力等法律效力，人民法院可对通过行政强制措施取得证据的合法性予以确认，作为认定行政处罚合法的依据。

结合本案实际情况，上诉人襄汾县交通局依据执法调查的相同事实对侯运物流分公司先后作出行政强制行为（责令停驶通知）和行政处罚行为（停止违法行为并罚款），且两个行为都分别进行立案审批，同时从行政强制措施的内容来看，目的主要为制止违法行为、避免危害发生，该行政强制行为与后续进行的行政处罚并不具有直接因果关系。也就是说，上诉人襄汾县交通局无论是否作出行政强制措施，其均能依据执法调查事实作出行政处罚决定，二者不存在强制措施为行政处罚的前置条件的问题，故本案所涉及的两个行为虽然交织并存，但却相互独立。本案中，从襄汾县交通局作出处罚过程中“案件处理意见书”所依据的证据材料来看，其中也并不包括责令停驶的相关内容。综上，侯运物流分公司提起诉讼要求撤销的为行政处罚行为，故本案审理的对象应当是，将行政强制行为与行政处罚行为进行相对区分后，单独对襄汾交通局作出的晋交襄汾罚［2017］110号行政处罚决定进行合法性审查。

二、被诉行政处罚行为的合法性问题

对襄汾县交通局作出的晋交襄汾罚［2017］110号行政处罚的合法性审查，主要涉及以下四个问题。其一，关于是否超限载运输的问题。涉案登记在侯运物流分公司名下的晋LA3536货车行驶的道路限载为30吨，根据随车所附临汾万鑫达焦化有限公司出库过磅单，可确认出厂车货总重为48.8吨。该车经襄汾县陶寺小梁路口秋芳交易磅房过磅检测为48吨，此交易磅房经山西省襄汾县工商行政管理局依法登记，且与车辆随车所附的过磅单车货总重基本一致，故可以认定晋LA3536货车超过道路限载运输的事实。其二，关于2017年5月6日0时30分的现场笔录及2017年5月6日0时36分至50分的勘验（检查）笔录能否作为认定案件事实证据的问题。经查明，记录人为在场襄汾县交通局的临时工作人员，但实际勘验检查及落款签字均为具备执法资格的工作人员，被邀请人姜艳丽的签字非本人所签，但手印却系在现场本人所捺。根据《中华人民共和国行政诉讼法》第四十三条第三款规定，以非法手段取得的证据，不得作为认定案件事实的根据。《最高人民法院关于适用〈中华人民共和国行政诉讼法〉的解释》第四十三条第（一）项规定，有下列情形之一的，属于行政诉讼法第四十三条第三款规定的“以非法手段取得的证据”：（一）严重违反法定程序收集的证据材料；……。上述两份笔录作出过程中，襄汾县交通局的工作人员确实存在执法不规范及程序瑕疵问题，但依法不属于上述不能认定案件事实的证据，故对上诉人作出的两份笔录的证据效力予以确认。其三，关于案件集体讨论内容结论中“责令卸载超限的18吨货物”与案件处理意见书、违法行为通知书及行政处罚决定书中“立即停止违法行为”不一致的问题，本院认为，二者虽然表述不一致，但内容实质是同一的，指向标的也不存在歧义。“立即停止违法行为”，对本案来说，即为卸载超限货物，故不能以此认定行政处罚程序违法。其四，关于实际并未卸载超限货物的问题。本院认为，是否卸载超限货物的行为系对行政处罚决定的执行行为，并不影响襄汾县交通局作出处罚的合法性，且未卸载超限货物的行为对侯运物流分公司来说并非损益行为，对其实体合法权利并不造成侵害。综上，襄汾县交通局依据《中华人民共和国公路法》的规定对侯运物流分公司作出的行政处罚决定，认定事实清楚，程序合法，适用法律正确。但本院需指出的是，在本案行政处罚过程中上诉人襄汾县交通局存在执法不规范的问题，上诉人襄汾县交通局应在之后的执法过程中增强责任心，注重执法细节，强化程序意识，提升规范执法水平，切实依法履行交通行政管理职责。上诉人的上诉人请求依法成立，本院予以支持。原判将行政强制措施与行政处罚行为一并审理不当，予以纠正。依据《中华人民共和国行政诉讼法》第八十九条第一款第（二）项、第六十九条之规定，判决如下：一、撤销山西省侯马市人民法院（2017）晋1081行初17号行政判决；二、驳回被上诉人山西汽运集团侯马运业股份有限公司侯马经济开发区保税物流分公司的诉讼请求。一、二审案件受理费各50元，均由山西汽运集团侯马运业股份有限公司侯马经济开发区保税物流分公司负担。

【评析】

一、行政强制措施与行政处罚的关系

根据《行政强制法》的规定，行政强制措施是指行政机关在行政管理过程中，为制止违法行为、防止证据损毁、避免危害发生、控制危险扩大等情形，依法对公民的人身自由实施暂时性限制，或者对公民、法人或者其他组织的财物实施暂时性控制的行为。而行政处罚是指具有行政处罚权的行政

主体为维护公共利益和社会秩序，保护公民、法人或其他组织的合法权益，依法对行政相对人违反行政法律法规而尚未构成犯罪给予法律制裁的行政行为。很多情况下，行政强制措施系作出行政处罚的前奏，直接为行政处罚而服务，但二者却存在如下不同之处：一是行为的性质及针对的对象不同。行政处罚属于制裁性的法律行为，是在行政相对人违反法律规定的前提下，行政机关为其设定新的义务，直接影响相对方的实体权利义务的行为，其必然以行政相对人违法为前提，所针对的对象即为违法行为；而行政强制措施不是一种行政制裁行为，与行政相对人的行为是否违法没有必然联系。行政强制措施既可针对行政相对人的违法行为，也可针对相对人的合法行为。二是目的不同。行政处罚的目的在于制裁相对人违反法律规定义务的行为，兼有惩戒与教育的双重功能。而行政强制措施目的为行政机关在行政管理过程中制止违法行为、防止证据损毁、避免危害发生、控制危险扩大等。三是是否终局性不同。行政处罚是对行政相对人权利的最终处分，行政处罚的作出表明该行政违法案件已被处理完毕。而行政强制措施是为保证最终行政行为的作出所采取的对相对人权利的一种临时性、中间性措施，没有到达对事件最终处理完毕的状态。四是适用程序不同。行政处罚的程序应当是行政行为所依据的方式、步骤、时限和顺序等，该程序不能够单独存在，只能够依附于特定的行政行为，具有内部性特点，也就是说，行政处罚所规定的程序目的是保障行政行为的有效实施，主要体现的是一种内部程序价值。行政处罚统一适用《行政处罚法》规定的一般程序、听证程序和简易程序。而行政强制措施适用特别法律所规定的实施程序，其并不是法律规定的行政处罚所必须遵守的程序，其不具备行政处罚的程序目的，不能被其他行政行为吸收为内部程序。行政强制措施与行政处罚在行政机关行政管理过程中，有时存在先行后续的关系，但其为行政机关作出处理的两部分，具有可分性和独立的可诉性，行政机关对违法行为进行处罚之前，并不必然采取行政强制措施。

二、行政强制措施违法与行政处罚是否合法的关系

如果行政机关对行政相对人先后作出行政强制措施和行政处罚行为，如果在先行政强制措施违法，是否一定会导致后续的行政处罚违法，应当根据在先行政强制措施作出的目的不同而作出不同的处理。①

其一，如果行政机关所采取的行政强制措施旨在制止违法行为、避免危害发生、控制危险扩大，因该行政强制措施并不是作出行政处罚的法定先置程序条件，二者不具有直接因果关系，行政强制违法与行政处罚是否合法没有因果关系。具体而言，可从以下两个方面进行考虑：一是行政强制措施与行政处罚先后作出，但所依据的证据及事实一致。如行政机关在行政强制措施过程中适用的程序违法，该违法行为可以成为起诉行政强制措施违法的理由，但却不影响行政处罚的合法性，因为二者程序并不混同，行政强制措施并不从属于行政处罚。如果行政强制措施所认定的事实本身就是错误的，因二行为均适用相同的事实作出，此时，行政处罚所认定的事实亦违法，故行政处罚违法。但因二者具有独立性，并不能因此而认为行政强制措施认定事实错误从而导致的行政处罚行为的违法，而应理解为在不同的诉讼中由人民法院对事实进行独立审查后作出的判断。二是行政强制措施所认定的违法事实与行政处罚最终认定的事实并不一致，行政强制措施作出所适用的证据和事实并不对行政处罚具有决定作用，此种情况下，行政强制措施违法对行政处罚的合法性并不产生直接影响。

其二，如果在先行政强制措施目的是为行政处罚收集证据并防止证据损毁，行政强制措施违法则必然导致行政处罚违法。原因在于，根据《行政诉讼法》第四十三条第三款规定，以非法手段取得的证据，不得作为认定案件事实的根据。《最高人民法院关于适用〈中华人民共和国行政诉讼法〉的解释》第四十三条第（一）项规定，有下列情形之一的，属于行政诉讼法第四十三条第三款规定的“以非法手段取得的证据”：（一）严重违反法定程序收集的证据材料；（二）以违反法律强制性规定的手段获取且侵害他人合法权益的证据材料；（三）以利诱、欺诈、胁迫、暴力等手段获取的证据材料。也就是说，如果在先行政强制行为被认定为违法，则通过该强制措施取得的证据属于司法解释规定的“以非法手段取得的证据”的范畴，依法不得作为认定案件事实的依据，故此种情况下，行政强制措施是否合法直接影响作出行政处罚的证据是否充分合法，故二者具有直接因果关系。

---

① 参见马乐明、于浩：《行政强制措施与行政处罚关系辨析》，载《山西省政法管理干部学院学报》2014 年 9 月第 27 卷第 3 期。

三、行政机关先后作出行政强制措施和行政处罚，相对人仅起诉行政处罚案件的处理

如果行政机关对行政相对人先后作出行政强制措施和行政处罚行为，相对人仅起诉行政处罚行为的，人民法院在案件审理程序及审理过程中如何处理在先的行政强制措施，是否对在先行政强制措施不作任何形式的审查，笔者认为，不作任何审查的认为过于绝对，而应当从形式上审查行政强制措施作出的目的，进行区分作出不同的处理。

从上述分析来看，除了行政强制系为行政处罚收集证据并防止证据损毁外，其他情形下的行政强制措施与行政处罚其实并无因果关系，故在行政强制措施目的旨在制止违法行为、避免危害发生、控制危险扩大的情况下，行政相对人仅起诉行政处罚行为的，人民法院应单独就行政处罚的合法性进行审理即可。

如果行政强制措施系收集行政处罚证据并防止证据损毁而作出，当事人仅起诉行政处罚行为的，人民法院在审理过程中可以按照以下程序进行处理。一是告知行政相对人就行政强制措施提起诉讼（或复议后诉讼），如果当事人提起诉讼的，可以将该两案进行合并审理。也可以先行中止行政处罚案件的审理，在行政强制措施诉讼审理终结后，再行恢复行政处罚的审理。二是人民法院履行告知义务后，相对人拒不提起诉讼的。一般来说，人民法院可以先行中止对行政处罚案件的审理，待行政强制措施行为的起诉期限届满后，相应的行政行为产生法律效力，此时再恢复行政处罚案件的审理。基于行政行为产生的公定力、确定力、拘束力等法律效力，人民法院在审理中可以对通过行政强制措施取得证据的合法性予以确认，作为认定行政处罚合法的依据。存在一种特殊情形，即参照人民法院对行政行为是否无效的审查标准，如果行政强制措施重大且明显违法，根据《行政诉讼法》第四十三条第三款规定，以非法手段取得的证据，不得作为认定案件事实的根据。此时人民法院可单独就行政处罚进行审理，但应将通过行政强制措施取得的证据予以排除，该情况在实践中应当从严把握，谨慎适用。

本案中襄汾县交通局依据执法调查的相同事实对侯运物流分公司先后作出行政强制行为（责令停驶通知）和行政处罚行为（停止违法行为并罚款），且两个行为都分别进行立案审批，同时从行政强制措施的内容来看，目的主要为制止违法行为、避免危害发生，该行政强制行为与后续进行的行政处罚并不具有直接因果关系。二者不存在强制措施为行政处罚的前置条件的问题，故本案所涉及的两个行为虽然交织并存，但却相互独立。从襄汾县交通局作出处罚过程中“案件处理意见书”所依据的证据材料来看，其中也并不包括责令停驶的相关内容。侯运物流分公司提起诉讼要求撤销的为行政处罚行为，故本案审理的对象应当是，将行政强制行为与行政处罚行为进行相对区分后，单独对襄汾交通局作出的行政处罚决定进行合法性审查。

（作者单位：山西省临汾市中级人民法院）

个案分析

房屋登记机构与第三人承担连带赔偿责任的认定

——敦化市雁鸣湖镇人民政府与李爱民、敦化市利民房地产开发有限公司、李日旭等确认房屋抵押行政登记违法及行政赔偿案

李红广　李丽英

【裁判要旨】

《中华人民共和国物权法》（以下简称《物权法》）对同一不动产向两个以上债权人抵押未做禁止性规定，房屋登记机关对外作出抵押登记行为，应当将同一个房屋已向多个债权人抵押的事实予以分别记载；乡镇人民政府的内设机构或职能部门仅为房屋登记的经办部门，不具有以自己的名义独立作出房屋登记行政行为的主体资格，其工作人员与第三人恶意串通，故意隐瞒房屋抵押登记事实，登记行为违法致人损害的，登记机构应当与第三人承担连带赔偿责任；在生效刑事裁判责令第三人承担赔偿责任的情况下，受害人选择在行政赔偿程序中一并向侵权行政机关和第三人提出国家赔偿申请不违反“一事不再理”的诉讼规则。

【案号】

一审：吉林省延吉市人民法院（2016）吉 2014 行初 48 号。
二审：吉林省延边朝鲜族自治州中级人民法院（2017）吉 24 行终 79 号。

【案情】

上诉人（原审被告）：敦化市雁鸣湖镇人民政府（以下简称雁鸣湖镇政府）

被上诉人（原审原告）：李日旭

被上诉人（原审第三人）：李爱民

被上诉人（原审第三人）：敦化市利民房地产开发有限公司（以下简称利民公司）

一审查明的主要事实，李爱民与王艳敏系夫妻关系，利民公司由该二人共同出资设立（李爱民出资1000万元，王艳敏出资5万元）。李爱民以工程建设需要资金为由多次向原告李日旭借款。2013年8月29日，李日旭借给李爱民60万元；2013年11月1日，李爱民偿还部分利息后，就李爱民拖欠李日旭60万元本金与李日旭签订借款协议，李爱民承诺在2014年8月1日前还清借款；同日李日旭再次借给李爱民70万元，李爱民承诺在2014年5月1日前还清借款；2013年12月9日，李日旭借给李爱民30万元，借款人李爱民承诺在2014年2月8日前还清借款。以上三笔借款合同均约定到期不还本金和利息，按借款金额的20%承担违约金。2013年12月25日，李日旭又借给李爱民10万元。借款人李爱民用已经抵押他人（或已出售）的自己名下的1个房屋和利民公司名下的23个房屋再次抵押给李日旭，用于对李日旭的债务担保。经雁鸣湖镇规划管理所所长张胜国为债权人李日旭违法颁发了房屋抵押他项权证。

另查明，李爱民以利息形式已支付李日旭22.8万元。尚欠李日旭147.2万元。二审法院于2016年12月6日作出的（2016）吉24刑终87号刑事生效判决认定“张胜国作为国家工作人员，履行职责时滥用职权为李爱民、王艳敏非法吸收公众存款重复提供他项权证，致使本案被害人利益遭受重大损失，情节特别严重，其行为构成滥用职权罪”，并以利民公司、李爱民犯非法吸收公众存款罪、诈骗罪等分别判处刑罚，以张胜国犯滥用职权罪判处刑罚。并责令利民公司、李爱民、王艳敏将非法吸收公众存款罪款项返还各被害人。

【审判】

一审的主要裁判理由是：县级以上人民政府建设行政主管部门系法定的房屋登记机构，乡镇人民政府的内设机构或职能部门仅为房屋登记的经办部门，不具有以自己名义独立作出房屋登记行政行为的主体资格。敦化市人民政府及敦化市房产管理局对本案被诉抵押登记行为均不认可是受其委托实施的，故不能认定该登记行为是敦化市人民政府及敦化市房产管理局作出的，且张胜国已被生效刑事判决认定为滥用职权，故被诉抵押登记行为没有法律依据。雁鸣湖镇政府是违法行政责任主体，是本案适格被告。雁鸣湖镇规划管理所对外作出抵押登记行为，未将同一个房屋已向多个债权人抵押的事实予以分别记载，行政行为主要事实不清。《中华人民共和国担保法》第三十五条规定，抵押人所担保的债权不得超出其抵押物的价值。被告不对抵押房屋总值评估统计，多次重复违法抵押登记，造成债权人抵押权益受损。故被诉抵押登记行为系重大的违法行为。被告雁鸣湖镇政府工作人员与第三人恶意串通违法登记的行为，损害了原告的抵押权利益，符合法律及司法解释规定的行政机关承担连带侵权责任的情形。被告雁鸣湖镇政府应当与第三人对原告的借款和利息损失承担连带赔偿责任。原告的损失最终应由侵权的第三人负全部清偿责任，被告承担赔偿责任后，可向第三人和其他责任人追偿。本案也不违反“一事不再理”的诉讼规则。李爱民向原告借款属于非法吸收公众存款性质，违背法律规定，故对原告主张的约定借款利息损失不予支持。一审依照《中华人民共和国行政诉讼法》第七十六条、《中华人民共和国国家赔偿法》第四条第（四）项、《中华人民共和国物权法》第二十一条第二款、最高人民法院《关于审理房屋登记案件若干问题的规定》第十三条之规定，判决如下：一、确认雁鸣湖镇政府作出的抵押权利人为李日旭的 24 个房屋抵押登记行政行为违法；二、雁鸣湖镇政府与李爱民、利民公司互负连带责任，赔偿原告李日旭的借款损失 147.2 万元及利息损失（自 2013 年 11 月 1 日起至实际赔偿之日止，以 130 万元为基数；自 2013 年 12 月 9 日起至实际赔偿之日止，以 17.2 万元为基数，按中国人民银行规定的同期活期存款利率计息），于判决生效之日起十日内偿付。雁鸣湖镇政府在承担连带责任后，可向第三人李爱民、利民公司追偿；三、驳回原告的其他诉讼请求。

上诉人雁鸣湖镇政府提出的上诉理由与请求是：1. 一审判决认定事实不清。一审判决在没有查清债权人抵押的房屋是第几次抵押，是否能够实现抵押权，债权人的损失是多少的情况下，就以债权人的借款数额作为损失金额判决行政赔偿没有法律依据。债权人不以合法途径实现债权，应视为对其自身合法权利的放弃，因其自身原因造成的权利无法实现，不应由上诉人赔偿。2. 一审判决适用法律不当。行政机关承担行政赔偿责任的依据是《国家赔偿法》第四条规定，行政机关的行为不但要确认违法，同时还要给受害人造成财产损失。本案没有证据证明原审原告的损失已经形成，损失金额已经确定，且其损失是由行政机关的工作人员的错误登记行为形成，在损失金额不确定，因果关系不确定的情况下，适用《物权法》第二十一条第二款，最高人民法院《关于审理房屋登记案件若干问题的规定》第十三条之规定，属适用法律不当。3. 本案属于混合过错，债权人应当承担其过错责任。生效的刑事判决书认定本案中的被上诉人李爱民等扰乱金融秩序，构成非法吸收公众存款罪。本案不属于正常合法的民间借款，一审原告是非法吸收公众存款犯罪活动的参与者，自身有过错，应当承担过错责任。如果人民法院不对其过错责任予以追究，必然会用国家财产去弥补参与非法吸收公众存款人的所谓损失，这是对违法行为参与者的纵容，不利于创建公序良俗的社会经济秩序。一审判决不仅没有追究过错者责任，支持所谓利息损失更是没有法律依据。请求撤销一审判决，驳回被上诉人李日旭的诉讼请求。

被上诉人李日旭、李爱民、利民公司均未提交书面答辩意见。

二审法院的主要裁判理由是：根据《物权法》第二十一条第二款及《关于审理房屋登记案件若干问题的规定》第十三条规定，在行政机关工作人员与第三人恶意串通违法行政，侵害他人合法权益的情形下，行政机关与第三人承担的是连带赔偿责任。本案符合法律及司法解释规定的行政机关承担一般连带侵权赔偿责任的情形。因雁鸣湖镇规划管理所系雁鸣湖镇政府的内设机构，故该违法行为所造成的后果应由雁鸣湖镇政府承担。因此，受害人可以选择直接向雁鸣湖镇政府请求承担赔偿责任，一审判决雁鸣湖镇政府承担一审原告的借款损失并无不当，且雁鸣湖镇政府在承担责任后，可向相关侵权第三人追偿。生效刑事判决已经认定违法行政行为给包括一审原告在内的受害人造成了重大损失，雁鸣湖镇政府对此亦未能提出相反证据，故对上诉人雁鸣湖镇政府提出的没有证据证明受害人的损失已经形成、损失数额不确定、行政行为与损失之间因果关系不确定的主张不予支持。借款人犯非法吸收公众存款罪并不当然导致借款人与出借人签订的借贷合同无效。本案中，并未有证据证明涉案合同存在法律规定的无效情形，故借款人应依法承担民事上的法律责任。另外，本案为行政赔偿案件，雁鸣湖镇政府承担何种责任应从国家赔偿的角度予以审查。《国家赔偿法》规定的直接损失系实际损失，故对雁鸣湖镇政府提出的参与非法吸收公众存款犯罪活动的债权人也有过错，一审不应该计算活期利息的主张不予支持。二审依照《中华人民共和国行政诉讼法》第八十九条第一款第（一）项之规定，判决：驳回上诉，维持原判。

【评析】

一、背景情况介绍

《不动产登记暂行条例》施行前，乡镇人民政府的房管所、规划所等长期从事房屋登记具体工作。其中，绝大部分是受县级人民政府建设行政主管部门委托作出的，有的则是以自己名义作出的。由于登记权限不明、职责不清，加之乡镇从事房屋登记的工作人员素质不高，导致了大量的违法登记行为。一般情况下，房屋登记行为违法致他人损害的，行政机关承担的是补充过错赔偿责任；在行政机关工作人员与第三人恶意串通的情形下，行政机关则要承担连带赔偿责任。因雁鸣湖镇政府规划所违法登记致几十人损害，损失数额达到两千多万元，二审法院已先后作出终审判决并进入强制执行程序，本案即是其中的一例。尽管《不动产登记暂行条例》施行后，不动产登记的主体已经明确，登记行为也更加规范，但本案中中涉及的房屋登记主体资格认定、“恶意串通”的事实判断、行政机关承担赔偿责任的顺序等，对司法和行政执法实践仍具有一定的指导意义。

二、确立裁判要旨的理由

本案在审理中，围绕被诉抵押登记行为的合法性问题，各方的争议焦点主要集中在四个方面：一是乡镇政府规划所的登记主体资格认定；二是重复抵押登记行为的合法性审查；三是恶意串通的事实认定；四是连带责任的承担。

（一）乡镇政府及其内设机构的登记主体资格认定

《房屋登记办法》第四条规定，房屋登记，由房屋所在地的房屋登记机构办理。本办法所称房屋登记机构，是指直辖市、市、县人民政府建设（房地产）主管部门或者其设置的负责房屋登记工作的机构；《村庄和集镇规划建设管理条例》第二十八条规定，县级以上人民政府建设行政主管部门，应当加强对村庄、集镇房屋的产权、产籍的管理，依法保护房屋所有人对房屋的所有权，具体办法由国务院建设行政主管部门制定；《吉林省村镇条例》第三十三条第一款规定，村镇房屋所有权人应当到房屋所在地乡（镇）人民政府办理房屋所有权登记手续，领取由县级人民政府颁发的房屋所有权证；

《城市房地产管理法》第六十二条规定，房地产抵押时，应当向县级以上地方人民政府规定的部门办理抵押登记。第七十二条规定："在城市规划区外的国有土地范围内取得房地产开发用地的土地使用权，从事房地产开发、交易活动以及实施房地产管理，参照本法执行。"

根据以上规定，在《不动产登记暂行条例》施行前，县级以上人民政府建设行政主管部门系法定的房屋登记机关，乡镇人民政府的内设机构或职能部门仅为房屋登记的经办部门，乡镇人民政府及其内设机构均不具有以自己名义独立作出房屋登记行政行为的主体资格。敦化市人民政府及敦化市房产管理局对本案被诉抵押登记行为均不认可是受其委托实施的，故不能认定该登记行为系受敦化市人民政府及敦化市房产管理局委托实施的，且张胜国已因此被生效刑事判决认定为滥用职权。故雁鸣湖镇规划管理所原所长张胜国以该所的名义对外作出房屋他项权利登记行为，没有法律依据。雁鸣湖镇政府应当对此承担法律责任。

（二）重复抵押登记行为的合法性审查

雁鸣湖镇政府主张，法律并未禁止同一财产可以向数个债权人作重复抵押，雁鸣湖镇政府重复办理抵押登记不违反法律规定。二审法院认为，抵押登记的目的是保障债权的实现，如果用于抵押的不动产因重复抵押等不能保障债权的实现，抵押登记也就失去了意义。因此，尽管《物权法》对同一财产向两个以上债权人抵押未做禁止性规定，但一方面，从抵押人的角度，应当本着诚信原则将拟用于抵押的房屋事先已经存在抵押的事实告知后手的合同当事人；另一方面，从房屋登记机关的角度，应当在抵押登记簿中记载他人的抵押登记信息和被担保的数额，对房屋抵押登记的真实情况予以公示，使后手的合同当事人能够根据拟用于抵押担保的房屋真实情况决定是否与债务人建立债权、债务及担保关系。在房屋业已存在抵押登记的情况下，若登记机关不将先手的抵押登记的事实予以公示，后手的抵押权人的合法权益将无法得到充分保障，登记公示的效力和设立宗旨也无法实现。雁鸣湖镇规划管理所对外作出的抵押登记行为，未将同一个房屋已向多个债权人抵押的事实予以分别记载，行政行为主要事实不清。也直接导致了同一个房屋被反复设置抵押登记，房屋所担保的债权远远超出了房屋的自身价值，最终导致众多债权人的债权无法实现。故雁鸣湖镇规划管理所作出的被诉抵押权登记行为系重大的违法行为。

（三）恶意串通的事实认定

从“恶意串通”这个概念本身分析，它着眼于行为人的主观故意。法律上的过失行为甚至是重大过失行为都不存在构成“恶意串通”的问题。而对主观状态的判断，不仅要从行为人自身的陈述来判断，更多的要借助于行为人的职责范围、认知能力、行为手段等外在的因素综合审查，根据侵权行为的构成要件，遵循主客观相统一的原则具体分析。

本案中，张胜国明知本单位不具备办理抵押登记的法定职责，也应当知道将同一房屋超出房屋自身价值重复抵押给多个债权人会导致后手债权无法实现，在李爱民、王艳敏提出申请后，超出职权范围并隐瞒重要登记事实，违法作出被诉抵押登记行为。根据以上事实，足以认定张胜国与第三人利民公司、李爱民、王艳敏主观上具有共同的过错且属故意；客观上共同实施了侵害他人合法权益的严重违法行为并构成犯罪；生效刑事判决亦认定该违法行为已给包括本案被上诉人李日旭等多人造成了重大损失；共同侵权行为与损害后果之间具有直接的因果关系。因此，应当认定雁鸣湖镇政府工作人员张胜国与他人“恶意串通”实施了违法登记行为。

（四）行政机关连带责任的承担

司法实践中，因房屋登记行为违法引发的行政赔偿案件主要包括三种情形：一是申请登记人申报不实与房屋登记机关工作人员审查不严即混合过错导致登记行为违法；二是房屋登记机关工作人员在其职责范围和专业技术能力内已经尽到审慎审查义务，但由于申请人虚假申报导致登记结果与事实不符；三是登记机关工作人员与第三人恶意串通违法作出登记行为。依照法律和司法解释的规定，一般情形下，行政机关因一般过失致被诉行政行为违法造成他人损害的，行政机关承担的系补充赔偿责任之下的过错责任。但在前述第三种情形下，根据《物权法》第二十一条第二款的规定，因登记错误，给他人造成损害的，登记机构应当承担赔偿责任。登记机构赔偿后，可以向造成登记错误的人追偿；最高人民法院《审理房屋案件若干规定》第十三条的规定，房屋登记机构工作人员与第三人恶意串通违法登记，侵犯原告合法权益的，房屋登记机构与第三人承担连带赔偿责任。

首先，根据法律及司法解释规定，此种连带责任系一般连带责任而非补充连带责任，即：行政机关与第三人对赔偿责任的承担不分主次、不分先后顺序，受害人有权选择其一或共同承担赔偿责任，行政机关先行承担连带赔偿责任后，可以向造成侵权的第三人追偿。本案中，生效刑事判决责令利民公司、李爱民、王艳敏将非法吸收公众存款罪款项返还各被害人，仅是对各被告人承担刑事赔偿责任所作的裁判。该判项与本案认定的刑事案件中各被告人与被诉行政机关承担共同侵权赔偿责任并不冲突。根据法律对一般连带侵权赔偿责任的规定，在生效刑事裁判责令第三人承担赔偿责任的情况下，受害人选择在行政赔偿程序中一并向侵权行政机关和第三人提出国家赔偿申请，符合法律规定，不违反“一事不再理”的诉讼规则。同时，在本案中对行政机关和侵权的第三人一并判决承担连带赔偿责任，并不会导致侵权人依据刑事判决和行政判决重复承担赔偿责任的结果，且便于行政机关承担赔偿责任后行使追偿权。雁鸣湖镇政府先行承担赔偿责任后，可依据生效判决向侵权的相关第三人追偿。

三、其他问题

本案二审判决的作出在《最高人民法院关于适用〈中华人民共和国行政诉讼法〉的解释》施行之前。按照新行政诉讼法及司法解释的规定，雁鸣湖镇规划所超越职权作出的抵押登记行为具备“重大且明显”两个特征，应当认定为无效行政行为。二审法院在审理该案中，考虑到因当地房屋登记职责不清，以乡镇人民政府或其内设机构颁发出去的房屋产权证大量存在，如果在本案中认定为无效行为，对其他已经存在的登记行为的效力会造成影响。同时考虑本案系一并提起的行政赔偿案件，故一审判决确认违法后，二审判决予以维持。本案的审理也进一步推动了当地政府对房屋登记工作的规范管理和监督。此外，本案被诉的抵押登记行为涉及24个房屋，每个房屋登记行为都是一个独立的被诉行政行为，但考虑到所有登记行为的抵押权利人系同一人，违法登记的事实一致，且本案系一并提起的行政赔偿案件，合并审理更有利于纠纷的实质解决，故对被诉登记行为在一个案件中予以审理。

（作者单位：吉林省延边朝鲜族自治州中级人民法院）

高校自治行为和司法审查的边界划定*

——肖某诉中国科学院大学教育录取纠纷案

罗　佳

【裁判要旨】

在全国高校研究生招生考试中，复试面试中考官的打分成绩、复试中英语成绩的计分方法、调剂录取考生的行为，在没有违反上位法的规定及法定程序的情况下，都属于高校学术评判行为，法院的司法审查不能代替高校作出学术评判行为，应当尊重高校的学术性自治权。

【案号】

一审：北京市石景山区人民法院（2015）石行初字第93号。

二审：北京市第一中级人民法院（2016）京01行终261号。

【案情】

原告（上诉人）：肖某

被告（被上诉人）：中国科学院大学

原告肖某诉称：我今年参加中国科学院微电子研究所研究生招生考试并进入复试。我在初试中成绩很高，而且在复试中表现也很突出，但中国科学院微电子研究所在复试中不按照教育部规定的“择优录取”原则进行招生录取，出于不正当利益的动机行使招生录取权，在复试中恶意打分并且后期人为作假复试分数，不予录取我，违反了“公平竞争，公平选拔”原则。具体

---

* 本文所指高校，皆以公立高校为对象，因为公立高校属于公法人，法律、法规授权公法人制订自治规章的权利，也即公立高校属于法律法规授权的组织，并享有一定自治权。

表现在：1. 中国科学院微电子研究所在复试前不按《2015 年全国硕士研究生招生工作管理规定》（教学［2014］13 号）（以下简称教育部 13 号文件）及时全程公示相应信息；2. 中国科学院微电子研究所以行政干预方式压低我的复试成绩，如面试官滥用职权恶意评分给予恶意低分，中国科学院微电子研究所行政干预将面试官打分成绩平均分进一步人为作假；3. 中国科学院微电子研究所违反《2015 年全国硕士研究生招生工作管理规定》，未把英语复试成绩计入复试后总成绩，最终使我的总成绩在录取分数线之下；4. 中国科学院大学违反《2015 年全国硕士研究生招生工作管理规定》，不按照复试排名调剂录取原告为被告电子学院物联网方向的研究生，而是绕过复试名次高的原告，调剂录取原告复试排名后的其他考生。被告作为法律法规授权组织，其招生录取权行使已超出其合法范围，侵犯了我的受教育权。现我诉至法院，诉讼请求：1. 撤销被告中国科学院大学以“中国科学院微电子研究所研招办”的名义于 2015 年 4 月 7 日向原告发出的《关于中国科学院微电子研究所未被录取的通知》；2. 责令被告中国科学院大学办理补录原告为中国科学院大学的研究生；3. 诉讼费由被告承担。

被告中国科学院大学辩称：1. 中国科学院微电子研究所不予录取原告的决定事实清楚，依据充分，程序合法。2. 原告提出的主张与事实不符，且无法律依据。3. 原告所称中国科学院大学未录取其到调剂专业违反法律规定的主张不能成立。符合基本条件并申请调剂的考生很多，是否接收考生的调剂申请以及是否录取申请调剂的考生是招生单位自主权限范围内的事情。

第三人中国科学院微电子研究所同意被告答辩意见，不同意原告诉讼请求。

北京市石景山区人民法院经审理查明：2014 年被告中国科学院大学在相关网站公布了《中国科学院大学 2015 年研究生招生简章》。其中内容包括：“……中国科学院大学隶属于中国科学院，由设在北京的校本部、分处全国各地的 117 个研究所共同组成……校本部负责统一组织和管理中国科学院系统各科研院所的招生和培养工作，各研究所是研究生招生的具体实施单位。……”该简章还规定了报名、初试、复试、录取、调剂等内容。第三人中国科学院微电子研究所亦在其网站公布了该所 2015 年的“招生简章”，其中包括招生简介、专业目录等内容，与中国科学院大学公布招生信息中和中国科学院微电子研究所相关的信息内容相同。

2015 年 3 月 14 日，中国科学院大学根据 2015 年教育部向该校下达的研究生招生计划情况，制定了《中国科学院大学 2015 年研究生招生计划》，确定了中国科学院微电子研究所 2015 年硕士研究生招生计划名额情况。

原告肖某参加了 2015 年全国硕士研究生招生考试，报考中国科学院大学工学硕士研究生，具体报考中国科学院微电子研究所的微电子学与固体电子学专业，并通过了全国统考的初试考试，进入了由中国科学院微电子研究所组织的复试程序。但肖某并未通过教育部指定的“全国硕士生招生调剂服务系统”提出调剂申请。

2015 年 3 月 17 日，中国科学院微电子研究所以电子邮件方式向包括肖某在内的进入该所组织复试的全部考生发送了《中国科学院微电子研究所 2015 年硕士考生复试通知》，同时将《复试方案》作为邮件附件一同发送。《复试方案》中包含了复试录取办法和复试实施细则等内容。在《复试方案》中，《研究生复试英语口语和听力测试办法》规定了英语复试成绩 60 分为及格。中国科学院微电子研究所对全部考生均将英语复试成绩达到 60 分作为复试总成绩合格的必要条件，并以该种方式将英语复试成绩作为复试总成绩的一部分，计入复试总成绩予以考查。中国科学院微电子研究所在复试进行前，于考场外以纸质方式张贴公布了参加复试考生名单，并于考场内向参加复试的全部考生口头告知了该所的专业招生人数情况。但在复试前，相关单位网站并未向社会公布中国科学院微电子研究所的复试录取办法、复试实施细则等上述相关信息。

2015 年 4 月 1 日至 2 日，根据《复试方案》，中国科学院微电子研究所组织包括肖某在内的全部进入复试的考生进行了复试。中国科学院微电子研究所根据考生复试情况以及推免生确定情况，最终自主确定了录取分数线。肖某虽然英语复试成绩达到及格，但总成绩未能达到该所确定的录取分数线。2015 年 4 月 7 日，肖某收到了被告中国科学院大学发出的《关于中国科学院微电子研究所未被录取的通知》：“肖某同学：你好！非常遗憾地通知你，你未被我所录取。如果要了解调剂的事情，请与某老师联系。电话：82995537。”

2015 年 4 月 13 日，中国科学院微电子研究所在网站上公示了《2015 年硕士生招生（含推免生）拟录取名单》，肖某不在该名单之内。2015 年 4 月 24 日，中国科学院微电子研究所在网站上公示了《中国科学院微电子研究所招收 2015 年硕士研究生成绩公示及情况说明》。

肖某后亦未被中国科学院大学调剂录取为中国科学院大学电子学院物联网方向研究生。肖某不服，提起行政诉讼，诉讼请求为撤销被告中国科学院大学以“中国科学院微电子研究所研招办”的名义于2015年4月7日向原告发出的《关于中国科学院微电子研究所未被录取的通知》，责令被告中国科学院大学办理补录原告为中国科学院大学的研究生。

【审判】

北京市石景山区人民法院经审理认为：本案中，在复试前，被告及第三人的单位网站并未向社会公布中国科学院微电子研究所的复试录取办法、复试实施细则等相关信息，违反了教育部13号文件第八十一条第一款的程序性规定，因此应当属于程序违法。但被告在复试前已用其他方式向原告肖某告知了中国科学院微电子研究所的复试录取办法、复试实施细则等相关信息，故此项程序违法行为对原告权利并未产生实际影响，对于原告肖某提出的诉讼请求，本院不予支持。

依据教育部13号文件第五十八条规定，被告将英语复试成绩满60分规定为中国科学院微电子研究所研究生招生复试总成绩合格的必要条件，并以该种方式将英语复试成绩作为复试总成绩的一部分，计入复试总成绩予以考查，属于被告根据自身招生专业学科特点自主组织进行复试的方式，且这种英语复试方式适用于所有进入本案涉及复试的考生，并非单独针对原告。在教育部未明确认定这种复试方式违反规定的情况下，对于原告提出的有关本案涉及英语复试及成绩计算方法违反教育部13号文件的诉讼意见，本院不予采纳。

教育部13号文件第六十四条第一款明确规定，招生单位接收所有调剂考生必须通过教育部指定的“全国硕士生招生调剂服务系统”进行，未通过该系统调剂录取的考生一律无效。由于原告并未通过该系统提出相关调剂申请，因此被告未将其调剂录取为中国科学院大学电子学院物联网方向研究生并无不当。对于原告提出的有关被告不按照复试排名调剂录取原告为中国科学院大学电子学院物联网方向研究生的做法违反教育部13号文件的诉讼意见，本院不予采纳。

由于面试考官对于考生进行的面试评分行为属于学术评判范畴，且原告在本案诉讼过程中未能提交充分证据证明考官在面试过程中存在违法行为，因此对原告提出的有关被告以行政干预方式压低其复试成绩的诉讼意见，本院不予采纳。

北京市石景山区人民法院依据《中华人民共和国行政诉讼法》第七十四条第一款第（二）项、最高人民法院《关于执行〈中华人民共和国行政诉讼法〉若干问题的解释》第五十六条第（四）项之规定，判决如下：

一、确认被告中国科学院大学于2015年4月7日向原告肖某发出的《关于中国科学院微电子研究所未被录取的通知》行为违法；

二、驳回原告肖某的诉讼请求。

一审法院判决后，原告肖某不服，上诉至北京市第一中级人民法院。北京市第一中级人民法院于2016年4月27日作出（2016）京01行终261号行政判决书：驳回上诉，维持一审判决。该判决现已生效。

【评析】

本案在审理过程中，存在四个争议点：

一是第三人中国科学院微电子研究所在复试前没有依照教育部13号文件的规定在网站向社会及时全程公示相应信息的行为是否属于程序性违法；

二是被告中国科学院大学、第三人中国科学院微电子研究所是否存在恶意评分、以行政手段将面试官打分成绩平均分进一步人为作假的违法行为；

三是被告中国科学院大学与第三人中国科学院微电子研究所规定，仅以英语成绩达到60分为合格、不达60分为不合格，合格后英语分数直接计入复试总成绩的英语复试成绩计分方法是否违反教育部13号文件的规定；

四是被告中国科学院大学是否存在违反教育部13号文件的规定，绕过复试名次高的原告肖某，调剂录取复试排名在原告之后的其他考生的违法行为。

解决这四个争议点，实际涉及理清三个核心问题：

一是以学术评判为代表的高校自治权利包括哪些？

二是司法审查高校自治行为的边界在哪里？

三是如何平衡司法审查与高校自治行为？

笔者将针对这三个核心问题展开讨论，以解决案件争议问题。

一、高校自治权利的内涵

2015 年修正的《教育法》（以下简称新《教育法》）第二十九条规定："学校及其他教育机构行使下列权利：（一）按照章程自主管理；（二）组织实施教育教学活动；（三）招收学生或者其他受教育者；（四）对受教育者进行学籍管理，实施奖励或者处分；（五）对受教育者颁发相应的学业证书；（六）聘任教师及其他职工，实施奖励或者处分；（七）管理、使用本单位的设施和经费；（八）拒绝任何组织和个人对教育教学活动的非法干涉；（九）法律、法规规定的其他权利。国家保护学校及其他教育机构的合法权益不受侵犯。"《高等教育法》规定了高校行使学生管理权的具体内容。《学位条例》规定了经国务院授权，高校享有学位证书的授予权。从法条规定可以看出，高校具有自主管理权，依法履行教育管理职责，属于法律、法规授权的组织①。

应当注意的是，高校虽然有自治权利，但在行使权利的过程中，应当遵循一定的原则。2014 年最高人民法院发布的 38 号指导案例《田永诉北京科技大学拒绝颁发毕业证、学位证案》，明确了高校行政管理行为应当遵守正当程序原则。正当程序原则主要包括三点：一是事前保障行为实施对象的听证权，二是事中保障行为实施对象的申辩权，三是事后保障行为实施对象的知情权，及时告知当事人处理结果、救济途径并送达当事人。

二、司法审查高校自治行为的边界

（一）司法审查高校自治行为"于法有据"

我国第一例大学生诉就读高校的行政诉讼案件是 1998 年"田永诉北京科技大学案"。自此以后，以高校为被告的行政案件纷至沓来，推动了此类行政案件相关的法律法规不断完善，高校作为行政诉讼被告的地位，由最初的模糊、探索状态发展为现在的明确、深入状态。

新《教育法》第四十三条第（四）项规定，受教育者享有下列权利："对学校给予的处分不服向有关部门提出申诉，对学校、教师侵犯其人身权、财产权等合法权益，提出申诉或者依法提起诉讼。"本法明确了受教育者以高校为被告提起诉讼的权利。

---

① 法律、法规授权的组织，是指根据法律、法规的规定，可以以自己的名义从事行政管理活动、参加行政复议和行政诉讼并承担相应法律责任的非政府组织。

2014年修正的《行政诉讼法》（以下简称新《行政诉讼法》）第二条第一款规定："公民、法人或者其他组织认为行政机关和行政机关工作人员的行政行为侵犯其合法权益，有权依照本法向人民法院提起诉讼。"新《行政诉讼法》第二条第二款规定："前款所称行政行为，包括法律、法规、规章授权的组织作出的行政行为。"本法明确了高校作为行政诉讼的主体资格。

（二）司法审查高校自治行为的范围

司法审查高校自治行为的范围，可以用横向范围和纵向范围来界定。横向范围是指法院受案范围，即高校自治行为中的哪些事项类型属于司法审查的范围。纵向范围是指司法审查的限度，即对高校自治行为进行司法审查时，针对不同事项类型，法院的介入程度不同。

虽然法律明确了高校行政诉讼的主体地位，但是，并非所有高校行为都具有可诉性，对高校自治行为的司法审查应当控制在一定范围内，以取得充分实现高校自治权和充分保障受教育者权利的平衡。判断高校自治行为是否具有可诉性，应当判断高校行为是履行教育管理职能，还是发挥教育服务功能。高校履行教育管理职能时，其行为才具有公权力属性，因而具有可诉性。

高校自治行为中，高校行使公权力履行教育管理职能的行政行为属于司法审查的范围，这些行为涉及哪些事项？笔者认为，应当遵循一个判断标准——高校作出的行政行为对相对人的受教育权、人身权、财产权产生重大影响。目前，法院受理的教育行政纠纷主要集中在四个方面：一是招生录取纠纷，二是教学评价（奖励、处分等）纠纷，三是学籍管理（开除、退学等）纠纷，四是学历、学位证书授予纠纷。

（三）司法审查高校自治行为的内容

高校履行教育管理职能过程中行使的公权力可以分为两类：一类是行政性自治权，一类是学术性自治权。行政性自治权是高校执行各类法律、法规、规章和制订规范性文件进行管理的权力。学术性自治权是高校对教师、受教育者的学术能力进行评判的权力。

针对高校行使不同类型公权力作出的行政行为，司法审查内容和强度也不同。一般认为，针对高校行使行政性权力的司法审查，既要审查程序是否合法，也要审查实体是否合法。针对高校行使学术性权力的司法审查，法院应当保持中立态度，保护学术自由，以审查程序是否合法为主，对学术评判实体内容不进行审查。

对学术评判实体内容不进行司法审查，追溯至英美法系国家的“学术节制原则”。“学术节制原则”是指法院对其管辖范围内的案件，拒绝介入专业学术评判及替代学术官员做出判断的态度。“学术节制原则”要求法院在介入学术领域时，要遵循谨慎小心的态度，对纠纷中涉及学术水平、学术评价等实体问题，应该充分尊重学校的学术自主权，法院不能直接改变学校的学术评判内容，也不能代替学校作出学术评判。我国法律同样保护高校学术性自治权，高校中从事教育和科研的人员享有教授、研究和发表见解成果的自由，司法审查对高校学术性事务的介入必须掌握在一定限度内。这个限度即审查高校学术自治行为是否遵循程序合法原则。高校学术评判行为如果没有遵守职业标准和规则程序，无法举证说明作出学术评判结果的合法性，则高校的学术自治行为将受到司法审查并承担败诉风险。

三、高校自治行为与司法审查的平衡

一方面，高校享有自主管理权，依法履行培养人才、科学研究、传播知识和服务社会的四大职能。另一方面，司法审查高校的自治行为，有利于保护高校自治行为的相对人的受教育权、人身权和财产权。所以，法院在受理高校行政诉讼案件时，应当掌握一定的“度”，以实现高校自治行为和司法审查的平衡。

笔者认为，法院在审查高校自治行为时，应当遵循三大原则。

一是合法性审查原则。新《行政诉讼法》第六条规定：“人民法院审理行政案件，对行政行为是否合法进行审查。”在审查高校自治行为的合法性时，既要审查高校自治行为作出的程序是否合法，也要审查高校自治行为的内容是否合法。同时，对待不同类型的高校自治行为，合法性审查的介入程度各有不同，对于高校行使行政性权力所作的行政行为，司法审查既要审查程序是否合法，也要审查实体是否合法针。对于高校行使学术性权力所作的行政行为，司法审查以审查程序是否合法为主，对学术评判实体内容不进行审查。

二是有限审查原则。对高校自治行为的司法审查是有条件限制的，基于法院受理案件的“不告不理”原则，只有高校自治行为的利害关系人到法院提起诉讼，法院才会对高校自治行为依法进行司法审查。此外，司法审查是一种事后救济，只能在高校自治行为完成后进行司法审查，而不能在事前或事中介入高校自治行为。再者，司法审查不是万能的，对于高校维持学校正常教学秩序和管理的行为，且没有影响到行为相对人受教育权、人身权、财产权的行为，行为相对人不能提起行政诉讼，对高校自治行为进行司法审查。

三是内部救济优先原则。高校自治行为的相对人认为自身合法权益受到损害的，主要有三种权利救济途径：一是向高校提出申诉，由高校内部行政部门处理纠纷；二是向高校的教育主管部门提出申诉，教育主管部门兼具专业性和权威性，能较为公平地处理纠纷；三是向法院提起行政诉讼，由法院对高校自治行为进行司法审查。笔者认为，高校行使公权力履行教育管理职能，无论是行使行政性自治权引发纠纷，还是行使学术性自治权引发纠纷，最有资格处理纠纷事件的，仍然是高校本身，这是高校行使自主管理权的要求，也是由高校在学术评判等专业问题上的优势所决定的。在高校内部申诉制度无法保障行政行为相对人的合法权益时，相对人再寻求其他救济途径，既能穷尽救济途径，又能节约司法资源。

总之，对高校自治行为的司法审查，不是一个僵化的过程，也没有一个绝对的标准，需要考量具体案件中高校自治行为的专业化程度、规范化程度、对行政行为相对人权益影响程度等因素来作出综合判断。

本案中，法院通过司法审查，确认第三人中国科学院微电子研究所在复试前没有依照教育部 13 号文件的规定在网站向社会及时全程公示相应信息的行为属于程序性违法。除此之外，复试面试中考官的打分成绩、复试中英语成绩的计分方法、调剂录取考生的行为，在没有违反上位法的规定及法定程序的情况下，都属于高校学术评判行为，法院的司法审查不能代替高校作出学术评判行为，应当尊重高校的学术性自治权。

综上所述，根据案件审理时的相关法律规定，结合具体案情，一、二审法院的判决是正确的。

（作者单位：北京市石景山区人民法院）

公益性举报的原告主体资格

——黄中平诉重庆市规划局北碚区分局履行法定职责案

向　品

【裁判要旨】

判断是否存在“法律上利害关系”有以下逻辑顺序：确立被诉行为涉及哪项法律规定→该法条的目的是否涉及保护特定范围或特定个人利益→本案原告是否为该法条的保护对象。若原告与被诉行为不具有法律上利害关系，即可得出结论：原告不具有本案主体资格。普通公众向规划主管部门举报违法建筑，属告发之性质，规划主管部门对此已依法作出回复的，即属于已履行法定职责。普通公众对该回复不服提起行政诉讼的，因非属于保护规范，人民法院可裁定驳回原告起诉。

【案号】

一审：重庆市北碚区人民法院（2017）渝0109行初26号。

二审：重庆市第一中级人民法院（2017）渝01行终262号。

【案情】

原告：黄中平

被告：重庆市规划局北碚区分局（以下简称北碚规划局）

黄中平原系重庆市北碚区复兴镇太山村13组村民，该村土地已被征收，黄中平并已与征地实施单位达成征地补偿协议并足额领取征地补偿款。黄中平于2016年1月5日通过邮政EMS向重庆市规划局北碚区分局提交《违法建筑查处申请书》，申请被告对位于重庆市北碚区复兴镇太山村13组、8组、

10组的重庆高铝硅触摸屏电子工厂基板及高铝硅特种功能材料研发生产项目的建设进行查处，并予以强制拆除。被告收到该申请书后，于2017年1月10日作出《回复》：……项目位于复兴镇，根据相关规定，复兴镇范围内违法建设的查处由重庆市规划局两江新区规划分局办理。建议原告向重庆市规划局两江新区规划分局进行反映。

另查明，2016年11月30日，重庆市规划局两江新区分局已就位于重庆市北碚区水土高新技术产业园云汉大道5号附138号“高铝硅触摸屏特种玻璃和高铝硅高强特种玻璃浮法研发生产基地项目”涉嫌“未取得建设工程规划许可证，擅自动工修建违法建设行为”立案处理。

原告黄中平诉称，根据《城乡规划法》第六十四条、《重庆市查处违法建筑若干规定》第二条规定，案涉建设项目属于违法建设，依法应由重庆市规划局北碚区分局管辖，被告应依法履行法定查处职责。为此，请求法院判决撤销北碚规划局于2017年1月10日作出的《回复》，责令被告依法履行职责，对重庆高铝硅触摸屏电子工厂基板及高铝硅特种功能材料研发生产项目违法建筑进行查处。

【审判】

重庆市北碚区人民法院认为：《中华人民共和国行政诉讼法》第四十九条第（一）项规定：“原告是符合本法第二十五条规定的公民、法人或者其他组织。”第二十五条第一款规定：“行政行为的相对人以及其他与行政行为有利害关系的公民、法人或者其他组织，有权提起诉讼。”《最高人民法院关于举报人对行政机关就举报事项作出的处理或者不作为行为不服是否具有行政复议申请人资格问题的答复》（〔2013〕行他字第14号）明确：“根据《中华人民共和国行政复议法》第九条第一款、《行政复议法实施条例》第二十八条第（二）项规定，举报人为维护自身合法权益而举报相关违法行为人，要求行政机关查处，对行政机关就举报事项作出的处理或者不作为行为不服申请行政复议的，具有行政复议申请人资格。”举报事项大体包括为维护举报人合法权益的举报事项、为维护他人合法权益的举报事项和为维护社会公共利益的举报事项。法律赋予公民的举报权衍生为起诉权还必须满足举报人与所针对的行政行为具有法律上的利害关系这一条件，即举报事项侵犯举报人的合法权益，对举报人的权利义务产生设立、变更、消灭等实际影响。虽然根据《城乡规划法》第九条第二款规定，“任何单位和个人都有权向城乡规划主管部门或者其他有关部门举报或者控告违反城乡规划的行为。城乡规划主管部门或者其他有关部门对举报或者控告，应当及时受理并组织核查、处理”。本案黄中平举报涉嫌违反城乡规划的行为系其依法享有的公民权利，其行为应当予以鼓励。但是，该条款系对公民举报监督权利的普遍性规定，就本案而言，黄中平庭审中称已与征地实施单位达成征地补偿协议并足额领取征地补偿款，其即已丧失了对原集体土地的合法使用权，无证据证明其举报的违法建设影响其合法权益。另外，黄中平的权利义务不会因北碚规划局是否履行法定职责的行为发生新的设立、变更或者消灭，北碚规划局是否履行对违法建设的行为进行查处的职责与黄中平之间不存在法律上的利害关系。据此，裁定驳回原告黄中平的起诉。

黄中平不服一审裁定提起上诉。重庆市第一中级人民法院经审理后认为，黄中平要求撤销北碚规划局针对其违法建筑查处申请作出的回复，要求北碚规划局依法履行对违法建筑进行查处的法定职责，因黄中平的该投诉举报所涉项目，属于重庆市规划局两江新区规划分局管辖范围，并非北碚规划局管辖范围，故北碚规划局针对其申请，告知其向重庆市规划局两江新区规划分局反映并无不当。且现有证据能够证明重庆市规划局两江新区规划分局已对黄中平投诉举报所涉及的项目进行了查处违法建设行为案件立案，因此黄中平起诉要求撤销北碚规划局作出的回复并履行相应查处职责缺乏诉的利益。裁定驳回上诉，维持原判。

【评析】

公民向有权机关举报他人违法行为，在日常生活中较为常见。行政机关不予处理、函复无管辖权或经查证该举报不属实或对举报作出实体处理时，是否侵害举报人权益，举报人是否因此具有诉权，素有争议。一说认为，需先对举报人举报事项进行界分，如若是为维护自身合法权益而举报则具有诉讼权能。一说认为，需视行政机关复函性质而定，若该复函仅在于通知调查结果，并未对举报人权利义务产生实际影响，则并非行政行为，不可诉。一说认为，法律规定了公民举报权，则相应赋予了举报人程序性权利。在现代行政法领域内，赋予个人主观公权利，有助于督促行政机关更好行为，至于该权利能否主张，属于实体审理的问题。本文拟从权利的区分、主观公权利的识别、履职之诉的提起要件等方面论证举报类行政案件的审理思路。

一、正确看待本案的诉讼请求——履职之诉

原告起诉时，若有不同诉讼种类可供其诉请保护权利者，原则上可选择最简易、最有效实现其诉讼请求之诉讼种类，行政法官有释明义务。本案中，黄中平的诉讼请求为要求撤销北碚规划局针对其违法建筑查处申请作出的回复，要求北碚规划局依法履行对违法建筑进行查处的法定职责。根据《最高人民法院关于适用〈中华人民共和国行政诉讼法〉若干问题的解释》第二条规定，行政诉讼法第四十九条第三项规定的“有具体的诉讼请求”是指：（一）请求判决撤销或者变更行政行为；（二）请求判决行政机关履行法定职责或者给付义务；……此种情形是否视为诉讼请求不明确？

就此问题，德国通说认为原告仅需提起课予义务之诉。若其课予义务之诉有理由时，行政法院应于判决主文中明白地撤销该项驳回处分。因此，课予义务之诉也具有实现撤销之诉的功能，撤销只是附带效果，并非课予义务之诉的直接目标。台湾地区实务上做法，在原告胜诉之情形，通常判决系将原驳回处分及诉愿决定均撤销，并判决课予被告作出行政处分之义务。性质上似倾向于合并提起课予义务之诉与撤销之诉。①“撤销之诉旨在撤销一个对原告不利的行政行为，一经撤销，该行政行为的法律效力就会随之消除，原告所寻求的权利救济也就不待执行即已实现。义务之诉却不像撤销之诉那样源于经典的干预行政，而是产生于给付行政。义务之诉的原告，总是希望通过他的请求获得授意，总是希望通过判决达到一种较之于初始状态更佳的境况。义务之诉中也可能有一个撤销行政决定的请求，但撤销本身不是目的，也不是必须，原告的终极目的是要求法院判决行政机关履行他所期待的某项义务。正因为如此，法院在义务之诉中并非只是对行政机关已经作出的决定进行合法性审查并一撤了之，而要进一步对行政机关的义务进行裁判。”“诉讼类型制度的根本意义更在于对法院的诉讼行为作出规范，以使法院根据不同的诉讼类型选择最适宜的救济方式和裁判方式。”对于义务之诉的否定决定之诉，撤销原否定决定是原告提起行政诉讼的应有之义，故不应认为诉讼请

① 陈清秀：《行政诉讼法》，法律出版社 2016 年版，第 176 – 177 页。

求中出现“撤销+责令履行”即为诉讼请求不明确。本案原告所提诉讼在诉讼类型上仍应属于履行职责之诉。

二、履职之诉的提起要件

行政相对人对行政主体主张权利包括程序权利和实体权利两种，其中，程序性权利是主张行为本身，而实体性权利则是主张中所含有的某种利益（如人身、自由、财产、资格等）。程序性权利不直接决定或体现行政相对人在实体法律关系中的地位和资格，它是为实现实体权利而存在的。当然，程序行为也有其独立的价值：当一个公民不具有实体权利的时候，他仍有程序权利并能作出行使该权利的行为。[①] 区分此二种不同的权利属性，有助于厘清举报人在监督行政中的权利保护范围。

程序性权利依法是任何公民、法人或其他组织都具有的，只要相对人对行政机关提出申请就是在行使程序性权利，行政主体便具有受理、回复等程序性义务，双方由此形成程序性权利义务关系。如果行政主体未予以回应或超期答复，则要承担一定的法律责任。[②] 如行政诉讼法第十二条、第七十二条规定，公民、法人或其他组织申请行政机关履行法定职责，行政机关不予答复的，公民、法人或其他组织有权依法提起行政诉讼，人民法院应判决行政机关履行答复的职责。再如《食品安全法》第一百一十五条规定，“县级以上人民政府食品药品监督管理、质量监督等部门应当公布本部门的电子邮件地址或者电话，接受咨询、投诉、举报。接到咨询、投诉、举报，对属于本部门职责的，应当受理并在法定期限内及时答复、核实、处理；对不属于本部门职责的，应当移交有权处理的部门并书面通知咨询、投诉、举报人。……”《城乡规划法》第九条规定，任何单位和个人都应当遵守经依法批准并公布的城乡规划，服从规划管理，并有权就涉及其利害关系的建设活动是否符合规划的要求向城乡规划主管部门查询。任何单位和个人都有权向城乡规划主管部门或者其他有关部门举报或者控告违反城乡规划的行为。城乡规划主管部门或者其他有关部门对举报或者控告，应当及时受理并组织核查、处理。行政机关“有申请必回复”，就是在依法履行其职责，这是依法行政的必然要求。此种程序性权利现已逐渐成为督促行政机关依法行政的一支重

---

① 方世荣：《论行政相对人》，中国政法大学出版社2000年版，第21－22、138页。

② 方世荣：《论行政相对人》，中国政法大学出版社2000年版，第149页。

要力量。

行政相对人向行政机关提出申请的时候，有时因其不具有法律所保护的实体权利而只能成为程序性相对人。这种情况下，其以行政机关不履行法定职责为由提起行政诉讼只能是基于行政机关“有申请必回复”义务的违反（本案中，若北碚规划局未对黄中平的申请作出回复或明确拒绝处理，黄中平可以此为由提起履职之诉；若北碚规划局超期答复，则可诉该答复行为违法），而不能是基于行政机关未按其所申请的事项作出行为，后者属于实体权利的范畴。

“履行职责之诉并不意味着：公民、法人或者其他组织随便向任何一个行政机关提出任何一项请求，该行政机关就有履行该项请求的义务；也不意味着只要行政机关‘不作为’就可以提起‘不作为之诉’。一般来讲，公民、法人或者其他组织提起履行职责之诉至少应当具备这样几个条件：第一，他向行政机关提出过申请，并且行政机关明确予以拒绝或者逾期不予答复。第二，他所申请的事项具有实体法上的请求权基础。这种请求权基础可以产生于或者基于某一法律、某一行政机关的保证以及某一行政合同。总之，要求行政机关依照其申请作出一个特定行政行为，必须具有法定的权利依据。第三，他是向一个有管辖权的行政机关提出。管辖权是行政机关活动的基础和范围，行政机关应当在执行法定任务的同时遵守管辖权的界限。这种管辖权既包括该行政机关是否主管申请人所申请的专业事务，也包括同一专业事务中不同地域、不同级别的行政机关之间对于管辖权的具体分工。向一个无管辖权的行政机关随意提出一个申请，即使该行政机关予以拒绝，也不会使申请人当然地获取了诉权。第四，他申请行政机关作出的行为应当是一个具体的、特定的行政行为。要求行政机关实施没有外部效力的内部调整或者不是针对他个人的一般性调整，必须基于法律的明确规定。第五，行政机关对于原告申请的拒绝，可能侵害的必须是属于原告自己的主观权利。在原告不具备主观权利的情况下，即使行政机关的不作为有可能侵害公共利益，个体也未必具有提起行政诉讼的权利。”① 黄中平案中，其依法向被告提出了申请，基于城乡规划法相关规定，其有一定的请求权基础，且要求行政行为作为的行为是一个具体的、特定的行政行为，且从表面上看，案涉建筑位于北碚区，

---

① 详见（2016）最高法行申 2864 号行政裁定。

则查处职责似应归属于北碚区规划局，符合前述四要件，那么北碚规划局对于原告申请的拒绝，侵害的是否属于原告自己的主观权利呢？这涉及主观权利的判断。

三、主观公权利之判断：保护规范理论的引入

（一）权利、公权利（法律上保护的利益、法律上利害关系）

权利乃法律体系最重要的构成要素。通常是指可享受特定利益的法律上之力（作用），法律于一定要件之下，赋予个人之力量，使之享受特定利益，并加以保护。基于法律保障之权利，权利主体可请求特定人为或不为一定行为，或容忍权利主体为一定之作为。权利素为私法领域的重心，亦应存于公法领域。以公法为基础，享有特定利益的法律上之力（作用），即可称为公法上权利，简称公权利，系指人民基于公法（行政法）的规定，享有一定法律上之力，可以向国家请求一定作为、不作为或容忍，以实现个人的利益。①《宪法》第四十一条第一款规定："中华人民共和国公民对于任何国家机关和国家工作人员，有提出批评和建议的权利；对于任何国家机关和国家工作人员的违法失职行为，有向有关国家机关提出申诉、控告或者检举的权利，但是不得捏造或者歪曲事实进行诬告陷害。"举报权属于公民的宪法权利，是公民的基本权利之一。然而宪法所规定的公民基本权利并不必然等同于公法上权利。"人民因公法之规范而获取之利益，也就是人民因法律的执行而得到的好处，基本上并不等于公法上权利，通常只是一种来自法律的反射利益，也就是一种事实上的利益。""客观的法规基于公益的目的，命令行政主体作为或不作为时，就该单纯的反射效果，个人事实上所享受的利益，因相关规定未赋予该个人得为裁判上主张自己利益的请求权，而只是一种事实上的期待与机会而已，故与公权利不同。"② "对公权力主体课以义务的法规，其目的在于，或至少同时在于承认及保护特定个人的利益，使其得为自己而予以实现时，就存在人民之公权利；反之，如果行政法规仅为一般或特别的公共利益，设定公行政的特定行为义务，公民虽然因此而获益，但此利益并非法律目的之所在，且或仅偶然发生的，是反射利益，而非公权利。"③ "如果随意

---

① 李建良：《公法上权利的概念、理论与运用》，载《月旦法学教室》第99期。

② 王和雄：《公权理论之演变》，载《政大法学评论》1991年第43期。

③ 陈敏：《行政法总论》，台湾神州图书出版有限公司2004年版，第256页。

容许人民提起诉讼，要求法院审查行政作为之合法性，不仅行政所关心之社会集体利益容易受到少数人牵制，法院亦难以负荷此等数量之诉讼，因此一定要求该等实质利益有宪法或特定法出面保证其会实现，才能被认定为公权利。”① 也就是说，法律所设定的行政义务如果明确规定以保护个人利益为目的，或者在实现公共利益的同时也达成特定个别公民的利益时，则公民享有公法上的权利。但是，如果行政法律所设定的行政义务仅在于实现公共利益，个别公民虽然因此而获得事实上的利益，但是这种利益不是公权利，而只是反射利益，该个人不能因此而享有对公权力主体的请求权。在我国，此种公权利亦称为法律上保护的利益，即“法律上利害关系”。借用学者王贵松在《行政法上利害关系的判断基准》一文中的逻辑等式，可描述为：公法上权利 = 公权利 = 法律上保护的利益 = 法律上利害关系。②

（二）是否存在“法律上利害关系”的识别

在德国、日本及我国台湾地区，判断是否赋予个人主观公权利，一般而言，系以保护规范理论为判断依据。

以我国台湾地区为例，“保护规范理论”分为两说，旧说从历史上之立法意旨出发，若法规范有保护第三人之权利或法律上利益之目的，即可认为“保护规范”。新说主要系从法规范之客观目的探求法规范是否有保障特定人之意旨，“法律虽系为公共利益或一般国民福祉而设之规定，但就法律之整体结构、适用对象、所欲产生之规范效果即社会发展因素等综合判断，可得知亦有保障特定人之意旨”时，即属保护规范。在我国，近年来，最高人民法院也逐渐通过一些案例来丰富“保护规范理论”的实践。如（2017）最高法行申 169 号行政裁定指出：“公法上利害关系的判断，同样较为复杂……其中，保护规范理论将法律规范保护的权益与请求权基础相结合……以行政机关作出行政行为时所依据的行政实体法和所适用的行政实体法律规范体系，是否要求行政机关考虑、尊重和保护原告诉请保护的权利或法律上的利益，作为判断是否存在公法上利害关系的重要标准……在依据法条判断是否具有利害关系存有歧义时，可参酌整个行政实体法律规范体系、行政实体法的立

---

① 详见我国台湾地区“最高行政法院”103 年度裁字第 940 号裁定。

② 王贵松：《行政法上利害关系的判断基准》，载《交大法学》2016 年第 3 期。该文中，王贵松的逻辑等式为：法律上的利益 = 法律上保护的利益 = 司法上保护的利益 = 行政上保护的利益 = 行政决定的考虑事项。

法宗旨以及做出被诉行政行为的目的、内容和性质进行判断，以便能够承认更多的值得保护且需要保护的利益，属于法律保护的利益，从而认可当事人与行政行为存在法律上的利害关系。”再如（2016）最高法行申172号行政裁定中谓为：“根据《最高人民法院关于行政诉讼证据若干问题的规定》第四条第一款的规定，要求原告提供符合起诉条件的相应证据材料，初步证明其与行政行为存在利害关系，存在需要通过本次诉讼保护的具体利益。通常，如果行政机关作出被诉行政行为时，所适用的行政实体法律规范要求考虑原告诉请保护的利益，或者要求行政机关在行政程序中依法征询或听取原告的意见，应当认为原告与被诉行政行为有利害关系，其也就具备了提起诉讼的原告资格。环境影响评价制度的立法目的，重点在于对建设项目等建成后对环境所造成的影响进行分析、预测和评估；建设项目所占土地的征收补偿问题，一般并不属于环境影响评价范围。考察《环评法》和《建设项目环境保护管理条例》规定，也无在作出被诉环评批复时必须考虑建设项目占地范围内土地使用者权益的特别规定。虽然被诉环评批复可能是建设项目立项、规划、征收土地的前提条件，但土地使用者的土地使用权益，并非环境保护部门在作出环境评价批复时依法所应考量和保护的权益。”

简而言之，判断是否存在“法律上利害关系”有以下逻辑顺序：确立本诉请求权涉及哪项法律规定→该法条的目的是否涉及保护特定范围或特定个人利益→本案原告是否为该法条的保护对象。① 若原告与被诉行为不具有法律上利害关系，即可得出结论：原告不具有本案主体资格②。经检验得知，相对人的程序性权利即是典型的主观公权利。

---

① 王贵松在《行政法上利害关系的判断基准》一文介绍了日本最高法院在判断第三人的原告资格所采用的基本框架：第一，为原告资格提供基础的是“实体法上的权利利益”。第二，为原告资格提供基础的是“行政法规范所保护的权力利益”，因而在理论上就是与私法上权利利益对峙的“公法上的权利利益”。第三，对于具有原告资格者的范围要有某种限定。行政法规范对行使行政权限课予一定的限制，问题在于该规范是否包含着保护不能吸收消解于一般公益的个别性个人利益的目的，因而不能解释得谁都有原告资格。第四，在所谓环境行政诉讼等主张因行政相对人的事实活动而受到侵害的类型中，有必要划定具有原告资格者的范围，这主要是从地理上划出界限。最高法院在划线之际使用“社会观念上明显的障碍”“直接而重大的损害”“直接的损害”“直接的明显损害”等表达方式，着眼于“受害的程度”。前三者是在判定是否为法律所要保护的利益，第四点是划定保护的范围。

② 侵犯原告获得物质奖励之可能是否构成法律上利害关系？因查处举报违法行为是以自己利益提起，例如相邻权人或其他区分所有权人之设施影响举报人之安全、健康、采光等，相关法律制度的立法目的是保障公众身体健康、生命安全等，并非系以举报人获得奖励权益本身为目的，因此，原告若以侵犯其获得奖励权益为由主张其与举报查处行为有利害关系不能认可其原告主体资格。

四、举报类案件裁判方式选择

（一）举报权的性质

行政法学所研究并关注的“举报”，系公民针对其他公民、法人或其他组织的违法行为，向行政机关举报，以促使行政机关发动职权，对违法行为加以处分或作出其他规制性措施，以维护国家法秩序。分为公益性举报[①]和自益性举报[②]。

若系自益性举报[③]，则依据相对人理论，举报人对行政机关的举报处理行为有原告主体资格。最高人民法院在《关于举报人对行政机关就举报事项作出的处理或者不作为行为不服是否具有行政复议申请人资格问题的答复》中指出，“举报人为维护自身合法权益而举报相关违法行为人，要求行政机关查处，对行政机关就举报事项作出的处理或者不作为行为不服申请行政复议的，具有行政复议申请人资格”。[④] 指导性案例 77 号“行政机关对与举报人有利害关系的举报仅作出告知性答复，未依法进行处理的，具有可诉性，举报人是适格原告——罗镕荣诉吉安市物价局物价行政处理案”裁判要旨也认为“举报人就其自身合法权益受侵害向行政机关进行举报的，与行政机关的举报处理行为具有法律上的利害关系，具备行政诉讼原告主体资格”。因此，自益性举报在审判实务中的裁判尺度应无争议。然而对于公益性举报，各地

---

① 对公益性举报而言，即使举报动机是为获得举报奖金，也无碍其举报的公益性质。

② 亦称“利害关系人举报”，指举报人对举报事件有权利或法律上利害关系，大致存在于以下三种情形：一是受害人举报；二是消费者举报；三是竞争权人、相邻权人举报。在我国台湾地区，最高行政法院一百年度判字第一零四一号案即是针对相邻权人举报。该案中，相邻权人举报某公司建筑基地后侧与邻地接壤的土地构筑之挡土墙，影响举报人土地之通风及排水，请求主管机关命令该公司立即停工及恢复原地形地貌，使邻地农地能正常利用。法院认为，系争建筑许可是否应废止，对相邻权人影响甚巨，举报人应属受法律保护之权利人。

③ 自益性举报大致存在于以下三种情形：一是受害人举报；二是消费者举报；三是竞争权人、相邻权人举报。

④ 郭修江审判长在对该《答复》的解读中具体阐述：“对于当事人的举报，依法享有法定职权的行政机关可能作出的处理，存在以下几种情况：一是接到举报后经调查发现举报不属实，作出不予处理决定；二是经查举报事项属实，依法作出处理决定；三是举报情况属实，但经查对举报事项已作出过处理，告知举报人已经作出过的处理结果；四是不作任何处理，对举报逾期不答复。对于第一、二种情况，当事人对行政机关作出的处理决定不服，有权申请行政复议和诉讼；第四种情况，行政机关不履行法定职责，亦属于行政复议范围。但是，第三种情况属于重复处理行为，告知已经作出过的处理结果，并未对当事人的权利义务产生新的实际影响，通常不可复议和诉讼。”详见郭修江：《解读〈最高人民法院关于举报人对行政机关就举报事项作出的处理或者不作为行为不服是否具有行政复议申请人资格问题的答复〉》，载《行政与执行法律文件解读》2014 年第 6 期。

做法则呈百花齐放之态。

（二）类比分析：公益举报类案件裁判方式差异

在我国台湾地区，以“公平交易法”第二十六条提出检举的案件，实务见解以行政法院九十九年度六月份庭长法官联系会议（四）会议决议作为分水岭。之前皆采取个案判断模式，并非所有公平交易法之举报人提起之诉讼均不进入实体审查。而后，该决议将全部公平交易法之检举案件，均认为公平会之函复非属行政处分，而不得提起撤销诉讼及课予义务诉讼。该会议决议后，行政法院一百年度裁字第三八三号裁定即采该决议之见解，检举人认为他企业抄袭其产品外观违反“公平交易法”第二十四条规定之案例，认为公平会之函复非行政处分，以诉不合法驳回。①

在无讼案例网上，输入关键词“举报”“利害关系”“再审”“行政”可搜得案例十六篇，选取其中有代表性的4篇列表如下。

案号	案件事实	一审	二审	再审
（2016）最高法行申4393号	李荣昌反映太行机械公司涉嫌非法经营罪，晋城市工商局责成城区分局进行立案调查处理，城区分局经调查取证后对此违法行为进行了行政处罚。李荣昌不服该行政处罚决定，坚持认为太行机械公司涉嫌非法经营罪，重复向晋城市工商局反映。晋城市工商局督办城区分局对此进行处理，城区分局出具书面督办回复，并送达李荣昌。李荣昌起诉要求确认晋城市工商局不移交刑事案件及未作书面答复的行为违法。	晋城市工商局已履行了法定职责，判驳	李荣昌作为举报人，其本身与晋城市工商局的查处行为之间没有利害关系，不是本案适格原告，裁驳。	晋城市工商局已经履行了法定职责，李荣昌的举报权亦已获得有效保障和回应。李荣昌要求晋城市工商局对太行机械公司的违法行为作进一步处理，已无权利基础。二审法院根据上述情况认定李荣昌在本案中与晋城市工商局的查处行为无利害关系，并以其不是适格原告为由裁定驳回起诉，并无不当。

① 林昱梅：《论行政法上人民举发之制度与救济机制》，载《月旦法学杂志》2012年第5期。

续表

案号	案件事实	一审	二审	再审
（2016）鲁行再20号	张福升举报青啤三公司、青啤五公司伪造《食品生产许可证》及青啤三公司、青啤五公司非法生产啤酒等问题。接到举报后，平度市工商局对相关现场进行检查，并及时作了书面回复。张福升起诉要求判令被市工商局履行法定职责。	被告积极履行了其监督食品生产的职责，并及时对原告的举报进行了答复，该行为符合法律规定，故原告要求判令被告行政不作为的诉讼请求，无事实及法律依据，不予支持，判驳。	市工商局的回复，对张福升的权利义务并未产生实际影响，张福升无原告主体资格。裁驳。	再审申请人作为举报人，与被申请人市质监局是否依照前述法律规定履行相应职责的结果之间，具有法律上利害关系。再审申请人张福升有关被申请人市质监局对其举报企业未予查处即构成行政不作为及未依法履行职责，没有事实和法律依据，不应支持。撤销二审裁定，维持一审判决。
（2016）鲁行申641号	孙庆军向邹城市国土资源局对邹城市人民政府继续违法侵占约5000多亩农地、继续进行违法建设的事项投诉（举报）后，邹城市国土资源局作出了《关于〈对邹城市政府继续违法侵占约5000多亩农地、继续进行违法建设的投诉（举报）〉的回复》。	回复本身不具有法律的强制力和执行力，没有加重或减轻当事人的义务和权利，对孙庆军的合法权益不产生实际影响，裁驳。	维持	驳回再审申请
（2016）鄂行申592号	马云香向荆门市国土资源局举报湖北龙源石膏有限公司存在越层越界开采问题，荆门市国土资源局即组织人员对原审第三人是否存在违法开采行为进行了监督检查。同时，于2014年9月9日将履行职责情况书面回复。	已履行法定职责，判驳。	维持	驳回再审申请

由上表可知，对于公益举报，我国各地法院的裁判结果和观点是有差异

的，有认为举报人与被申请人是否履行相应职责的结果之间具有法律上利害关系的；有认为回复本身对举报人权利义务不产生实际影响的；有认为举报人要求被申请人履行法定职责的理由不能成立故而判驳的。但是，最高人民法院对此的态度体现在（2016）最高法行申4393号行政裁定中，实则区分了公益举报权和获得回复的程序性权利，认为公益举报人原则上不具有原告主体资格。在（2017）最高法行申281号行政裁定中亦认为："法律、法规或者规章规定的投诉请求权，在于促使行政机关对于投诉事项发动行政权。如果行政机关发动了行政权，并将调查处理结果告知投诉人，就属履行了法定职责。如果投诉人对调查处理结果不服，其提起诉讼的目的是想为当事人施加负担，则应依赖于法律、法规或者规章是否规定了为当事人施加负担的请求权。"

（三）本案不宜采用判驳方式的理由

《行政诉讼法》第六十九条规定，原告申请被告履行法定职责或者给付义务理由不成立的，人民法院判决驳回原告的诉讼请求。在处理原告诉请被告履行法定职责案件中，若理由不成立的，一般采取判决驳回原告的诉讼请求的方式。但是，此举的前提是该诉符合履职之诉五要件。

本案中，原告黄中平依法向被告提出了申请，基于城乡规划法相关规定，其有一定的请求权基础，且要求行政行为作为的行为是一个具体的、特定的行政行为，且从表面上看，案涉建筑位于北碚区，则查处职责似应归属于北碚区规划局，符合前述四要件。

《城乡规划法》第九条第二款规定，"任何单位和个人都有权向城乡规划主管部门或者其他有关部门举报或者控告违反城乡规划的行为。城乡规划主管部门或者其他有关部门对举报或者控告，应当及时受理并组织核查、处理"。该法规定的违法建筑的拆除，系主要为公共利益（如若相邻权人认为该违法建筑侵犯其采光、同行或会给其安全带来影响，必须有相应证据证明），普通公众向主管机关举报违法建筑，属告发之性质，该法并未赋予不特定主体拥有请求主管机关拆除之公权利。且在庭审中已查实，本案原告因征地已丧失案涉建筑所在土地之合法使用权，也非相邻权人，故不能以该条为据享有原告主体之资格。原告因征地事宜与行政机关结怨，遂不断提起行政诉讼达到泄私愤、逐私利的目的。原告本次起诉即便胜诉并不能改善其法律地位，胜诉之结果无实际意义，欠缺权利保护的必要性。

"行政法的任何方面都没有有关原告资格方面的法律变化迅速。"[①] 当今时代，变化的趋势是放宽原告资格，让更多人能对行政行为提出异议，扩大公民对行政活动的监督和本身利益的维护。[②] 尽管行政诉讼原告资格不断拓宽，但对行政公益诉讼的扩张，事实上实务部门和学术界始终抱审慎态度。无论是法定权利标准、法律上的利益标准，还是值得保护的利益标准和事实上的损害标准，个体的权益受到侵害皆是法院介入的前提。只有在个体权益或私权受损时，当事人才有原告资格，司法才能附带审查行政行为是否合法这一公法问题。行政公益诉讼虽得到认可，但整体上被置于有限的空间之内。行政诉讼上，要求必须有诉之利益。一是防止不当的滥诉，以确保行政机关和法院顺畅运作，"避免法院因好事之徒利用对行政错误的误导性或琐碎的申诉而浪费时间，在于为行政官员和行政机关消除一种不确定性。"因此，有必要限于正当维护自己权益之人方能提起；二是若赋予所有的投诉人都具有诉讼的权利，则诉讼可能会变成公益救济之手段，违反了行政诉讼法的制度设计初衷。

综上，本案不适宜依据《行政诉讼法》第六十九条规定作出驳回原告诉讼请求之实体判决。

（作者单位：重庆市北碚区人民法院）

---

① ［美］伯纳德·施瓦茨：《行政法》，徐炳译，群众出版社 1986 年版，第 419 页。

② 参见王名扬：《美国行政法》，中国法制出版社 1995 年版，第 618 页。

冯梅香诉上饶县人民政府房屋强制拆迁案

——两个以上主体实施的以拆“危”代拆迁行为的司法审查

江怀玉 丁 雪

【裁判要旨】

1. 对国有土地上房屋强制拆迁的事实行为被告的确定，应当结合房屋被强拆的原因、强拆参与单位、以及强拆所涉各单位的行政主体资格予以综合认定。

2. 以拆危代拆迁案件中涉及的多个行为符合“共同侵权”的构成要件，应当作为拆迁过程中连续的、整体的行为在一案中予以考察，不宜对多个行为分案审查。

【案号】

一审：江西省上饶市中级人民法院（2017）赣11行初第55号。

二审：江西省高级人民法院（2018）赣行终第124号。

【案情】

原告（上诉人）：冯梅香

被告（被上诉人）：上饶县政府

冯梅香坐落于上饶县旭日镇新建东路的房屋位于上饶县凤凰大道综合体棚户区改造（二期）项目国有土地上房屋征收红线范围内。2017年1月8日，上饶县政府印发了《上饶县凤凰大道综合体棚户区改造（二期）项目国有土地上房屋征收补偿方案》（以下简称凤凰大道征收补偿方案），该方案明确了上饶县房屋征收与补偿办公室（以下简称上饶县征收办）是该项目的征收部门。其中，上饶县征收办是具有独立主体资格的事业单位法人，其登记的职责是负责上饶县城镇房屋拆迁管理，具有行政主体资格。上饶县凤凰大道综合体棚户区改造（二期）项目管理处和旭日街道办以及相关村（居）委会共同承担房屋征收补偿的具体工作。2017 年 1 月 9 日，上饶县政府作出了房屋征收决定。2016 年 12 月 19 日，旭日街道办与四季花苑公司签订了《劳务房屋拆除合同》，将上饶县凤凰大道城市综合体棚户区改造项目国有土地自建房屋交由四季花苑公司进行拆除。冯梅香未与上饶县征收办达成补偿协议。

2017 年 5 月 16 日，上饶县房地产管理局（以下简称上饶县房管局）委托的江西铭志司法鉴定中心于 2017 年 5 月 16 日出具鉴定意见书认定，冯梅香的涉案房屋处出现下沉、开裂现象，受外力影响造成局部跨塌严重损坏，已构成整栋危房。同日，上饶县房管局向冯梅香送达《危房鉴定及限期搬离通知书》，限定其于 2017 年 5 月 17 日 9 时之前搬离该房屋，逾期未搬离的，将采取强制措施进行搬离。2017 年 5 月 17 日，上饶县房管局作出《危房拆除决定书》并予以送达，决定对冯梅香房屋立即拆除。2017 年 5 月 18 日，四季花苑公司根据旭日街道办关于拆除危房的通知，对涉案房屋实施拆除。冯梅香以其房屋是被征收部门偷拆成危房进而被强拆为由，提起诉讼要求确认上饶县政府强拆其房屋违法并承担赔偿责任。

【审判】

上饶市中级人民法院作出（2017）赣 11 行初 55 号行政裁定，以被告不适格为由驳回冯梅香的起诉。冯梅香不服向江西省高级人民法院提出上诉。

江西省高级人民法院认为：该案争议焦点是冯梅香起诉列上饶县政府为被告是否适格。因本案被诉的行为是对涉案房屋强制拆迁的事实行为，本案被告应当结合案涉房屋被强拆的原因、强拆参与单位、以及强拆所涉各单位的行政主体资格予以综合认定。

关于本案房屋被强拆的原因。冯梅香称，其房屋成为“危房”是偷拆造成的，其对 2017 年 5 月 14 日凌晨的偷拆行为以财物被损毁事由向派出所报了案，同月 18 日其房屋被全部强制拆除。经查，上饶县公安局旭日派出所于 2017 年 5 月 16 日向上诉人出具了受案回执。同时，上饶县政府在一审代理意见中也认可“拆除公司在对上诉人周边的已征收房屋进行合法拆除过程中，客观上或多或少会对上诉人的房屋造成一定的损害”。并且上饶县征收办委托的江西天平地产土地评估咨询有限公司于2016年12月6日进行现场勘测后出具的《房地产预评估报告》并未提及房屋有下沉、开裂、局部垮塌情形。但上饶县房管局委托的江西铭志司法鉴定中心于2017年5月16日出具的鉴定意见书中，却有涉案房屋多处出现下沉、开裂现象，受外力影响造成局部跨塌严重损坏，已构成整栋危房的认定。上饶县房管局在上述鉴定中心出具鉴定意见当日即向上诉人送达《危房鉴定及限期搬离通知书》，次日作出《危房拆除决定书》并予以送达，决定对上诉人的房屋立即拆除，第三日涉案房屋被强制拆除。上述事实经过可以印证冯梅香的上述事实主张，该院对该事实予以认可。由此，该院认为涉案房屋成为危房，并在成为危房后被拆除，是一个连续的强制拆迁行为。

《国有土地上房屋征收与补偿条例》第四条第二款规定：“市、县级人民政府确定的房屋征收部门组织实施本行政区域的房屋征收与补偿工作。”第五条规定：“房屋征收部门可以委托房屋征收实施单位，承担房屋征收与补偿的具体工作……房屋征收部门对房屋征收实施单位在委托范围内实施的房屋征收与补偿行为负责监督，并对其行为后果承担法律责任。”上饶县征收办是具有独立主体资格的事业单位法人，其登记的职责是负责上饶县城镇房屋拆迁管理，具有行政主体资格。根据凤凰大道征收补偿方案，上饶县征收办是上饶县凤凰大道综合体棚户区改造（二期）项目的房屋征收部门，结合上述法律规定，对该项目房屋征收实施单位实施的房屋征收与补偿行为负责监督，并对其行为后果承担法律责任。同样根据凤凰大道征收补偿方案，旭日街道办承担房屋征收补偿具体工作，是该项目的房屋征收实施单位。四季花苑公司通过与旭日街道办订立劳务合同，承接了上述棚户区改造项目所涉建筑物的拆除工作，其实施的拆除涉案房屋的行为，即是旭日街道办作为房屋征收实施单位的行为，应当由上饶市征收办承担法律责任。而上饶县房管局利用其城市危险房屋管理职责，在涉案房屋被偷拆后，配合征收部门将涉案房屋鉴定成危房并出具一系列涉案房屋为危房应被拆除的法律文件，也应当作为本案的被告之一。综上，二审法院驳回冯梅香的上诉，维持原裁定。

【评析】

随着各地经济建设的大力推进，房屋拆迁案件迅速成为行政诉讼的主要类型之一。为规范国有土地上房屋征收，国务院2011年实施的《国有土地上房屋征收与补偿条例》对国有土地上房屋征收补偿的主体、程序、法律后果等问题进行了较为明细的规定。但实践中，市、县人民政府确定的房屋征收部门及征收实施单位五花八门、委托或授权的方式也各不相同，给原告甚至是法院确定适格被告造成很大困扰。同时，部分地方出现了为了规避法律程序，加快推进项目建设，多个行政主体相互配合以拆危代拆迁的强拆行为。给强拆案件的被告认定问题又增加了司法审查的难度。笔者拟以此案为契机，试图厘清此种行政纠纷的法律关系，为确定此类案件被告资格提供裁判规则参考。

一、房屋征收主体、房屋征收部门、征收实施单位、具体拆除单位在强拆案件中的法律关系、法律地位分析

（一）房屋征收主体

根据《国有土地上房屋征收与补偿条例》的相关规定，市、县级人民政府是国有土地上房屋征收的主体。被拆迁人对征收决定及补偿决定不服的，应当以作出征收决定或补偿决定的市、县级人民政府为被告。但有两种特殊房屋强制拆迁情形，也应当以市、县人民政府为被告。第一种是有证据证明房屋强拆是在市、县人民政府组织下，其多个职能部门联合实施的情形。第二种是涉案房屋在征收范围内被强拆，但没有行政主体承认是该行为主体，如果市、县人民政府没有证据证明其非强拆主体，则推定其是强拆主体，由其直接承担强拆的法律后果。如许水云诉婺城区政府行政强制及行政赔偿案。

（二）房屋征收部门

《国有土地上房屋征收与补偿条例》第四条第二款规定："市、县级人民政府确定的房屋征收部门组织实施本行政区域的房屋征收与补偿工作。"实践中，市、县人民政府确定的征收部门通常包括以下几种：第一，市、县人民政府的职能部门，如房管部门。此种情况下，因其职能部门本身具有行政主体资格，能够独立承担法律责任，那么对该职能部门实施的征收补偿工作由该部门做被告。第二，市、县人民政府为拆迁成立的机构或部门。又分为两种情况，（1）市、县人民政府成立的负责该行政区域内征拆工作的具有独立法人资格的固定机构。如本案中，上饶市房屋征收与拆迁办公室就是有独立法人资格的事业单位，登记的职责是负责上饶县城镇房屋拆迁管理，具有行政主体资格，因此该案其是适格被告。（2）市、县人民政府为某个项目成立的临时性机构。该机构因某个拆迁项目临时组建，本身不是独立的法人，此种情况下，其对外作出的征收补偿行为应由组建该机构的市、县人民政府为被告。同时，实践中还需注意市、县人民政府确定征收部门的方式，确定职能部门或为具有独立法人资格的固定机构为征收部门的，确定方式通常包含两个层面，第一个层面是在该职能部门或固定机构的三定方案或登记职责范围明确规定，该职能部门或固定机构具有对该市、县辖区内房屋征收补偿工作职责。第二个层面是在具体征拆项目的征收补偿方案中明确上述部门或机构是征收部门。如本案，上饶县征收办是具有独立主体资格的事业单位法人，其登记的职责是负责上饶县城镇房屋拆迁管理。同时，上饶县政府印发的凤凰大道征收补偿方案明确了上饶县征收办是该项目的征收部门。而市、县人民政府成立临时机构作为征收部门的，通常只有第二个层面的确定方式，部分地方也会同时下发《关于成立×××建设项目指挥部（办公室）的通知》，明确该机构属于负责特定项目拆迁的临时机构。

（三）房屋征收实施单位

《国有土地上房屋征收与补偿条例》第五条规定："房屋征收部门可以委托房屋征收实施单位，承担房屋征收与补偿的具体工作。房屋征收实施单位不得以营利为目的。房屋征收部门对房屋征收实施单位在委托范围内实施的房屋征收与补偿行为负责监督，并对其行为后果承担法律责任。"一般情况下，房屋征收实施单位通常为街道办或乡、镇人民政府，也有部分时候是基层自治组织、事业单位等。根据上述规定，房屋征收实施单位在委托范围内实施的房屋征收与补偿行为，由房屋征收部门承担法律责任，即由房屋征收部门作为被告。征收部门委托的方式既包括由征收部门书面委托，也包括市、县人民政府直接在征收补偿方案中直接明确征收部门与征收实施单位。如本案，凤凰大道征收补偿方案已经明确了上饶县征收办为征收部门、旭日街道办为征收实施单位，此种情况下，上述两单位都无选择权，也无须另行委托，自该征收补偿方案实施起，就已经属于委托与受托之关系，因此上饶县征收办应对旭日街道办的强拆行为承担法律责任。

（四）具体拆除单位

具体拆除的单位往往是与征收部门或征收实施单位签订拆迁合同的企业法人，其拆除行为视为征收部门或征收实施单位的行为。如本案，四季花苑公司的拆除行为视为旭日街道办的行为。同时，具体拆除单位即使其超过合同范围给其他房屋造成损害，也应当由征收主体或征收部门承担法律责任。因为此种情况下，征收主体或征收部门要对具体拆除单位的拆除行为负责监督，因此，所谓的误拆，也是上述部门没有履行好监督职责，应当由其承担相应的法律后果。如王志刚案。[①]

二、多个行政主体配合以拆危代拆迁拆迁行为的法律分析

（一）涉案两行为的定性及法律评价问题

本案中，对涉案房屋的拆除涉及两个行为，一个是征收部门的对涉案房屋作为被征拆对象的“偷拆”或“误拆”及最后的强拆行为，另一个是危险房屋管理部门对涉案房屋作为危房处理的行为。要厘清本案法律关系，明确本案责任主体，应当对涉案两行为关系进行梳理并明确其性质。

行政法上涉及两个及以上行政行为形态或关系的理论主要有“共同行政行为”及“违法继承性学说”[②]。但上述理论中，构成复数行为的均是狭义的行政行为，不包括事实行为，同时，违法继承性理论主要解决的问题是，在程序上有先后次序的两个行政行为，在后续行为审查中是否可以排除受案范围及起诉期限的限制，对先行行为合法性进行审查。一般情况下，对于程序上先后发生的两个行政行为，相对人可以分别起诉两个行为，但在先行行为超过起诉期限或不属于受案范围时，就产生了违法继承性问题，因此该学说转化成实际的问题主要是，可否这些先行行为往往是后续行为的依据，或在行政过程中先行行为是后续行为法定的前置行为。而本案中，房屋征收部门的行为是事实行为，房管部门的行为是依职权作出的行政行为，其组合是模式属于事实行为＋行政行为，不属于“共同行政行为”，也不存在先行行为超过起诉期限或不属于受案范围之情形，上述两种理论均不适合用于研究本案两两行为的性质与关系。

根据涉案两行为之间的联系及与损害结果之间的关系，可以借用民法上的“共同侵权”来明确两行为的关系及对两行为的法律评价。《侵权责任法》

---

① 2016年江西省高院发布的行政审判8大典型案例之一。生效裁判文书：（2016）赣行终211号。

② “所谓行政行为违法性继承的问题，存在于由数个行政行为构成的行政过程之中。当行政行为彼此相互关联，行政活动的整体过程是由一系列多阶段的行政行为构成时，先行行为中存在的违法性瑕疵，是否会影响作为结果的后续行为的合法性，便自然成为需要关注的问题。如果从肯定的角度出发，承认后续行为因此也具有违法性，即后续行为继承了先行行为中的违法性的现象，被称为‘违法继承性的继承’。”参见苏苦：《“行政行为违法性继承”的表现及其范围——从个案判决与成文法规范关系角度的探讨》；杨建顺：《日本行政法通论》，中国法制出版社1998年版，第400页。

第八条规定："二人以上共同实施侵权行为，造成他人损害的，应当承担连带责任。"第九条规定："教唆、帮助他人实施侵权行为的，应当与行为人承担连带责任。"构成共同侵权行为需要满足以下几个要件：[①] 一是主体的复数性。共同侵权行为的主体必须是两人或者两人以上。二是共同实施侵权行为。这一要件中的"共同"主要包括三层含义：其一，共同故意，数个行为人基于共同故意侵害他人合法权益。其二，共同过失。"共同过失"主要是数个行为人共同从事某种行为，基于共同的疏忽大意，造成他人损害。其三，故意行为与过失行为相结合。三是侵权行为与损害后果之间具有因果关系。四是受害人具有损害。同时，共同侵权的形态分为：（一）"共同正犯"，指在实施加害行为时所有共同侵权人都处于同样的地位，都实施了具体的行为，其作用相当或者大致相当。（二）教唆者、帮助者。其中帮助者通常是指为侵权人实施侵权行为提供必要条件的人。提供这种条件的时间通常是在侵权行为实施之前或者侵权行为进行之中。（三）关于团伙集合行为的共同侵权责任。[②] 于本案，第一，实施行为的主体包括房屋征收部门及房管部门，为两个以上。第二，根据整个行为过程，可以得出两主体是基于达到强制拆除涉案房屋的共同故意相互配合实施的行为。第三，涉案两行为相互配合导致了涉案房屋被毁损。第四，涉案房屋确实被全部拆除。由此，两行为符合共同侵权的构成要件，属于共同侵权。并且，房管部门关于危房处理的行为实际上是为房屋征收部门的强拆行为提供合法"外衣"，帮助房屋征收部门以合法形式掩盖非法目的的行为，属于"帮助者"。从这个意义上说，构成上述侵权形态中的第二种形态。

（二）对涉案两行为如何司法审查的问题

对涉案行为是否应当在本案中一并处理，也即是本案是否应当列两行为的行为主体为被告的问题，有两种观点：

第一种观点认为，征收部门对涉案房屋的外力损害导致涉案房屋成了危房，并在之后将涉案房屋拆除，那么征收部门对该行为承担法律责任。房管部门在房屋被损害的情况下，经鉴定部门出具危房鉴定，从而下达限期拆除文件与前述行为性质不一样，违法性也不一样，前者属于行政侵权，后者属

① 参见王胜明：《中华人民共和国侵权责任法释义》，法律出版社 2013 年版，第 63－65 页。

② 参见张新宝：《侵权责任法（第四版）》，中国人民大学出版社 2016 年版，第 46 页。

于依法履行职责。当事人应当分别就上述行为提起诉讼，法院也应当分别立案审查。

第二种观点认为，本案应当对两行为共同进行审查，理由是：第一，在原审原告以他人故意毁坏房屋为由报案的第三天，房管局委托的评估机构就对涉案房屋作出了危房鉴定，并于出具鉴定意见的同日、次日分别下达一系列决定拆除涉案房屋的法律文书，第三日拆迁公司即将涉案房屋拆除。可见旭日街道办与上饶县房管局的行为在空间、时间上紧密相连，是一个动态的、连续性的整体过程。“在现实的行政过程中，往往是复数的行政手段连续的被运用，并导致最终的法效果的确定。[①]”法院也应当对这整个拆迁过程予以能动的、动态的考察，以准确地把握强制拆除过程的流动发展和互动结构。把房管局的行为放在整个拆迁过程看，很容易得出房管局主观上有配合征收部门违法强拆的目的，那么其行为虽然在形式上看符合法律规定，但因缺乏目的正当性亦应属违法或无效。但若按第一种观点，将房管局行为与征收部门行为割裂开来进行审查，那么很有可能得出该行为合法的结论，显然不利于遏制这种利用行政职能协助将违法行为合法化的行为。第二，如前所述，本案构成“共同侵权”，可以参考民事诉讼中对共同诉讼的审查方式。民事诉讼法理论认为受害人就损害赔偿问题就共同侵权提起的诉讼属于必要的共同诉讼，即不可分之诉。当受害人仅对部分侵权人提起诉讼时，人民法院应当依照《民事诉讼法》第一百一十九条的规定，通知其他共同侵权人参加诉讼。诉讼法学者认为，对共同侵权在程序上按必要的共同诉讼处理，符合共同诉讼原理和诉讼标的理论；判决既判力的主观效力也有利于防止受害人对不同的侵权人分别起诉，获得不当利益。[②] 可见，民事诉讼将共同侵权作为必要共同诉讼的主要目的在于避免重复诉讼、降低司法成本，统一裁判尺度。在以原告诉讼请求为中心的民事诉讼中尚且对原告的选择权作了限制，将共同侵权作为必要共同诉讼、不可分之诉一并审查。而根据行政诉讼合法性审查的基本原则，行政诉讼属于客观诉讼，具有监督行政机关依法行政和维护行政法律秩序的客观功能，法院对行政行为的审查可以不拘泥于原告的诉讼

① 参见大桥洋一：《行政法学的结构性变革》，吕艳滨译，中国人民大学出版社 2008 年版，第 6－8 页。

② 参见最高人民法院侵权责任法研究小组编著：《〈中华人民共和国侵权责任法〉条文理解与适用》，人民法院出版社 2016 年版。

请求。[①] 因此，行政诉讼中更应当将行政主体实施的“共同侵权”行为在一案中进行审查。于本案，原告诉讼请求是确认强拆违法，只在事实理由部分将房管局的危险房屋处理行为进行了阐述，但法院在审查过程中已经发现了该行为属于配合房屋征收部门违法强拆的“共同侵权”行为，应当对该行为的合法性作出评价。

合议庭最后采纳了第二种观点，认为上饶县房管局为本案另一适格被告。

本案中，这种利用职权以合法形式掩盖非法目的的以拆危代拆迁行为，会极大地损害行政机关的公信力，降低人民群众对政府的信赖度。如果不对这类行为给予法律上的负面评价，必将大大违背社会正义观念，也不利于遏制此类行为之发生。人民法院在审判过程中应当予以足够的重视。

（作者单位：江西省高级人民法院）

---

① 参见江必新主编：《中华人民共和国行政诉讼法理解适用与实务指南》，中国法制出版社 2015 年版，第 25 页。

再就业导致职业病加重的属于工伤范畴

孟 强

【裁判要旨】

劳动者因患职业病被认定为工伤，与原用人单位解除劳动关系后，又到其他用人单位从事与职业病相关的工作，期间所患职业病加重的，职业病加重与再就业存在因果关系的应认定为新工伤。

【案号】

一审：北京市通州区人民法院（2015）通行初字第00154号。

二审：北京市第三中级人民法院（2016）京03行终227号。

【案情】

原告：贺绍双。

被告：北京市通州区人力资源和社会保障局。

第三人：北京蓝畅机械有限公司。

2001年至2005年期间，贺绍双由北京竞岗自立劳务服务中心（以下简称劳务中心）派遣至北京昊华能源股份有限公司木城涧煤矿从事井下采掘工作，期间接触粉尘。2005年7月，贺绍双经京煤集团职业病防治院诊断为职业病煤工尘肺一期，经门头沟区劳动能力鉴定委员会鉴定为伤残七级。同年12月，贺绍双与劳务中心解除劳动合同关系并领取一次性工伤补偿。2005年12月至2007年5月，贺绍双回家务农兼打零工，期间未接触粉尘。

2007年6月1日，贺绍双入职北京蓝畅机械有限公司（以下简称蓝畅公司）从事井下售后工作，期间接触粉尘，在职期间未缴纳工伤保险，入职时及在职期间未作职业病检查。2015年3月，贺绍双经北京朝阳医院诊断为职业病煤工尘肺二期（较一期加重）。

2015年4月，北京市通州区人力资源和社会保障局（以下简称区人社局）受理贺绍双的工伤认定申请。2015年6月17日，区人社局出具《中止通知书》中止认定。区人社局于2015年7月27日作出《不予认定工伤决定书》（以下简称《决定书》），称贺绍双在蓝畅公司工作期间受到的职业病伤害，不符合《工伤保险条例》第十四条、第十五条认定工伤或者视同工伤的情形，决定不予认定工伤或视同工伤。

贺绍双因不服被告区人社局作出的《决定书》，向北京市通州区人民法院提起行政诉讼，认为该《决定书》中止程序不符合法律规定且不予认定工伤无法律依据，要求判令撤销《决定书》。

区人社局辩称，对工伤进行认定是我方的法定职责。经我局调查知悉，贺绍双并非在蓝畅公司工作期间患尘肺病，而是在之前已经患尘肺病且已认定工伤，本次只是病情加重，不属于初患。因就同一种职业病能否再次认定为工伤没有法律依据，且《工伤保险条例》第十四条第一款第（四）项“患职业病的”应当认定工伤的情形，此处的“患”应理解为性质上的改变即初患，而不是程度上的改变，故贺绍双不符合工伤认定的条件。我方在履行了受理、审核、确认、告知等程序后，作出了《决定书》，决定不予认定工伤，事实清楚、依据充分、程序合法，故请求法院驳回贺绍双的起诉。

庭审中，关于贺绍双所患尘肺病加重的原因，贺绍双、区人社局、蓝畅公司均表示存在尘肺病自身不可逆的病理发展和二次入职蓝畅公司后再次接触粉尘环境的混合原因。

【审判】

北京市通州区人民法院于2015年12月25日作出（2015）通行初字第00154号行政判决书，判决：一、撤销被告北京市通州区人力资源和社会保障局于二〇一五年七月二十七日作出的《不予认定工伤决定书》；二、责令被告北京市通州区人力资源和社会保障局于法定期限内就原告贺绍双提出的工伤认定申请重新作出决定。

北京市通州区人民法院认为，依据《中华人民共和国职业病防治法》的解释，职业病是指企业、事业单位和个体经济组织等用人单位的劳动者在职业活动中，因接触粉尘、放射性物质和其他有毒、有害因素而引起的疾病。本案中，贺绍双在木城涧煤矿工作期间接触粉尘被诊断为尘肺病壹期，后又在劳动性质和劳动环境与木城涧煤矿相似的蓝畅公司工作近八年，继而尘肺病加重为贰期，尘肺病虽属于不可逆且病情会自然加重的疾病，然贺绍双尘肺病病情的加重，不排除还存在其入职蓝畅公司后长时间暴露于粉尘环境中作业，对肺部的二次伤害造成其肺部未患病区域“初患”尘肺损伤以及已患病部位病情加重的混合原因。区人社局仅认定贺绍双在蓝畅公司工作期间尘肺病加重的情形与其在木城涧煤矿工作期间已患尘肺病的病史存在尘肺病自身发展的关联性和延续性，但未考虑贺绍双于蓝畅公司工作期间肺部亦存在遭受二次伤害的事实，即前后两次尘肺病的认定可能存在的部分独立性，故区人社局认定贺绍双不属于“初患”尘肺病的情形，缺乏足够证据，属于事实认定不清，判决依法撤销区人社局《不予认定工伤决定书》，并责令其重新作出决定。

判决送达后，北京蓝畅机械有限公司向北京市第三中级人民法院上诉。北京市第三中级人民法院审理后作出（2016）京 03 行终 227 号行政判决书，判决驳回上诉，维持一审判决。

【评析】

本案的核心问题在于已被认定为工伤的患病劳动者再就业后病情加重的，应视为职业病病理性恶化还是新的工伤？

一、实践中的两种观点

职业病尤其是尘肺病具有病理变化不易逆转、病情极易逐渐加重的特性，当患有职业病的劳动者已被认定为工伤且与原用人单位解除劳动合同并在类似行业再就业后，职业病病情加重的，社保部门如何进行工伤认定？劳动者经权威医疗机构诊断为职业病病情加重、伤残等级增加的，应视其为职业病病理性恶化还是应认定为新的工伤？一种意见认为，职业病在初患时已经进行了认定并予以赔偿，再就业时同一职业病病情加重的，不应再次认定为工伤。另一种意见认为，劳动者因患职业病被认定为工伤，与原用人单位解除劳动关系后，又到其他用人单位从事与该职业病相关的工作，期间所患的职业病病情加重的，如果不能排除病情加重与再就业之间存在因果关系，那么应认定为新工伤。

二、法院裁判的考量因素

在前述两种意见中矛盾焦点是对《工伤保险条例》第十四条“患职业病”中“患”字的理解。具体来说，就是《工伤保险条例》第十四条第一款中的“患”字是否包含职业病情加重的情形。本案中，贺绍双先后经京煤集团职业病防治院诊断为职业病煤工尘肺壹期，经北京朝阳医院诊断为职业病煤工尘肺二期。如果将“患”字理解为包含职业病情加重的情形，那么贺绍双作为劳动者则应被认定为工伤。反之，则职业病的加重情形不能再次认定为工伤。法院裁判最终选择了前一种理解方式，主要考虑：

首先，在目前的法律法规及司法解释、相关政策中，没有明确规定《工伤保险条例》第十四条“患职业病”中“患”仅作“初患”的解释，无法否认职业病病情加重不属于“患职业病”的范畴。《工伤保险条例》仅规定了患职业病是认定工伤的情形之一，但对于是患同一职业病病情加重还是患不同种类职业病等情况未予以区分。此时，法院在裁判之时，需要从立法目的出发，将工伤认定的相关法律作为一个整体，对该争议处条文进行解释，而不能将“患”仅仅单纯理解为“初患”。

其次，根据《工伤保险条例》第一条：“为了保障因工作遭受事故伤害或者患职业病的职工获得医疗救治和经济补偿，促进工伤预防和职业康复……制定本条例”、《职业病防治法》第四十七条第二款：“没有证据否定职业病危害因素与病人临床表现之间的必然联系的，应当诊断为职业病”等相关规定，我国涉及工伤暨职业病认定的立法本意就在于最大限度地保护劳动者的人身权益，使患职业病的劳动者尽可能的享受工伤待遇。因此，区人社局将此处的“患”字理解为仅限于“初患”的情形略显严苛，甚至可能存在对法律本意的曲解且其亦未能就该种理解提供相应证据或法律依据加以佐证，这显然是不合适的。

对此，法院根据立法目的在既有的法律法规框架内对部分法条进行整体解读，否认了工伤保险行政部门对法律的创设性解释，通过个案认定凝练经验推进工伤认定标准的合理化构建，以适应实践的发展，这也是工伤保险行政部门在履行工伤认定这一法定职权过程中的应有之义。

三、再就业后的工作性质与环境与其病情加重之间的因果关系的认定

再就业后的工作性质与环境与其病情加重之间的因果关系的认定工伤的

核心要素。依据《职业病防治法》的解释，职业病定性时有两个重要因素，一是劳动性质，必须是在从事职业活动的过程中产生的，二是劳动环境，必须是因接触粉尘等职业病危害因素引起的。这两个因素也是认定职业病的必要条件，只有当事人从事职业活动并由于劳动环境带来的危害造成疾病的，才符合职业病的认定标准。因此，已患职业病的劳动者再就业后的工作性质、工作环境与其职业病病情加重之间有无因果关系对判定是否为新的工伤至关重要。对此，可分为两类情形分别予以处理：

第一，劳动者再就业的工作性质与职业病加重无关，则不宜认定为新的工伤。此时如果劳动者仍在原单位工作的，可按照《工伤保险条例》第二十八条规定的伤残情况发生变化的情况处理。如劳动者与前一用人单位已解除劳动关系，并获得一次性支付工伤保险待遇，则不能就职业病加重情况在第二次参工期间获得工伤认定及相应的工伤待遇赔偿。

第二，劳动者再就业的工作性质与职业病加重存在因果关系的，此种情况应认定为新的工伤。可按照《工伤保险条例》第四十五条“职工再次发生工伤，根据规定应当享受伤残津贴的，按照新认定的等级享受伤残津贴待遇”处理，即使劳动者此前已经因职业病被认定为工伤享受了工伤保险待遇，但并不影响现因职业病病情加重再次被认定工伤并享受工伤保险。

同时，在判定再就业性质环境与职业病加重之间的因果关系宜采用高度盖然性原则。在工伤认定的一类争讼中，法院对劳动者职业病与再就业因果关系的认定，应采用民法的高度盖然性原则，而慎重选择刑法中严格的相当因果关系原则。这是因为，在劳资关系中劳动者是弱势一方，立法的目的在于侧重对劳动者的保护，只要工作因素引发职业病的概率很高，那么就应当认定患者的职业病是由工作所引起。劳动人事部门也应以更加严格的因果关系标准来排除劳动者的合法权益。

本案中，贺绍双曾经罹患煤工尘肺壹期，并在入职蓝畅公司之前的 1 年半时间内回家务农兼打零工。虽然煤工尘肺具有的不可逆性，以及务农、务工的劳累，都可能导致贺绍双病情加重与恶化。但不可否认的是，贺绍双到蓝畅公司再就业后，从事近 8 年的井下售后工作，期间接触大量粉尘，这一诱因正是导致煤工尘肺恶化的关键因素，也导致无法推导出其尘肺病病情加重与蓝畅公司的工作环境之间毫无因果关系的结论。病情“加重”本身就说明，蓝畅公司井下售后工作环境和工作性质对贺绍双的身体产生了不利影响，而这种影响已经达到了加重职业病的标准。区人社局不能排除井下作业工作环境、工作性质与病情“加重”之间的因果关系，进而作出的贺绍双煤工尘肺壹期转贰期不属于职业病的认定存在问题。

综上所述，职业病加重能否认定为新工伤，需要对《工伤保险条例》第十四条第一款第四项规定“患职业病的”中的“患”作目的解释和整体解释，并综合考虑患职业病劳动者再就业的工作性质与其病情加重有无因果关系，充分维护劳动者的合法权益。

（作者单位：北京市通州区人民法院）

国有土地出让合同中“净地交付”的认定

王　宁

【裁判要旨】

国有土地出让合同中的“净地交付”应当严格遵循合同约定，在综合考虑当地的实际情况以及合同目的是否能实现之后再下结论，不能单纯理解为办理土地登记之后就视为已“净地交付”，转嫁政府的相关义务。

【案号】

一审：河南省周口市中级人民法院（2015）周行初字第109号。
二审：河南省高级人民法院（2016）豫行终第381号。

【案情】

原告（被上诉人）：虎某

被告（上诉人）：某县人民政府、某县国土资源局

2014年12月，某县国土资源局对一宗国有土地进行了公开拍卖，当事人虎某竞得该宗土地并签署成交确认书、签订了国有建设用地使用权出让合同；2015年1月9日，虎某缴纳合同履约保证金98万元，2月3日缴纳土地出让价款1960万元和218.63万元建筑款，2月6日缴纳国有土地使用权出让契税87.1452万元。2015年2月11日，虎某签署国有建设用地交地确认书。2015年3月26日，县国土资源局为虎某进行土地登记并颁发了国有土地使用权证。但截至2015年11月17日，经现场勘验，涉案宗地上仍有大量房屋存在，并在实际经营、使用。虎某认为该县政府和该县国土资源局未按合同进行净地交付，合同目的已经不能实现，遂提起行政诉讼，请求：1. 解除其与县国土资源局签订的国有土地使用权出让合同；2. 判令县人民政府和县国土

资源局双倍返还定金784万元，退还已支付的土地出让价款的其余部分计1568万元，赔偿履约保证金98万元、地上建筑物补偿款218.63万元、契税87.1452万元；3. 判令县政府和县国土资源局支付违约金，以日1‰计算，自2015年2月11日起直到判决生效之日止，计算本金为2363.7752万元（截至2015年7月11日，违约金为2836530.24元）。

【审判】

一审法院经审理认为：虎某与县国土资源局签订的出让合同合法有效。县国土资源局未按合同约定履行交付土地义务，虎某有权解除合同，县国土资源局和县政府应承担相应责任。判决：一、解除虎某与县国土资源局于2015年1月6日签订的国有建设用地使用权出让合同；二、县人民政府、县国土资源局于本判决生效后十日内双倍返还虎某定金计784万元，退还虎某已支付的土地出让价款的其余部分计1568万元，赔偿虎某履约保证金98万元、地上建筑物补偿款218.63万元、契税87.1452万元；三、驳回虎某的其他诉讼请求。

县政府不服提起上诉。二审法院认为：根据虎某向县政府交付218.63万元地上建筑款的事实可以认定，虎某2015年2月11日签订国有建设用地交地确认书时，对涉案土地上有建筑物的事实是明知的，但不能据此认定县政府和县国土局已经按照土地出让合同约定履行了交付土地义务。县国土资源局和县政府没有按照约定交付土地，虎某要求解除合同，依法应予支持。一审法院根据合同约定判定出让人双倍返还定金并退回已支付的价款，并无不当，据此判决驳回上诉，维持一审判决。

【评析】

本案的关键问题是国有土地出让合同中的“净地交付”应如何认定？当事人支付的地上建筑款应如何认定性质？已经办理了国有土地使用证能否认定为土地已交付？对此，实践中有以下几种观点：

第一种观点认为，土地交付方式为形式交付，即通过实地踏勘土地、验收红线坐标各拐点，核定无误后签字确认或者在相关移交文书上签字，如签署《建设用地交地记录表》等形式来确定土地交付，这种交付方式虽然最直观最易操作，但因土地并不像房屋有永久性结构能够固定其四至，且由于土地征用、征收等涉及的主体较多，权利诉求复杂，土地交付的标准又不统一，导致即使签署了交付文件，也无法行使土地上的相应权利。

第二种观点认为土地交付方式为登记公示交付，认为权利经登记公示后即完成交付，也就是土地的交付在取得土地使用权证书后即视为已净地交付。具体到本案来说，涉案宗地已经办理国有土地使用证，土地就应视为已实际交付，交付时的地上建筑物应视为一并转让给虎某。

第三种观点认为土地交付方式应为转移占有交付，即土地经一定形式的移交后，由权利人实际管领和控制方视为交付。在司法实践中，因种种原因尤其是征收纠纷导致受让人无法占有和使用土地，导致不能实施相应的开发建设行为的现象非常普遍，若仅以形式交付或登记公示作为交付显然对土地受让方不公平，也可能变相地将征用、征收土地过程中的矛盾、风险转嫁给了土地受让方，这就要求土地交付时必须为事实上的净地。

本案二审法院经合议庭讨论，采纳了第三种观点，主要理由是：

第一，县政府和国土局代表国家出让国有土地的目的应是促进国有土地合法高效利用，而出让土地上存有附属物或者有其他权属争议，必将严重阻碍受让人对土地的使用，所以，为受让人提供“净地”是实现这一目的的前提。这一精神体现在本案双方签订的国有土地出让合同第六条。该条约定，交付土地应达到“场地平整达到生产、生活要求（净地），周围基础设施达到五通（通路、通电、通信、通上水、通下水）”条件，但直至二审诉讼期间，涉案土地上仍有建筑物，显然没有达到交付条件。

第二，本案涉案的218.63万元地上建筑款应认定是虎某交付的附属物补偿款。拟出让的土地上有其他人所有的建筑物、构筑物或者其他人有土地使用权的，县政府和国土局应通过征收补偿、收回土地使用权等方式，使拟出让土地达到在法律上和事实上没有争议的“净地”状态，即达到“净地”状态是县政府和国土局义务。本案出让合同没有关于地上建筑物款的约定，县政府2014年8月20日作出的收回涉案土地中县文广新局两宗国有土地的批复，没有涉及收回土地对建筑物的补偿问题，即县政府收回涉案土地时并没有给原土地使用权人予以补偿，故将地上建筑款认定是本案出让合同双方为促成实现“净地”状态交付的“补偿款”，符合法律逻辑和现实情况，但是，补偿问题应在土地使用权收回程序而不是在土地出让程序中完成。

第三，涉案土地上有建筑物是客观事实，但县政府和国土局没有提供证据依据说明可以对这些建筑物予以处分：其一，关于收回涉案土地的批复是否生效没有相应证据证明，也没有证据表明是政府对原土地权利人予以了补偿，对涉案土地使用权及附属物是否发生转让事实不清；其二，即便上述批复生效，因虎某追求的是对土地的重新开发利用，需要拆除地上附属物或者房屋，此时出现了两种选择，一是认可虎某购买了地上附属物，法律上涉案土地和附属物均转为国有，虎某通过民事诉讼要求附属物的实际占有人腾退；二是由县政府通过申请对涉案批复强制执行的方式使原权利人腾退，让出房屋，在这种情况下，如果将涉案的地上建筑款认定为虎某购买地上建筑物的款项会造成虎某与地上建筑物所有人及其他权利人直接发生矛盾冲突，违背了土地受让人的初衷，同时转嫁了县政府和国土局的义务，导致合同目的不能实现。

第四，办理土地证不能代表土地已交付。本案涉案土地出让合同第 11 条约定，“受让人应在本合同约定付清本总地全部出让价款后，持本合同和出让价款缴纳凭证等相关证明材料，申请办理出让国有土地建设用地使用权登记”，即申请办理土地登记是受让人缴纳出让价款后取得的权利，为虎某办理土地使用权证是县政府的义务，双方行为的法律后果是确定了虎某对出让土地的使用权，并不是土地交付。

综合分析，国有土地出让合同中的“净地交付”应当严格遵循合同约定，在综合考虑当地的实际情况、以及合同目的是否能实现之后再下结论，不能单纯理解为办理土地登记之后就视为已“净地交付”，转嫁政府的相关义务。

（作者单位：河南省高级人民法院）

对不履行行政给付义务案件的审查路径

——盛木庆诉绍兴市柯桥区社会保险事业管理局社会保障行政给付案

戴文波　朱秀华

【裁判要旨】

一般而言，在行政不作为案件中，因行政机关并未作出行政行为，不存在审查所依据的规范性文件之说，但对于程序上作为实体内容上不作为如拒绝履行行政给付义务等不履行法定职责案件，可一并审查规范性文件。若原告未提起撤销之诉而是直接要求履行法定职责，法院应当释明，原告坚持原诉请的，法院仍应依法审查拒绝履行行为的合法性，若该行为缺乏依据，应作出撤销或确认判决。

【案号】

一审：浙江省绍兴市（2016）浙0604行初19号。
二审：浙江省绍兴市（2016）浙06行终218号。

【案情】

原告（上诉人）：盛木庆

被告（上诉人）：绍兴市柯桥区社会保险事业管理局

2015年10月29日，原告盛木庆家属至被告绍兴市柯桥区社会保险事业管理局处填写《绍兴市柯桥区城乡居民医疗保险费用报销审核结算单》，申请对原告盛木庆于2015年7月16日至2015年9月29日就诊于上海伽马医院医药费用共计人民币96，888.31元进行报销，同时附具上海伽马医院医疗住院收费票据及费用清单。后被告经审查后认为原告不符合医疗保销的情形，故将申请材料退回给原告。原告向绍兴市柯桥区人力资源和社会保障局书面信访，要求被告作出不予报销的书面决定。2015 年 11 月 23 日，绍兴市柯桥区人力资源和社会保障局向原告作出绍柯区人社信访答字［2015］496 号《信访事项答复意见书》，告知其经查询上海市人力资源和社会保障局网站，上海伽马医院非上海医保定点医院，根据《柯桥区城乡居民基本医疗保险办法（试行）》（以下简称《柯桥区医疗保险办法》）第十四条规定，原告在上海伽马医院的医疗费用不属于柯桥区城乡居民基本医疗保险报销范围。原告不服，提起行政诉讼，要求绍兴市柯桥区社会保险事业管理局依法履行职责，按公平合理合法原则，向原告给付有关医疗费用 96，888.31 元，并要求对《柯桥区医疗保险办法》等规范性文件进行合法性审查。另查明，原告盛木庆于 2015 年 7 月 10 日至绍兴市人民医院门诊耳鼻喉科进行就诊，经 CT 多媒体图文报告单显示，其左侧鼻咽部占位，鼻咽癌考虑。2015 年 7 月 14 日，绍兴市人民医院病理检查报告单显示，其（鼻咽）考虑非角化性癌。同日，原告申请要求转上级医院诊治，2015 年 7 月 16 日经副主任医师建议、绍兴市人民医院医保办同意后，原告转往上海复旦大学附属华山医院就诊。后原告称该院放疗科设备进行整修于 2015 年 7 月 16 日 14 时 30 分至上海伽马医院进行诊断。2015 年 10 月 13 日，上海复旦大学附属华山医院出具情况说明一份，主要内容为：因该院缺少伽马刀相关治疗设备，建议患者至上海伽马医院继续诊疗，涉及医疗费用报销问题请患方与当地医保部门及时联系确认，本人对于院方告知内容已经理解。盛木庆在上海伽马医院住院病案显示：抢救 0 次，手术无；上海伽马医院放疗科出院记录显示：入院时生命体征平稳，2015 年 9 月 19 日出院时一般情况可、生命体征平稳，实际住院 75 天，总费用 96，888.31 元。还查明，原告盛木庆系绍兴市柯桥区柯桥街道双梅居委会农民，其参加绍兴市柯桥区城乡居民医疗保险。上海伽马医院不属于上海市医保定点医院，其中伽马刀项目与医保结算关系系购买服务。

一审法院认为，首先，根据《中华人民共和国社会保险法》第二条、第七条第二款、第八条规定，被告绍兴市柯桥区社会保险事业管理局享有法律赋予的辖区内医疗保险待遇支付的权力，被告主体资格适格。其次，根据《中华人民共和国社会保险法》第二十六条规定，职工基本医疗保险、新型农村合作医疗和城镇居民基本医疗保险的待遇标准按照国家规定执行。第三十一条第一款规定，社会保险经办机构根据管理服务的需要，可以与医疗机构、药品经营单位签订服务协议，规范医疗服务行为。《国务院关于建立城镇职工基本医疗保险制度的决定》（国发［1998］44号）在“五、加强医疗服务管理”中明确基本医疗保险实行定点医疗机构（包括中医医院）和定点药店管理。《实施〈中华人民共和国社会保险法〉若干规定》（人力资源和社会保障部令第13号）第八条规定，参保人员在协议医疗机构发生的医疗费用，符合基本医疗保险药品目录、诊疗项目、医疗服务设施标准的，按照国家规定从基本医疗保险基金中支付。参保人员确需急诊、抢救的，可以在非协议医疗机构就医；因抢救必须使用的药品可以适当放宽范围。参保人员急诊、抢救的医疗服务具体管理办法由统筹地区根据当地实际情况制定。本案中，一方面原告盛木庆参保地区为绍兴市柯桥区，其通过绍兴市人民医院同意后转往上海市医保定点医院复旦大学附属华山医院就诊，但其称因该定点医院缺少伽马刀设备后转至非定点医院上海伽马医院进行治疗，但从原告提供的2015年10月13日复旦大学附属华山医院出具的情况说明分析，原告转至上海伽马医院进行治疗是否客观必要以及原告有无向绍兴市人民医院或绍兴市柯桥区社会保险经办机构进行咨询反映，其未提供相关证据加以证明，且原告前往上海伽马医院就诊客观上并未实施属于医保购买服务的伽马刀手术项目。另一方面，从原告提供的相关病例资料看，原告前往非医保地点医院进行就诊产生的费用，亦不符合上述规定中“参保人员确需急诊、抢救的，可以在非协议医疗机构就医”而可以从医保基金中支付的情形。故原告从医保定点医院复旦大学附属华山医院至非医保定点医院上海伽马医院进行诊断治疗产生的费用，客观上不符合关于“参保人员在非选定的定点医疗机构不得从医保基金中予以支付”的规定。《柯桥区医疗保险办法》制定经绍兴市柯桥区人民政府同意后予以印发，其制定内容符合《中华人民共和国社会保险法》和国家有关基本医疗保险政策及相关规定，不存在与上位法冲突的情形，且关于参保人员急诊、抢救的医疗服务，前述规章亦授权具体管理办法由统筹地区根据当地实际情况制定。故《柯桥区医疗保险办法》不存在原告诉称中提到的不合法情形。最后，行政主体实施行政行为应当遵循正当程序、公平合理的原则。被告工作人员审查后直接将申请报销材料予以退回，未就不予支付的相关法律救济途径进行告知，导致原告向被告的上级单位进行信访，该行政程序存在轻微违法，对原告权利义务不产生实际影响。故判决确认被告绍兴市柯桥区社会保险事业管理局于2015年10月29日对原告盛木庆不予社保行政给付的行政程序违法，驳回原告盛木庆的其他诉讼请求。盛木庆、绍兴市柯桥区社会保险事业管理局分别提出上诉，请求撤销原审判决。

【审判】

本案的争议焦点为，柯桥区社保局拒绝为盛木庆报销相应医疗费用的行为依据是否充分。柯桥区社保局引为依据的《柯桥区医疗保险办法》第十四条规定如下：参保人员在定点医疗机构、特约医疗机构和其他当地城镇职工基本医疗保险定点医疗机构发生的符合《浙江省基本医疗保险、工伤保险和生育保险药品目录》《浙江省基本医疗保险医疗服务项目目录》及其他相关文件规定除自费、自理费用外，起付标准以上、最高支付限额以内的医疗费用，按本办法规定报销。从上述规定看，该规范性文件已经排除了当事人在非定点医疗机构发生的医疗费用获得报销的可能性。但根据人力资源和社会保障部令《实施〈中华人民共和国社会保险法〉若干规定》第八条第二款规定，参保人员确需急诊、抢救的，可以在非协议医疗机构就医；因抢救必须使用的药品可以适当放宽范围。参保人员急诊、抢救的医疗服务具体管理办法由统筹地区根据当地实际情况制定。虽然该规章授权统筹地区根据实际情况制定细则，但该授权的范围应当是在承认因急诊、抢救的特殊情况，报销范围可适当放宽的前提下。由此可见，《柯桥区医疗保险办法》第十四条这一规定排除急诊、抢救的特殊情况，与部门规章存在不一致之处。柯桥区社保局依据该规范性文件拒绝支付盛木庆主张的医疗费用依据不足。对转院行为，并非盛木庆主观要求，而系专业医生的客观建议。柯桥区社保局工作人员直接拒绝其申请，属履职不当，应予指正。此外，柯桥区社保局2015年10月29日接到盛木庆医疗保险费用报销审核结算单，直接退回，并未告知其不予支付的相关法律依据，导致盛木庆向上级单位进行信访，故一审法院认为其程序存在瑕疵并无不当。综上，柯桥区社保局作出的不予社保行政给付的行政行为缺乏依据，应予撤销，一审法院对柯桥区社保局的行政行为及规范性文件的合法性审查不足，依法应予指正。根据《中华人民共和国行政诉讼法》第七十条第（二）项、第八十九条第一款第（二）项之规定，判决：撤销原审判决；撤销绍兴市柯桥区社会保险事业管理局作出的不予社保行政给付的行政行为；责令绍兴市柯桥区社会保险事业管理局在判决生效之日起60

日内就重新作出行政行为。

【评析】

一、不履行法定职责案件中能否一并审查规范性文件

《行政诉讼法》第五十三条规定，公民、法人或者其他组织认为行政行为所依据的国务院部门和地方人民政府及其部门制定的规范性文件不合法，在对行政行为提起诉讼时，可以一并请求对该规范性文件进行审查，第三十四条规定："被告对作出的行政行为负有举证责任，应当提供作出该行政行为的证据和所依据的规范性文件。"一般而言，在行政不作为案件中，由于行政机关并未作出行政行为，也就不存在审查所依据的规范性文件之说。本案系诉不履行法定职责案件，能否一并审查规范性文件？不履行法定职责与行政不作为并非完全同一的概念，划分标准不同，作为与不作为是以外在表现形式划分，而是否履行法定职责是根据有无实际履行行政法上的实体义务来确定。行政不作为侧重于行政主体外在消极的"不为"即不作出行为，如不予答复和拖延履行；而不履行法定职责不仅包括程序上的不作出行为，还包括程序上作为但实体内容上的不作为，如拒绝履行和部分履行。本案柯桥区社保局在审查材料后径行将材料退回给原告并拒绝出具书面不予给付决定的行为，实质为拒绝履行，应有别于在收到申请材料后不予答复或拖延履行的消极不作为。虽然柯桥区社保局拒绝履行时并未提供相关规范性文件作为依据，但结合其上级单位信访事项答复意见书中援引的《柯桥区医疗保险办法》第十四条规定，实则明确了柯桥区社保局拒绝履行所依据的规范性文件，原告起诉时可一并请求对该规范性文件进行审查。且在案件的审理过程中，被告亦认为《柯桥区医疗保险办法》第十四条的规定系其拒绝履行行政给付义务的依据，故对于拒绝履行等程序上作为但实体内容上不作为的不履行法定职责案件，可一并审查规范性文件。

二、如何审查拒绝履行法定职责案件引以为据的规范性文件

参照最高人民法院关于适用《行政诉讼法》的解释第一百四十八条，人民法院对规范性文件进行一并审查时，可以从规范性文件制定机关是否超越权限或者违反法定程序、作出行政行为所依据的条款以及相关条款等方面进行。该条第二款列举了属于行政诉讼法第六十四条规定的"规范性文件不合

法”的情形，如超越制定机关的法定职权或者超越法律、法规、规章的授权范围的，没有法律、法规、规章依据，违法增加公民、法人和其他组织义务或者减损公民、法人和其他组织合法权益等。行政诉讼法第六十四条规定，人民法院在审理行政案件中，经审查认为本法第五十三条规定的规范性文件不合法的，不作为认定行政行为合法的依据，并向制定机关提出处理建议。结合本案，对拒绝行政给付引以为据的规范性文件的审查，应重点审查是否直接与法律、法规、规章等上位法的规定相抵触，即使在有法律、法规、规章授权的情况下，还应审查是否超出授权范围，关注是否与法律、法规、规章的基本精神相冲突。柯桥区社保局拒绝给付所依据的《柯桥区医疗保险办法》对于医疗费用报销设置了限定条件，要求费用须发在定点医疗机构。而部门规章人力资源和社会保障部令《实施〈中华人民共和国社会保险法〉若干规定》第八条第二款规定“参保人员确需急诊、抢救的，可以在非协议医疗机构就医”，从文义角度理解，赋予了参保人员在一定情况下，在非协议医疗机构就医的权利，有利于保障参保人员在特殊情形下能够切实享受到必要的医疗待遇，充分体现了人性关怀。为使统筹地区根据自身经济发展水平灵活制定具体政策，该款同时规定“参保人员急诊、抢救的医疗服务具体管理办法由统筹地区根据当地实际情况制定”，在确保基本医疗保险制度统一性的前提下，该授权仅限定在“参保人员急诊、抢救的医疗服务”范围内。但《柯桥区医疗保险办法》并未区分急诊、抢救等特殊情形，一概对报销设定了须在定点医疗机构就医的限制，不当地减损参保人员的合法权利，超出了规章授权范围，与社会保险法以人为本的基本精神背道而驰，应认定为不合法。人民法院应当向规范性文件制定机关提出修改或废止相关条款的司法建议，以更好地保护参保人的合法权益。

三、如何判断拒绝履行行政给付义务的合法性

《社会保险法》第二条规定：“国家建立基本养老保险、基本医疗保险、工伤保险、失业保险、生育保险等社会保险制度，保障公民在年老、疾病、工伤、失业、生育等情况下依法从国家和社会获得物质帮助的权利。”第二十八条规定：“符合基本医疗保险药品目录、诊疗项目、医疗服务设施标准以及急诊、抢救的医疗费用，按照国家规定从基本医疗保险基金中支付。”随着服务行政的发展，在现代行政背景下，决定是否给予行政给付时，应结合行政目的考虑相关因素，不仅要合法，更要合乎通常情理。结合本案，从医院出具的报告单及情况说明看，盛木庆的疾病被医师诊断为鼻咽癌考虑，转到华山医院后又因治疗设备原因被医师建议至上海伽马医院继续治疗。亦即该第二次转院行为系因该院医疗设备客观无法使用及专业医师建议而致，以一般人通常的理解，在病情严重紧急且并非自身原因造成的转院所产生的医疗费用，通常符合医保报销条件；从行政目的角度出发，如为防止过度治疗等，应以是否符合基本医疗保险药品目录、诊疗项目等作为考虑因素，而不应机械以是否为定点医疗机构作为考虑因素，即便定点管理是普遍性原则，也不能以此作为首要因素径直拒绝盛木庆的申请。而应在接到申请后，对盛木庆的病情是否具有紧急性、就诊行为是否符合急诊特征、转诊是否具有合理理由等情形进行调查后再作出判断。

四、综合判断拒绝履行行政给付义务是否公平

《社会保险法》第三条规定“社会保险制度坚持广覆盖、保基本、多层次、可持续的方针，社会保险水平应当与经济社会发展水平相适应”。社会保险待遇和我国的经济发展水平应当保持一种“水涨船高”的正相关关系。行政给付标准应当与经济社会发展水平相适应，在一定地域范围内给付条件差异不宜过大，应符合公平正义的法律理性。本案所涉柯桥区位于绍兴市，该市其他区、县的医保报销的规定中，允许报销在非定点医疗机构产生的符合医保基金支付范围的医疗费用，如《诸暨市城乡居民基本医疗保险实施办法（试行）》第二十条规定“因病情需要，参保人员经同意转绍兴市外医疗机构住院（含特殊病种门诊），符合居民医保基金支付范围的医疗费用，先由个人按特约医院自理10%、非特约医院自理30%后，再按规定结算”；《嵊州市城乡居民医疗保险实施办法（试行）》第十六条规定“市外特约医疗机构报销55%，市外非特约医疗机构报销45%”等。在同市的其他地方对外地非定点医疗机构住院治疗的费用报销问题作了非常人性化又合法合理的规定的情况下，经济水平处于绍兴市相对靠前的柯桥区排除对非定点医院就医产生的医疗费用，明显对当地参保人不公平。

五、对于拒绝履行行政给付义务案件的判决方式

根据《行政诉讼法》第七十条：“行政行为有下列情形之一的，人民法院判决撤销或者部分撤销，并可以判决被告重新作出行政行为：（一）主要证据不足的；（二）适用法律、法规错误的；（三）违反法定程序的；（四）超越职权的；（五）滥用职权的；（六）明显不当的”。第七十二条和第七十三条规定，人民法院经过审理，查明被告不履行法定职责的，判决被告在一定期限内履行，查明被告依法负有给付义务的，判决被告履行给付义务。据此，通常而言，如果是作为类案件就可能用撤销判决并可以判决重作；如果是不作为案件，可直接作履行判决。对于本案这类拒绝履行法定职责案件，如果原告起诉时未对行政机关的拒绝履行行为要求撤销而直接要求履行法定职责的，法院应当释明，告知其变更诉讼请求；如果经释明，原告仍坚持诉请履行法定职责的，法院仍应依法审查拒绝履行行为的合法性，并作出相应判决。本案中，二审法院判断被诉行为系拒绝履行，柯桥区社保局在审查后将申请材料退回给原审原告，实际是以作为的方式拒绝履行，故二审法院采用了撤销判决。针对原审原告坚持要求给付有关医疗费用96，888.31元的请求，二审法院并未判决被告履行给付义务。是否符合报销条件需要考虑是否符合基本医疗保险药品目录、诊疗项目等因素，这些属于行政权处理范畴，如果司法机关过早介入，会有代替或者干预行政权行使的嫌疑。故在尊重行政首次判断权原则下，二审法院判决责令行政机关重新作出行政行为，给行政机关留有优先判断或者裁量余地，待行政机关处理后，法院可再对其是否合法以及明显不当进行审查。同时，二审法院的承办法官并未一判了之，为实质性化解本案争议作出了积极的努力，行政机关在二审判决之后对于原审原告诉请的在基本医疗保险药品目录、诊疗项目之内产生的医疗费用按相关规定予以了报销，不在该范围内的费用未予报销。既有利地保障了参保人员特殊情况下依法切实享受必要医疗待遇，同时又促使行政机关依法加强相关规范性文件的管理，有效地发挥了社会保险再分配的功能，促进实现社会公平。

（作者单位：浙江省高级人民法院）

王俊森诉连平县人民政府收回闲置土地决定案

——司法机关依法查封期间，政府不能收回国有土地使用权

邓丽华

【裁判要旨】

对于司法机关依法进行的查封，在查封期限内，政府不能收回国有土地使用权。

【案号】

一审：广东省河源市中级人民法院（2015）河中法行初字第68号。

二审：广东省高级人民法院（2016）粤行终1263号。

【案情】

原告（上诉人）：王俊森

被告（被上诉人）：连平县人民政府

2013年8月23日，东莞市第三人民法院因王俊森提出的财产保全申请，作出民事裁定查封了广东恒辉实业集团有限公司（以下简称恒辉公司）享有的涉案国有土地使用权。9月30日，该院作出民事判决，要求恒辉公司偿还王俊森借款3000万元本息，同时确认王俊森对涉案国有土地使用权及地上附着物处理款享有优先受偿权。该判决生效后，王俊森向该院申请强制执行，该院对涉案国有土地使用权及地上附着物价值进行评估半准备拍卖。在获知法院将进行拍卖后，连平县人民政府于2015年9月28日作出连府（2015）33号收回恒辉公司闲置土地的决定，认定涉案土地构成闲置，决定收回涉案闲置土地的国有土地使用权，注销土地使用证。王俊森认为连平县人民政府

收回恒辉公司的土地的行为违法，导致其无法通过处理恒辉公司的土地而实现对恒辉公司的债权，造成其重大经济损失，而向河源市中级人民法院提起行政诉讼，请求确认被诉收回闲置土地决定行为违法并予以撤销；判令连平县人民政府赔偿损失 1700 万元。在诉讼过程中，连平县人民政府于 2015 年 11 月 25 日以相关程序有误为由，决定撤销被诉收回闲置土地决定。

【审判】

河源市中级人民法院认为被诉收回闲置土地决定因程序存在瑕疵，在诉讼期间被连平县政府撤销。该行政行为已经不存在，王俊森为保障合法权益诉请法院要求确认原行为违法，理由充分。但王俊森要求赔偿损失 1700 万元没有提供合法有效的证据予以证实，不予支持。河源市中级人民法院于 2016 年 5 月 2 日作出（2015）河中法行初字第 68 号行政判决：一、确认连平县人民政府收回涉案闲置土地行为违法。二、驳回王俊森的其他诉讼请求。

宣判后，王俊森不服，向广东省高级人民法院上诉。

广东省高级人民法院经审理认为：《最高人民法院、国土资源部、建设部关于依法规范人民法院执行和国土资源房地产管理部门协助执行若干问题的通知》第二十二条规定："国土资源、房地产管理部门对被人民法院依法查封、预查封的土地使用权、房屋，在查封、预查封期间不得办理抵押、转让等权属变更、转移登记手续。"依据上述规定，对于司法机关依法进行的查封，在查封期限内，人民政府不能收回国有土地使用权。本案被上诉人连平县人民政府在东莞市第三人民法院查封国有土地使用权期间作出上述被诉决定，收回涉案国有土地使用权，违反了上述规定，依法应予以撤销。鉴于连平县人民政府于 2015 年 11 月 25 日作出连府（2015）42 号《连平县人民政府关于撤销（2015）33 号文的决定》，认为 2015 年 9 月 28 日作出的连府（2015）33 号《连平县人民政府关于收回广东恒辉实业集团有限公司闲置土地的决定》相关程序有误，撤销了被诉决定，因此，原审判决确认被上诉人连平县人民政府收回恒辉公司闲置土地的行政行为违法并无不当。各方当事人均未对原审法院该项判决提起上诉。王俊森起诉请求判令连平县政府向其赔偿损失，因王俊森在诉讼期间未能向原审法院提供连平县政府的违法行为给其造成经济损失的相关证据，因此，原审判决驳回王俊森的该项诉讼请求正确。

广东省高级人民法院于2016年11月28日作出（2016）粤行终1263号行政判决：驳回上诉，维持原判。

【评析】

一、背景情况介绍

受让国有土地使用权的公司对土地无力开发，导致土地闲置，在符合收回的条件下，政府决定收回本无不妥。但公司因经营不善，往往为了资金周转在国有土地使用权上已设定抵押担保。后因财产保全，该国有土地使用权被法院查封。在法院查封期间，政府是否可以收回国有土地，以及在执行涉及国有土地的此类案件中，如何平衡当事人的债权利益和政府的管理职权，都是司法经常遇见的问题。

二、确立裁判要旨的理由

本案东莞市第三人民法院在执行程序中，向连平县国土局发出《函》，称涉案土地上并无建设任何建筑物，地块上长满野草，处于闲置状态，闲置期限已超过两年。为避免本次拍卖后产生不必要的纠纷，如你局认为本次拍卖的处理结果将可能涉及你局的相关权益，或对本院的本次执行有其他意见，可主张相关权利的，可以向法院书面提出。虽有法院的询问函在前，政府在国有土地使用权被法院查封期间，是否有权收回闲置土地？因土地闲置而决定收回并注销土地登记是否属于《最高人民法院、国土资源部、建设部关于依法规范人民法院执行和国土资源房地产管理部门协助执行若干问题的通知》第二十二条规定所称的办理权属变更、转移登记手续？

已失效的《国土资源部对收回被司法机关查封国有土地使用权问题的批复》（1998年12月11日 国土资函403号）称，司法机关因债权债务纠纷而查封国有土地使用权，应当依法进行，被查封的土地也必须是诉讼当事人拥有合法使用权的土地。对于司法机关依法进行的查封，在查封期限内，人民政府不能收回国有土地使用权；查封期限结束后，则可以依法收回国有土地使用权。该批复虽已失效，但其中提出的“被查封的土地必须是诉讼当事人拥有合法使用权的土地”条件在《最高人民法院、国土资源部、建设部关于依法规范人民法院执行和国土资源房地产管理部门协助执行若干问题的通知》

中亦有体现。《最高人民法院、国土资源部、建设部关于依法规范人民法院执行和国土资源房地产管理部门协助执行若干问题的通知》第十四条规定："被执行人部分缴纳土地使用权出让金但尚未办理土地使用权登记的，对可以分割的土地使用权，按已缴付的土地使用权出让金，由国土资源管理部门确认被执行人的土地使用权，人民法院可以对确认后的土地使用权裁定预查封。对不可以分割的土地使用权，可以全部进行预查封。被执行人在规定的期限内仍未全部缴纳土地出让金的，在人民政府收回土地使用权的同时，应当将被执行人缴纳的按照有关规定应当退还的土地出让金交由人民法院处理，预查封自动解除。"在被执行人未履行缴纳全部土地出让金义务的情况下，被执行人尚未合法取得土地使用权，人民法院虽然可以预查封，但不影响政府之后因未履行缴纳土地出让金义务而决定收回土地使用权。

但法院查封土地后，政府是否可以闲置土地的名义收回还要进一步商榷。《闲置土地处置办法》第二条规定："本办法所称闲置土地，是指国有建设用地使用权人超过国有建设用地使用权使用合同或者划拨决定书约定、规定的动工开发日期满一年未动工开发的国有建设用地。已动工开发但开发建设用地面积占应动工开发建设用地总面积不足三分之一或者已投资额不足百分之二十五，中止开发建设满一年的国有建设用地，也可以认定为闲置土地。"可见，闲置土地是指使用权人已取得国有建设用地使用权后，开发建设不符合规定要求的国有建设用地。而司法查封是法院为限制债务人处分财产而采取的一种强制措施，目的在于保持债务人财产现状，保障经过审判程序或者其他程序确认的债权尽可能得到清偿。司法查封一旦作出，包括实施查封行为的法院在内的社会公众与国家机关均应受此司法强制行为的约束。《最高人民法院、国土资源部、建设部关于依法规范人民法院执行和国土资源房地产管理部门协助执行若干问题的通知》第三条"国土资源、房地产管理部门在协助人民法院执行土地使用权、房屋时，不对生效法律文书和协助执行通知书进行实体审查。国土资源、房地产管理部门认为人民法院查封、预查封或者处理的土地、房屋权属错误的，可以向人民法院提出审查建议，但不应当停止办理协助执行事项"及第二十二条的规定，即体现了行政机关对司法行为效力的尊重。即使政府认为被司法查封的土地属于闲置土地，但该土地使用权已出让给被执行人，被执行人已合法取得了被查封土地的使用权。在法院实施查封时，被执行人仍合法保有该土地使用权。政府在之后决定收回土地使用权，实质亦发生权属变更的效果，不符合该通知的规定，也不利于实现司法查封的功能。而且，从《闲置土地办法》第十九条“对依法收回的闲置，市、县国土资源主管部门可以采取下列方式利用：（一）依据国有土地供应政策，确定新的国有建设用地使用权人开发利用；（二）纳入政府土地储备；（三）对耕作条件未被破坏且近期无法安排建设项目的，由市、县国土资源主管部门委托有关农村集体经济组织、单位或者个人组织恢复耕种”的规定看，设置闲置土地收回制度的目的亦是促进有效利用国有土地，防止土地资源闲置浪费，打击囤地、炒地现象。即使在查封期间政府认为该土地构成了闲置，考虑到收回闲置土地后的一种利用方式即为确定新的国有土地使用权人开发利用。而法院在民事执行程序中进行司法拍卖、变卖后，不改变原土地用途和出让年限，买受人作为新的国有土地使用权人，可继续在土地上开发建设。政府加强对该土地的后续开发建设监管，同样可以实现促进国有土地的高效利用的目标。因此，对于司法机关依法进行的查封，在查封期限内，政府不能收回国有土地使用权。

三、运用裁判要旨应当注意的问题

即使法院对土地进行了预查封，但如果被执行人未按规定全部缴纳土地出让金的，人民政府可以收回土地使用权，同时将被执行人缴纳的应退还的土地出让金交由人民法院处理。

（作者单位：广东省高级人民法院）

影响当事人实体权益的行政证明行为为可诉行政行为

张倩倩

【裁判要旨】

一般行政证明行为，不赋予相对人权利，也不创设义务，对当事人权利义务不产生直接影响，但如果该证明行为对当事人乃至第三人权利义务产生实际影响，是可诉行政行为，第三人也具有行政主体原告资格。

【案号】

山东省莱芜市中级人民法院（2017）鲁1202行初33号。

【案情】

原告：莱芜钢铁集团莱芜矿业有限公司。

被告：莱芜高新技术产业开发区管理委员会。

被告：莱芜高新技术产业开发区建设局。

第三人：山东冠雅地毯股份有限公司。

第三人山东冠雅地毯股份有限公司（以下简称为冠雅地毯）与原告莱芜钢铁集团莱芜矿业有限公司（以下简称为莱矿公司）分别于2010年7月9日、2011年4月1日签订两份建设工程承包合同，约定由原告为第三人承建北车间、南车间及附属工程，合同工期分别自2010年7月9日至2010年10月7日、2011年4月15日至2011年9月10日。双方同时约定，工程具备验收条件后，由承包人（原告）向发包人（第三人）提供完整竣工资料和竣工验收报告，发包人应在接到报告后10天内组织验收，并在验收后5日内给予批准或提出修改意见。在工程施工过程中，因第三人未能按合同约定支付工程进度款，工程未能在合同约定的期限内竣工，也未组织相关方进行竣工验收。2012 年 11 月 29 日，为解决企业因历史原因未办理“两证”造成的融资困难问题，莱芜市人民政府办公室发布了莱政办发［2012］57 号文件，决定对符合土地利用规划和城市总体规划，在 2011 年 12 月 31 日前建成，以及 2012 年以来投资过亿元的招商引资项目等企业提出的“两证”办理申请进行一次集中办理；其中，材料齐全、手续完善的企业，可直接到市行政服务大厅办理，不具备直接办理条件的企业，分类由各部门协调，待相关手续完善后再予办理。为落实上述文件精神，2012 年 12 月 28 日，被告莱芜高新技术产业开发区管理委员会（以下简称高新区管委会）召开“两证”办理工作协调会，要求对急于用“两证”抵押贷款的企业，在收取其部分押金后，高新区规划分局和被告莱芜高新技术产业开发区建设局（以下简称高新区建设局）可先行开具证明材料，企业取得“两证”后，要完善相关手续。后第三人持土地证、车间平面图、车间押金收据和押金清单及莱芜市规划局出具的规划证明等材料，口头向被告高新区建设局申请出具工程质量合格证明。2013 年 1 月 10 日，被告高新区建设局为第三人出具《证明》一份，内容为“莱芜市冠雅地毯有限公司坐落于高新区泰山路 36 号的房屋（国有土地证：莱芜市国用（2011）第 0186 号），1 幢共一层：9692.11m^2（北连体车间），门式钢架结构，2010 年 8 月 10 日开工，2012 年 7 月 8 日完工；2 幢共一层：14559.94m^2（南连体车间），门式钢架结构，2010 年 8 月 10 日开工，2012 年 7 月 8 日完工。以上建筑工程符合法律、法规规定，经验收工程质量合格。特此证明。二〇一三年一月十日”。后第三人持上述《证明》为涉案建筑物办理了莱房权证高新区字第 0141542 号、第 0141544 号房产证，并进行了抵押。原告以被告高新区建设局为第三人出具被诉《证明》侵害其合法权益为由提起本诉，请求确认被诉《证明》系被告违法作出并予以撤销，诉讼费由被告承担。

另，被告高新区管委会系莱芜市人民政府的派出机关；高新区建设局系被告高新区管委会的内设机构，其主要职能是：负责全区建筑市场管理，监管工程质量；负责建设工程招投标管理；负责审查并按权限批准进入高新区的有关勘察设计、施工、监理及各类中介服务机构的从业资格；具体办理建设项目工程报建有关证书等。

【审判】

莱芜市莱城区人民法院认为，根据被告提交的莱编［2011］20号莱芜市机构编制委员会文件，被告高新区建设局是被告高新区管委会的内设机构，属于国家行政机构；其负有管理全区建筑市场，监管工程质量等职责。本案中，该局为第三人出具的被诉《证明》载明了涉案工程所在位置、规模、面积、开工完工时间等内容，明确写明“经验收工程质量合格”。前述证明内容实际上是对涉案工程已完工并经验收合格作出的确认；且根据两被告答辩意见，其系根据上级要求，为第三人办理房产证创造条件而出具的被诉《证明》，事实上，其后第三人确系持上述《证明》办理了涉案工程建造物的房产证。从作出主体及行为后果分析，涉案被诉《证明》属于行政行为。

本案中，原告与第三人就涉案工程签订了建设工程施工合同，在工程尚未竣工验收的情况下，被告高新区建设局为涉案工程出具了被诉《证明》，致使第三人为涉案工程建造物办理了“两证”，并随后办理了抵押，影响了作为施工单位的原告因第三人欠付工程款而对工程建造物主张优先受偿权的行使，故原告与被告高新区建设局出具涉案《证明》的行为存在直接利害关系，具有提起本诉的主体资格。被告提交的莱编［2011］20号莱芜市机构编制委员会文件载明，高新区建设局具有监管辖区内工程质量的职责，涉案《证明》亦产生于其行使相关行政管理职责过程中，原告对其该行为不服，可以其为被告提起诉讼；但根据上述编委文件，被告高新区建设局属被告高新区管委会的内设机构，故其相关行政行为后果，应由其设立单位高新区管委会承担。

诉讼中，被告辩称其系依据莱芜市人民政府发布的文件为第三人出具的《证明》，但根据该文件规定，其主要针对两类企业：一是2011年12月31日前建成且提出过办证申请，二是2012年以来投资过亿的招商引资项目；该文件同时规定，需要办证的企业不具备直接办理条件的，在办理完毕后要补充、完善相关手续。被告无证据证明第三人符合上述情形，且第三人也一直未完善相关手续。另，根据《建设工程质量管理条例》和《房屋建筑和市政基础设施工程竣工验收备案管理办法》的相关规定，建设行政主管部门的主要职责是对建设单位提交的建筑工程竣工验收备案登记材料进行审查，具备全部要件的即予以备案登记，不具备全部要件的即不予备案登记。本案中，在第三人未提交建筑工程竣工验收报告和规划、公安消防、环保等部门出具的认可文件或者准许使用文件，口头提出竣工验收备案登记申请的情况下，被告高新区建设局未经备案登记即为其出具工程质量合格证明，显属无事实依据且程序违法。

2017年9月14日，莱城区人民法院作出（2017）鲁1202行初33号行政判决，判决：撤销被告莱芜高新技术产业开发区管理委员会所属单位被告莱芜高新技术产业开发区建设局于2013年1月10日为第三人山东冠雅地毯有限公司出具的《证明》。

【评析】

一、影响当事人实体权利，为当事人减损权利或创设义务的行政证明行为为可诉行政行为

一般行政证明行为，不赋予相对人权利，也不为相对人创设义务，对当事人权利义务不产生直接影响，一般为不可诉行政行为。但本案中冠雅地毯公司与莱矿公司签订两份建设工程承包合同，建设局在未经备案登记的情况下为第三人冠雅地毯公司出具了工程质量合格证明，该合格证明本身对承包人有直接影响。冠雅地毯公司与莱矿公司在没有完全履行建设工程承包合同中约定的义务时，建设单位又依据证明行为，办理了房产证，则损害了承包方在建设工程中的优先受偿权，对其财产权产生了重要影响，该证明对当事人的权利义务产生了实际影响，是可诉行政行为。

二、行政证明影响第三人的实体权利，第三人作为特殊主体有权提起诉讼

本案的典型意义在于特殊主体原告资格。行政机关开具建筑工程质量合格证明，行政行为针对的是建设单位，与施工单位表面上并无实际联系，但本案的特殊性在于建设单位和施工单位签署了施工合同，按照合同法规定，发包方未按约定支付工程价款的，承包人可申请人民法院将该工程依法拍卖，所得价款优先受偿。因该证明的存在，建设单位办理了房产证，并向银行顺利贷款并设定了抵押，而贷款并没有优先受偿工程款，虽然该证明是行政机关为行政相对人作出的具体行政行为，但该行政行为影响了行政行为之外的第三人，即侵害了承包人的优先受偿权，承包人可以作为利害关系人提起诉讼。

三、行政机关作出行政证明应以事实为依据，严格按照法定程序依法办理

行政行为的合法性，既包括程序合法又包括实体合法，既包括职权合法又包括形式合法。行政机关作出行政行为，代表国家强制力，具有公定力，应在查明主要案件事实的基础上依法进行行政管理。建设局未认真调查取证即作出行政行为，失去事实依据，在未进行备案登记的情况下作出证明，违反法定程序，均属于可撤销行为。

党的十九大明确指出，要坚持依法治国、依法执政、依法行政共同推进，法治国家、法治政府、法治社会一体建设。行政机关应适应新形势新时代变化，强化依法行政理念，自觉运用法治思维和法治方式深化改革、推动发展、化解矛盾、维护稳定，在坚持以事实为依据的基础上，严格规范文明执法，严格按照法定程序依法行政，更加积极推动法治生态环境建设。

（作者单位：山东省莱芜市中级人民法院）

域外撷英

俄罗斯、芬兰行政诉讼制度论述及对我国群体性救济制度的启示

尹婷婷

俄罗斯联邦是与我国有着传统友谊的大国，是多极化世界中的重要一极，中俄在政治、经济、文化等各领域都有着频繁的交流和往来，了解和研究俄罗斯的法律制度可以避免两国交往上的法律摩擦，增进两国友谊。位于北欧的芬兰在法律制度上属于大陆法系，其行政诉讼制度迄今已有近百年的历史，制度日趋成熟，特别是关于群体性救济制度安排，对我们设计群体性行政诉讼救济制度具有借鉴意义。

一、俄、芬两国行政诉讼制度基本介绍

（一）俄罗斯行政诉讼制度概况

各国行政诉讼制度的建立和发展受其本国的经济基础、宪政框架及理论模式的影响和制约，呈现出不同的特点。就司法体系角度而言，俄罗斯的法院体系较为独特，不像德国、法国等大陆法系国家单设行政法院，不像中国在法院中设立行政审判庭，也不像英国、美国等英美法系国家实行单一的普通法院体制，其法律体系中甚至都没有统一的行政诉讼法典或关于行政诉讼的单行法律法规。但是，这并不意味着俄罗斯没有行政诉讼制度或者沿用苏联的行政诉讼制度。俄罗斯已构建独具特色的行政诉讼制度，并显现出一些与苏联行政诉讼制度截然不同的特点。第一，在性质上，俄罗斯的行政诉讼

不再是行政“管理活动的要素”和行政权运行的“特殊法律形式”，已转换成司法制度。第二，在适用范围上，并不限于具体行政行为，也包括抽象行政行为，受案范围十分广泛。第三，在裁决主体上，俄罗斯改变了苏联行政诉讼通常由“法院外”管理机关审理案件的模式。[①] 除原属法院管辖的案件外，有关税务、海关、金融、养老金方面的纠纷和保护选举权的纠纷以及法律文件争议的案件，现亦纳入法院的管辖范围，由法院负责审理。

对俄罗斯而言，其行政诉讼制度大致呈现出以下三个特点：

1. 法院体系独特。俄罗斯联邦法院体系由宪法法院、普通法院和仲裁法院三部分组成，目前并没有设立专门的行政法院，普通法院内部也没有设置行政审判庭。《俄罗斯联邦民事诉讼法》《俄罗斯联邦仲裁程序法》和《俄罗斯联邦行政违法法典》规定，行政法律关系案件根据案件类型分别由普通法院、仲裁法院和治安法官按诉讼程序审理。[②] 其中，仲裁法院是俄罗斯特有的法院系统，包括俄罗斯联邦最高仲裁法院、司法管辖区联邦仲裁法院、联邦主体仲裁法院。俄罗斯采取的是民事、行政诉讼二元法院体制，即普通法院和仲裁法院共同管辖民事和行政案件。两者之间的分野在于案件是否涉及经济纠纷和经营活动。根据《俄罗斯联邦仲裁程序法》的规定，凡是涉及经济纠纷和经营活动的民事、行政案件，比如行政登记、行政罚款、行政预算资金报销与归还、执行性文件执行等案件，交由仲裁法院管辖；除此之外的其他民事、行政案件则由普通法院管辖。行政争议是仲裁诉讼中的重要部分，行政法律关系案件几近占仲裁法院总案件的一半。而作为减轻联邦法院特别是区法院重负，设置在联邦主体最基层的法官制度，治安法官在行政违法案件中充当行政法官的角色，也作为辖区内的一审法院，受理公民诉国家机关、社会团体、公职人员侵犯其合法权益的其他公法争议案件。[③]

2. 受案范围广泛。基于俄罗斯宪法“法院审理一切侵犯公民权利与自由的行为的诉讼”的立法基点，俄罗斯行政诉讼的受案范围十分广泛。除了由宪法法院主管的特定行为、涉及国防（作战调动军队、组织战斗执勤、战备）和俄罗斯联邦安全的特定行为、法律规定通过其他申诉程序解决的特定

---

① 瓦希林科夫：《苏维埃行政法总论》，姜明安、武树臣译，北京大学出版社 1985 年版，第 17、28、168、169 页。

② 刘向文、宋雅芳：《俄罗斯联邦宪政制度》，法律出版社 1999 年版，第 242 页。

③ 《俄罗斯联邦行政违法法典》第 22 章、第 23 章对治安法官的设立及权限等制度进行规定。

行为等三类行为①，任何产生于行政法律关系中的纠纷都可以向法院起诉，法院都应当受理。

3. 诉讼地位平等。与中国行政诉讼原告具有恒定性不同，俄罗斯行政诉讼中原告既可能在行政管理关系中处于被管理者地位，也可能处于管理者地位。只要在行政管理过程中，相对立的双方处于纠纷对抗状态，一方的行为侵犯了另一方的利益，不论是管理者还是被管理者都可能作为原告出现。《俄罗斯联邦检察院法》有规定俄罗斯检察院不仅对刑事犯罪享有起诉权，而且对民事违法行为和行政违法行为都有起诉权②。

因俄罗斯没有统一的行政诉讼法，俄罗斯法院审理行政案件的主要依据是《俄罗斯联邦民事诉讼法》《俄罗斯联邦仲裁程序法》以及《对国家机关及公职人员侵犯公民权利与自由的违法行为向法院起诉法》中的特殊规定。因此，行政案件的审理遵循所有民事诉讼规则，如诉讼平等、客观真实、合法、各方程序平等。国家机关代表或公职人员同公民的诉讼地位相同，享有民事诉讼法规定的权利与义务。

（二）芬兰行政诉讼制度概况

根据芬兰宪法体制，芬兰的政体为共和制，立法权由议会行使，行政权由总统和政府行使，司法权由独立的法院行使。严格地说，芬兰属于大陆法系国家，其法院体制或多或少受到大陆法主要国家的影响，其中最明显的地方就是独立的行政法院体制。③ 芬兰法院体系中法院系统包括普通法院、行政法院以及少量的特别法院，普通法院负责审理刑事和民事案件，行政法院负责审理行政案件。行政法院由最高行政法院和地区行政法院两级法院组成。最高行政法院位于首都赫尔辛基，是处理行政案件的最高级别法院，对行政案件作出的判决是终审判决，其下设有三个专门部门，分别审理税收、环保、知识产权案件、国家公务员案件、市场竞争、保险法案件。地区行政法院的司法管辖区域以省为基础，芬兰的地区行政法院有 8 个，另在奥兰自治岛设立奥兰自治岛行政法院。一般情况下，若案件的一审法院是普通法院的，对应的上诉法院也是普通法院；之前属于民事案件的，现在仍是按民事案件处

① 《俄罗斯联邦民事诉讼法》第 231 条、第 239 条作了相应规定。

② 刘立宪、谢鹏程：《海外司法改革的走向》，中国方正出版社 2000 年版，第 152 页。

③ 马怀德：《芬兰的行政法制度》，载《法学杂志》1999 年底 2 期。

理。在没有例外情形下，普通法院和行政法院之间尽量避免对案件的不同处理。①

与俄罗斯非常广泛的行政诉讼受案范围有相似之处，芬兰行政案件外延广泛、类型丰富，但其行政案件与俄罗斯以及中国的行政案件并不是等同的概念。芬兰法律对行政法院受理的案件分为三类：第一类案件是申诉案件，即个人或组织认为国家或者地方当局作出的有关个人或组织的行政决定违法，对行政决定不服，要求行政法院对行政决定是否合法适当予以审查的案件；第二类案件是行政诉讼案件，即行政机关与相对人发生争议，由行政机关或者相对人起诉到行政法院的案件，主要涉及公共收费以及政府管理方面的争议，以及行政机关提出的行政合同争议案件；第三类案件是对行政决定的确认案件。有些行政决定需要经过行政法院的确认后才能生效，作出决定的行政机关主动将决定提交行政法院进行确认。在芬兰，行政法院受理的案件都是行政案件，但并非都是行政诉讼案件，行政诉讼案件只是行政案件的一种类型。

芬兰的其行政诉讼制度中有以下三个特点：

1. 办案程序灵活。芬兰行政法院的办案程序比较灵活，对保证审判工作的高效性、合理分配司法资源起到了重要的作用。行政法院审理案件绝大部分采取书面审理形式，为查清案件事实可主动决定对案件进行开庭审理，个人当事人也可申请开庭审理，在后种情况下，除非原告的诉讼请求被驳回或者基于案件本身的原因或者其他原因使得开庭明显没有必要，行政法院应当开庭审理。该规定只适用于个人当事人，不适用于当事人市政机关成员或者其他团体成员。同时，对一些简单案件地区行政法院可以进行口头裁决。

2. 上诉案件量少。芬兰的行政上诉案件数量比较少，原因主要有两点：一是芬兰的诉讼费用十分昂贵，绝大多数公民和企业从经济支付能力考虑很少选择上诉；二是与我国行政诉讼中当事人一旦在法定期限内提起上诉就必然引起二审程序的启动不同，上诉案件是否受理取决于最高行政法院是否批准上诉。② 在案件存在明显错误、涉及法律适用一致性等重要原因的情况下，最高行政法院会批准上诉。如果上诉没得到批准，行政案件就是一审终审。

---

① 王小红：《芬兰行政诉讼制度述评》，载《河北法学》第24卷第6期。

② 参见芬兰《行政司法程序法》第57条。

这种审级模式下高概率的一审终审对行政法院法官的素质提出了较高的要求，从芬兰的实际效果来看，也确实减少了行政诉讼对行政效率的影响，使行政管理秩序能够尽快地稳定下来。

3. 诉讼双方并非恒定。在大陆法系国家，行政诉讼是行政机关与行政相对人两方的对抗，原、被告主体相对固定，行政机关不得作为原告启动行政诉讼程序。在芬兰行政诉讼案件中，无论是行政机关还是相对人都可以作为原告，就争议对方的行为向法院提起诉讼，请求法院支持自己的诉讼请求。与俄罗斯的检察院可以提出行政诉讼原理一致，从行政争议中行政机关一方通常代表国家利益的角度理解，可以认为在芬兰行政诉讼制度中存在公益诉讼，行政机关可以代表国家就行政相对人的违法行为向行政法院提起公诉。

二、俄、芬两国群体性行政诉讼救济制度介绍

（一）俄罗斯群体性行政诉讼救济制度的发展脉络梳理

苏联时期，在保障“劳动者权利”和“公民权利”的宪法原则下，法律对行政救济曾作出一些规定。苏联建国伊始，审理行政争议、监督行政行为等职能都由行政机关进行。1919 年 5 月，俄罗斯社会主义联邦苏维埃共和国成立了中央申诉委员会和地方各级申诉委员会，它们有权对行政机关进行监督，审理行政争议，这就突破了行政机关自行解决包括群体性纠纷在内的行政争议的局限。20 世纪 40 年代末的司法制度改革，又制定对有关公民欠缴税款、保险费以及其他费用予以行政处罚不服案件的申诉规则。1961 年6 月，最高苏维埃主席团通过《进一步限制行政罚款的命令》，规定公民有权对行政罚款向法院起诉，开辟了法院诉讼的行政救济途径。1977 年苏联宪法从受案范围上规定法院可以受理起诉行政机关违反法律、超越职权、损害公民权利的案件。但是那时没有制定相应的法律对审理行政案件的程序加以详细规定，这些行政案件在民事诉讼中被称为“特别诉讼”，后来在民事诉讼法典中形成独立的一部分，被称为“行政法律关系案件诉讼”。1980 年后陆续通过的《苏联及加盟共和国行政违法立法纲要》《俄罗斯行政违法法典》和《对公职人员侵犯公民权利与自由的违法行为向法院控告法》等规范，进一步细化了行政诉讼的途径，推进了行政司法和非司法解决的发展。1989 年 11

月又通过了新的《对国家机关及公职人员侵犯公民权利与自由的违法行为向法院起诉法》，该法对行政案件审理进行了一系列实质性改变。从此，公民不仅可以对公职人员的行为进行起诉，而且还能就针对个人的具体行政行为直接起诉国家机关本身。

这一时期的俄罗斯行政救济制度明显表现出两个特点：一是行政救济是服从国家管理需要而设计的权力救济模式。苏联时期的行政法律制度是在“管理论”指导下设计的，只是国家管理的工具。行政救济作为行政法律制度之一，也是按权力救济模式设计的，难以发挥权利救济的功能。二是在权力救济模式下，行政救济制度包括行政机关自行救济和法院司法救济两条途径，但由于立法上没有严格规定作为行政主体的行政机关的行政责任，并受崇尚“权威”的历史传统影响，所以实践中基本上不存在行政诉讼案件，大量的行政纠纷由行政机关按行政程序解决，通过司法裁判解决的只是其中一小部分。[①] 可见，苏联时期的俄罗斯行政救济是以行政机关自行救济的非司法解决途径为主，法院司法解决途径为辅的。

苏联解体后，俄罗斯宪法人权原则的确立为行政救济制度重构带来转机，行政救济模式也开始了由权力救济模式向权利救济模式的转换。越来越多的公民意识到司法人权保障的重要性，尤其是在对抗行政机关时，权力失衡导致的必然弱势，使得在多名当事人参与的行政诉讼的纠纷中，往往会集合成“群体”进而再寻求救济途径。

俄罗斯的行政诉讼制度发展中显然也考虑到了这一改变。因而在权力救济到权利救济这一转换中，主要表现在三个方面：

一是从立法上把宪法人权原则具体化。它实现人和公民的权利与自由创造了法律条件，“任何一个民主国家或任何一个追求这一崇高称谓的国家，有义务为实现人的权利与自由而创造必要的法律前提条件”。[②] 在当事人仅有一人的纠纷中，司法资源往往会集中落在他身上，而当出现群体性纠纷时，司法资源的分配不均很可能会导致更为激烈的矛盾冲突。因此，为更好地落实宪法人权原则，俄罗斯陆续制定了一系列法律法规及公民在群体性纠纷中可以行使请愿权的专门规则，从不同方面把宪法人权原则转化为公民具体权利，

① 张正钊：《外国行政法概论》，中国人民大学出版社 1990 年版，第 205 页。

② ［俄］B. B. 拉扎列夫：《法与国家的一般理论》，王哲译，法律出版社 1999 年版，第 377 页。

为群体性权利救济创造了法律前提条件。俄罗斯还作为首倡国或者作为参与国签订了一系列有关人权保障的国际条约，如《诉讼时效不适用于战争犯罪和反人类罪的公约》、《防止及惩治灭绝种族罪行公约》以及《欧洲人权公约》等。

二是强化群体权利救济司法制度。宪法的人权原则细化为公民的具体权利，仅仅是为群体权利救济创造了前提条件，还必须有司法保障。为此，俄罗斯相继制定了与此相关的四部法典。2001 年的《俄罗斯行政违法法典》不仅突破了苏联时期俄罗斯关于行政违法和行政责任主体的狭小范围，从自然人扩展到法人，并且把此前分散规定的行政责任规范以法典形式予以统一。[①]在该法分则部分的 396 条中，有 252 条对法人的行政责任作出了规定，其中第 30 章还特别规定了重新审理行政违法案件的程序规则。1995 年 12 月 14 日修订的联邦法律《对侵犯公民权利与自由的行为和决定向法院控告法》是俄罗斯行政诉讼制度的纲领性文件，其中第 1 条对公民的控告权作了概括性规定："每个公民都有权向法院提起控告，前提是认为国家机关、地方自治机关、机构、企业和其联合组织、社会团体或者公职人员、国家公务员的不合法的行为侵害了其权利与自由。"除此以外，还分别对能够向法院提起申诉的行为（决定）的范围、公民提起控告的程序和向法院提起控告的期限、法院审查控告的程序、法院对申诉的判决、当事人履行法院判决以及与审查控告有关的诉讼费的分配等问题都作了规定。能够整合为俄罗斯行政诉讼制度的法律是 2002 年 9 月 1 日起生效的《俄罗斯联邦仲裁程序法典》和 2003 年 2 月 1 日起生效的《俄罗斯联邦民事诉讼法》。上述四部法典所包含的具体行政诉讼规则可谓是俄罗斯有史以来最为科学的行政诉讼制度。以上从立法层面所做的努力，使俄罗斯行政救济法律制度发生了从权力救济模式向权利救济模式的转换，并逐步得到发展和完善。

三是发展更为科学的非司法解决途径。为了实现俄罗斯宪法赋予人和公

---

① 苏联时期《俄罗斯行政违法法典》中规定的行政责任主体只有自然人。而法人的行政责任主要散见在各个单行法律法规中。如 1994 年颁布实施的《俄罗斯联邦消防条例》规定违反消防安全的要求并实施了违反其他消防安全领域立法的行为的企业活动主体，应当承担行政责任。1995 年《俄罗斯联邦广告法》、1998 年修订的《俄罗斯联邦商品市场的竞争和垄断活动限制法》、1999 年《俄罗斯联邦居民卫生防疫福利条例》《法人（组织）和个别的企业家因在生产和运输酒精、含有酒精的饮料、含有酒精的产品领域中的违法行为应当承担的行政责任的联邦法律》《关于法人因违反俄罗斯联邦选举法和全民公决法所承担的行政责任》等联邦法律都规定了法人承担行政责任的情形。

民的请愿权，俄罗斯立法机关从多层面、多角度制定了程序性法律规范。2006年《俄罗斯审理公民请愿的规则》是俄罗斯有关保障公民合法权益的“纲领性”程序规范。此外，人权全权代表制度是俄罗斯为落实“人权”宪法原则而作出的“最明朗”“最清新”的选择①，它又被称作监察专员制度，是俄罗斯行政救济制度的一大特色。人权全权代表制度成了俄罗斯群体性行政诉讼救济制度中非常重要的组成部分。人权全权代表有着与其他各类实施行政救济的权力主体不同的法律地位和权力，特别是其享有的审查和申诉权，是其他行政救济权力不可替代的。

（二）芬兰群体性行政诉讼救济制度基本情况

在芬兰的司法体系中，与俄罗斯相似，其宪法同样是群体性行政诉讼中最根本、最有力的保障。芬兰宪法规定任何公权力的行使都必须基于法律的规定，公共机关应当保证尊重基本权利自由以及人权。1995年芬兰进行了有关基本权利的改革，改革所要达到的最终目的是加强法院直接对宪法所规定的基本权利内容的适用，提高对公民个人在基本权利方面的司法保护程度。②

芬兰的群体诉讼可以分为两种类型：一种是“申请禁令的群体诉讼”（group action for injunction），这些诉讼的主要目的是保护集体利益和不同群体的权利。在芬兰，大多数群体性利益及权利受到国家或当地政府部门的保护，这些部门有权对违反规定、触犯上述利益和权利的自然人或法人施加禁令。③第二种是“请求赔偿的群体诉讼”（group action for compensation），某个群体的人们由于遭受了针对个人权利的侵犯，他们可以请求获得金钱的损害赔偿。该诉讼类型，也区分两种情况，即没有代表人的请求赔偿的群体诉讼和由代表人提起的请求赔偿的群体诉讼。经过长达十余年的磋商和不断妥协，2007年10月《芬兰群体性诉讼法》生效。依据该法第一条的规定，其适用范围仅局限在消费者巡视员（官）的职权范围之内，即仅审理消费者与商家之间因民事纠纷所引发的群体诉讼。一般情况下，在请求赔偿的群体诉讼中，虽然

---

① 哈书菊：《试评俄罗斯人权全权代表制度》，载《俄罗斯中亚东欧研究》2009年第4期。

② 张文静：《中芬“法官的地位与职责”研讨会综述》，载《中国司法》2004年底11期。

③ 得益于芬兰的《反不正当竞争法》《环境法》以及《男女平等保护法》等法律法规的授权，行政机关可以直接施发禁令，而不需要诉至法院寻求司法救济。

由消费者巡视官提起诉讼，但法院的生效判决对所有的群体成员均发生效力，即便其不是案件的当事人。但在芬兰只有“选择加入”①，确定地成为群体的成员，法院判决才对其发生效力。

芬兰的行政救济制度发展主要有两大亮点：

一是扩大群体性行政救济司法制度中原告资格范围。对于群体性行政诉讼，往往表现为行政决定影响范围广、人数众多、利益纠纷复杂等特点。关于谁有权提起行政诉讼，即如何确定行政诉讼中的原告资格的问题，在群体性行政诉讼中尤为重要。若只允许行政行为作出对象才有资格起诉，这显然不合理。《行政司法程序法》确定的规则是：谁与行政机关的被诉行政决定有关，或者谁的权利或利益因行政机关的行政决定而受到实质性侵害，谁就有原告资格。以前芬兰确定行政诉权多是考虑法定权利，现在越来越向根据行政决定的影响来确定原告资格的方向发展，不仅行政决定所针对的相对人，而且权利、义务和利益受到行政决定的直接影响的人，都可以作为原告对行政决定提起诉讼。在许多情况下，有原告资格的组织和个人的范围是由单行法律明确规定的。国家机关（包括行政机关）在法律有规定的情况下或者出于保护公共利益的需要，也可以作为原告提起诉讼。这一做法使公共利益与公民地位进一步得到重视和提升，司法人权保障在群体性行政诉讼中得以更好彰显。

二是发展多元化非司法解决途径（ADR）。芬兰的调解制度起源于20世纪60年代。60年代初期，随着芬兰经济的发展，民事纠纷、行政纠纷开始增加，许多当事人出于家庭和睦和经济利益的考虑，在将纠纷诉诸法院之前，主动找比较亲近的人或威望高的人帮助调解矛盾，目的是在纠纷解决后，双方言归于好，家庭成员之间不会增加仇恨，商人之间可以继续进行经济合作，民众与行政机关之间不会产生巨大隔阂。人们称这种方式为“和平调解”。②70年代以后，由于受美国调解制度的影响，加上行政案件数量增加和诉讼费用昂贵等因素的影响，“和平调解”的方式受到了法学界的关注，逐渐发展成为重要的法律程序。在芬兰，调解的范围比较广泛，既包括一般意义的民

---

① 在群体诉讼中，成员的确定有两种方式：“选择加入”和“选择退出”，根据加入制度，只有潜在的受害人在规定的时间明确地表示加入群体，判决才对其产生效力；根据退出制度，所有潜在的受害人都被默认为群体的一员，除非在规定的时间内向法院明确表示退出，判决才不对其生效。

② 参见席小俐：《访问北欧》，载《北京市政法管理干部学院学报》2000年第3期。

事、经济纠纷的调解，也包括通过行政干预的调解和通过医疗手段的调解，还有一部分刑事案件（主要是涉及家庭暴力等方面犯罪），也经常通过调解程序解决。芬兰的行政调解组织设在地方政府，各地区政府根据行政行为争议内容的不同，设立了解决纠纷的各类委员会，不同领域发生的纠纷，由不同的委员会解决。这与宁波近两年发展起来的宁波市诉讼调解服务中心的运营机制较为类似。芬兰的群体性行政诉讼调解方式也比较多样，一般由委员会根据多名当事人提名，确定一名专门调解员进行调解，特殊情况，采取特殊的调解方式。例如，由工会组织出面进行调解不能的情况下，总统可直接介入，由他作出解决争议的决策，使民众与行政机关的矛盾得以缓解。这种调解，又叫"政治调解"。当遇到群体性行政诉讼案件中民众情绪异常激动的情况，通过一般的劝说不足以稳定情绪，可以请求专业心理医生介入案件进行心理治疗，通过心理医生的安慰或劝解，化解矛盾纠纷。芬兰行政法院的法官也可以参与调解，调解结果记入笔录，可以口头宣布，也可以制作书面文件，由双方签字认可。法院审理纠纷，不受调解协议的约束。

任何一种制度的安排均需要在利弊之间平衡，上述非司法解决途径亦是如此。有利的方面：一是费用较低，方便快捷。二是能够控制局面，把握预期的结果。三是民众与行政机关间商谈融洽，不易激化矛盾。但其弊端在于：一是过多的调解，会使权利出现不平衡，行政机关可能凭借其特殊地位，影响行政调解的结果，使民众的合法权利得不到应有的保护。二是由于调解比较强调双方的意愿，以双方的自愿为基础，这就极易忽略国家法律的规范，使法律的权威受到了损害。三是民众与行政机关间的调解中，往往不能充分考虑到每一个个体的利益，一个纠纷的解决恐又可能引起其个体的不满。四是法官参与调解，如果达不成调解协议诉至法院，原来参与调解的法官是否回避，也是一个需要研究的问题。

三、俄、芬两国行政救济制度对我们处理群体性行政争议的启示

目前，我国经济体制深刻变革，社会结构深刻变动，利益格局深刻调整，思想观念深刻变化，已进入改革发展的关键时期。很多矛盾以行政争议的形式日渐表现出来，特别是涉及城市规划建设、房屋拆迁、土地征用、劳动保障和治安管理等方面的争议大量增加，由行政争议引发的群体性纠纷频发，

已经影响到社会的稳定。博登海默曾经指出“如果一个纠纷未得到根本解决，那么，社会机体上就可能产生溃烂的伤口。如果纠纷是以不适当的和不公正的方式解决的，那么，社会机体上就会留下一个创伤，而且这种创伤的增多，有可能严重危及对令人满意的社会秩序的维护”。[①] 存在纠纷并不可怕，重要的是如何预防纠纷发生，在纠纷发生时及时、妥善解决。结合在交流中了解到的情况，梳理、对比两国关于群体性行政诉讼案件中司法和非司法解决途径的共性与差异，得出如下启示与建议。

（一）重视重大决策程序，源头预防抓早抓小

开展重大行政决策社会稳定风险评估和合法性审查，从源头上预防和减少群体性行政争议的发生。十八届四中全会《决定》明确提出，建立行政机关内部重大决策合法性审查机制，未经合法性审查或经审查不合法的，不得提交讨论。重大决策合法性审查是监督和规范决策权，提升决策合法性、科学性和民主性的重要途径。重大决策合法性审查与推进法治国家建设、推进依法行政的内在一致性，运用法治思维和法治方式推进重大决策合法性审查工作，真正自觉将各项决策纳入合法性审查的轨道中来，确保决策的合法性，避免因决策不当引发大面积违法。通过重大决策社会稳定风险评估与合法性审查，最大限度预防和减少社会矛盾的发生。建立健全群体性行政争议预防机制。对房屋征迁、土地征用、环境保护、企业改制等群体性行政争议多发领域进行实时监测，一旦发现苗头及时上报情况，要本着抓早抓小抓苗头的原则，及时就地解决行政争议，最大限度地把行政争议解决在萌芽状态、解决在行政程序中，防止矛盾激化升级。

（二）着力化解基层矛盾，实质解决行政争议

群体性行政争议往往萌动于基层，其深层次原因往往根植于当地。比如土地征收补偿、旧城区改造、重大工程建设等，矛盾集中在某一村庄、某一社区、某一行业，要解决群体性行政纠纷，必须想方设法将矛盾化解在基层，消融于当地。无论是芬兰的地区行政法院管辖制度设置还是俄罗斯行政法官设置，均体现出将争议、案件放在基层审理、处理的要义。鉴于此，我们一

---

① ［美］E. 博登海默：《法理学：法律哲学与法律方法》，邓正来译，华夏出版社 1987 年版，第 489、490 页。

方面要最大限度依靠当地党委政府通过多种方式实质性化解争议，另一方面，把握矛盾不上交原则，尽量将涉群体性行政争议案件一审放在基层法院审理。

（三）协调多元解决机制，注重考量非司法因素

鉴于群体性行政争议的特殊复杂性与实质性解决的多维度标准之间存在着一个巨大的制度落差，单一地应用任何行政审判的制度组件，或者单一地应用任何一种相关的社会力量，都不足以实现制度性的跨越。[①] 要实质性地解决群体性的行政争议，需要以行政审判作为中轴的制度平台，将政治、经济、社会、法律等诸多方面的力量协同起来，需要不断建立和完善多方面、多层次、多元化行政争议解决机制，将诉诸法院解决的绝大部分行政争议及时分流到行政协商、调解、仲裁、行政裁决、行政复议等其他纠纷解决渠道进行解决，充分发挥复议、行业协会、消协、工会、妇联等部门在行政争议多元化解决中的重要作用。另外，在解决群体性行政争议时，要结合群体性行政争议本身的特点，既要坚持行政审查的合法性原则，保证最低限度的公平正义，又要充分考虑裁判结果的社会影响；既要依照法律法规等规范性依据，又要考虑诸如村规民约、时事政策、政府承诺等非司法因素。

（四）健全诉讼代表制度，探索新型示范模式

我国的诉讼代表人制度是在借鉴美国集团诉讼和日本选定当事人制度的基础上，结合我国法制状况和社会发展水平，以共同诉讼为基础，吸收诉讼代理制度的功能而建立的。但在实践操作中，在推选诉讼代表人之后，其他原告（当事人）依然可以参与诉讼，参加庭审、陈述辩论等各环节，仍有聚众闹庭之虞。探索推行“示范诉讼”制度，例如，人数众多的原告在某一集中时段向法院提起多个同类型行政案件，法院在立案阶段对其分别立案；之后从该批群体性案件中选择一个或多个具代表性的案件先行审理，其余案件裁定中止审理，待先审案件得到确定的生效文书之后再启动中止案件的审理程序；先审案件为后审案件提供依据或参考，该批案件在当事人适格、事实认定、法律适用等问题上采取同一标准。先审案件对于后审案件在事实上起到了示范诉讼效果，最终取得快速解决该批次群体性纠纷的效果。此外，对

① 高家伟：《论社会冲突型行政争议的实质性审判程序》，载《行政法学研究》2013 年第 4 期。

群体性行政争议案件，法院可以依职权适用法律援助制度，建议司法局指派援助律师，代理原告方诉讼。建议探索设置群体性行政争议案件复议前置制度，利用行政复议的准司法功能，将其先置于行政复议程序，由复议机关先行审查、疏导、协商斡旋，充分发挥复议制度的过滤作用。

（作者单位：浙江省宁波市中级人民法院）

征稿启事

《行政执法与行政审判》是最高人民法院针对行政审判工作出版发行的唯一的指导性综合刊物。丛书自出版以来，深受全国各地法院行政审判法官、行政执法人员和专家学者的普遍欢迎和好评。对各级法院行政审判工作具有权威的指导作用，对各级各部门行政机关依法行政和行政法、行政管理专业的专家学者具有较强的参考作用。

本丛书及时刊登行政审判的最新司法解释、司法文件、司法政策及解读，具有典型和指导意义的审判案例及分析，行政执法和行政审判的调研信息及成果等内容，设有“最新司法文件”“最新司法解释”“司法解释理解与适用”“新问题探究”“行政诉讼理论”“行政审判实务”“调查与研究”“行政执法”“以案释法”“疑难案例评析”“行政审判动态”“域外撷英”等栏目。现编委会竭诚向全国的行政执法和行政审判理论和实务工作者征稿。来稿要求：

一、稿件应属未公开发表的作品。请勿一稿两投。

二、优先发表在本书所涉领域有创见的、高水平的文章，来稿采用与否以理论和实务价值为标准。

三、稿件引文应当注明出处，注释体例参见本书“写作体例说明”。

四、稿件最好为附打印稿的 word 文件电子版。

五、稿件一经发表，文责自负，但编者保留对来稿进行技术性加工处理的权利。文章一经采用，由本编辑部统一付给稿酬。

六、来稿请按以下联系方式寄送：

地址：北京市东城区东交民巷 27 号

最高人民法院行政审判庭　梁凤云

邮编：100745

请在信封正面注明“《行政执法与行政审判》来稿”字样。

E－mail：zgfyxzt@ sohu. com

《行政执法与行政审判》编委会

写作体例说明

一、交付稿件要求

（一）总体要求

齐（不缺页、不缺件）、清（稿面清楚）、定（已定稿的稿件）。提供稿件电子版，并附打印清样，出版社视清样为最终定稿。

（二）具体要求

纸样用 A4 纸，单面打印。

电子版内容一定要与提供的清样内容相同。

二、编辑体例

正文编码顺序按：一、（一）1.（1）① 第一，其一，等来编排。

三、技术规范

数字用法：

统计数字、时间、物理量等均用阿拉伯数字（如：100kg　45.8 万元　11 个月　4.9 万册　12.4 亿人）；法条号尊重原文，即原文是汉字的用汉字，原文是阿拉伯数字的用阿拉伯数字。

注释方法：

1. 一般原则

（1）注释采取页下注，注释号每页重新起算；

（2）引注作品的，注释应完整；

（3）作者为三人或三人以上的，首次引用时应显示全部作者，重复出现时可在第一作者之后加“等”字样。

2. 著作引文注释范例

一般格式：作者/书名/出版社/出版年代/页码

如：×××著/主编：《×××》，××出版社××年版，第××页。

3. 文章引文注释范例

一般格式：作者/文章题目/引自何种出版物/出版时间/页码

（1）著作中文章

××：“文章名”，见：××主编：《书名》，××出版社××年版，第××页。

（2）期刊中的文章

××：“文章名”，载《期刊名》××年第×期。

（3）报纸上的文章

××：“文章名”，载《报纸名》××年××月××日，第×版。

图书在版编目（CIP）数据

行政执法与行政审判．总第69集/中华人民共和国最高人民法院行政审判庭编．—北京：中国法制出版社，2018.8

ISBN 978-7-5093-9613-1

Ⅰ.①行… Ⅱ.①中… Ⅲ.①行政执法-中国-丛刊②行政诉讼-审判-中国-丛刊 Ⅳ.①D922.11-55②D925.318.2-55

中国版本图书馆CIP数据核字（2018）第158304号

责任编辑　周琼妮（zqn-zqn@126.com）　陆紫薇（luziwei@zgfzs.com）　封面设计　杨鑫宇

行政执法与行政审判（总第69集）

XINGZHENG ZHIFA YU XINGZHENG SHENPAN（ZONG DI 69 JI）

编者/中华人民共和国最高人民法院行政审判庭

经销/新华书店

印刷/三河市紫恒印装有限公司

开本/710毫米×1000毫米　16开　　印张/19　字数/262千

版次/2018年8月第1版　　2018年8月第1次印刷

中国法制出版社出版

书号ISBN 978-7-5093-9613-1　　定价：68.00元

北京西单横二条2号

邮政编码100031　　传真：010-66031119

网址：http：//www.zgfzs.com　　**编辑部电话：010-66067023**

市场营销部电话：010-66033393　　**邮购部电话：010-66033288**

（如有印装质量问题，请与本社印务部联系调换。电话：010-66032926）